Lexiqu de la banque et des marchés financiers

Lexique de la banque et des marchés financiers

Blanche Sousi-Roubi

Professeur à la Faculté de droit
de l'Université Lyon 3
Chaire Jean Monnet Droit bancaire et monétaire européen

avec la collaboration pour les marchés financiers de

Denis Lefranc
Juriste financier

Liste des symboles utilisés

La flèche (➢) précédant certains mots indique au lecteur les termes (définis dans le lexique) susceptibles de compléter sa recherche.

Les références précédées du symbole 📕 signalent les articles de code correspondant à la définition.

31-35 rue Froidevaux, 75685 Paris cedex 14

Avertissement
pour la 5e édition

Ce petit lexique, publié pour la 1re fois en 1983, prend aujourd'hui une nouvelle dénomination. Il s'appelait « banque et bourse », il s'appelle désormais « banque et marchés financiers ». À lui seul, ce changement exprime l'évolution qui, en quelques années, a marqué ce secteur d'activité où fleurissent, à chaque saison, des techniques souvent importées des États-Unis dans une terminologie rarement claire. Il convenait d'intégrer ce nouveau vocabulaire pour en donner les clefs d'accès.

La présente édition intègre également les profondes modifications engendrées par le passage à la monnaie unique. À titre d'illustration, on renvoie simplement le lecteur à la définition du mot euro : il y verra l'ampleur des changements.

Quant à la législation bancaire et financière française, elle court sans répit de réformes en réformes. Celle résultant de la loi sur les nouvelles régulations économiques du 15 mai 2001, est comprise dans le présent ouvrage, mais déjà d'autres réformes sont annoncées, notamment la création de nouvelles autorités financières. Il a pourtant bien fallu mettre un point final à cette 5e édition.

Au-delà du fond, il y a la forme et plus précisément la codification (code monétaire et financier) ou la recodification (code de commerce) des textes français, mais aussi des textes européens (codification des directives bancaires, codification et renumérotation des Traités). Que d'habitudes à oublier, que d'apprentissages à faire ! Pour faciliter cette transition, on a généralement maintenu, dans la présente édition, l'ancienne référence d'un texte à la suite de la nouvelle.

Dans l'avertissement à la première édition, était soulignée la filiation spirituelle de notre lexique avec celui des termes juridiques créé et pérennisé par une équipe résolument lyonnaise. Le lien demeure comme en témoigne la présence dans les pages qui suivent d'une sélection de quelques sites sur Internet établie en écho à celle inaugurée dans la 12e édition du Lexique des termes juridiques.

Selon la méthode utilisée dès notre première édition, les définitions proposées dans ce lexique ont souvent bénéficié du conseil de profession-

nels qui, à Paris, Bruxelles, Francfort ou New York pratiquent quotidiennement ces activités bancaires ou financières. Qu'ils en soient remerciés.

Enfin, des lecteurs attentifs avaient formulé d'utiles remarques lors de la précédente parution. Qu'ils soient également remerciés pour leur courtoise vigilance.

Lyon, le 23 juin 2001

Blanche SOUSI-ROUBI

Avertissement
pour la première édition

Au moment de mettre le point final à ce petit ouvrage, fruit de plusieurs années de travail, un sentiment d'humilité et d'anxiété étreint brusquement son auteur qui mesure, seulement maintenant, l'ampleur de la tâche, mais en pressent d'ores et déjà les imperfections.

Rédiger un lexique, c'est choisir puis définir, avec les risques que cela comporte.

Le choix porte d'abord sur l'étendue et les limites des deux grands ensembles qui composent l'ouvrage : le domaine de la banque et celui de la bourse. Ce choix est souvent conventionnel, mais toujours difficile. Le choix porte ensuite sur le terme à intégrer dans les ensembles : faut-il inclure tel mot ? faut-il exclure tel autre ? Le souci de logique et de rigueur est alors aussi permanent que le sentiment de doute et d'inquiétude. Les risques s'appellent arbitraire, illogisme et omissions.

Définir, c'est d'abord donner la signification la plus claire, la plus concise et la plus précise d'un mot ou d'une expression. Ce n'est pas expliquer, encore moins commenter : là est la différence entre le lexique et le manuel; mais définir, c'est aussi décrire rapidement et simplement la composition, le rôle et le fonctionnement des principales institutions. Les risques s'appellent confusion, complexité et imprécision.

Quels que soient les efforts et les précautions pour supprimer tous ces risques, on ne peut, en fait, que les limiter. Le seul recours est alors d'en appeler à l'indulgence bienveillante du lecteur.

Ce lexique de banque et de bourse n'est que le fils spirituel du lexique de termes juridiques du Doyen Jean Vincent et du Professeur Raymond Guillien, qui les premiers, aidés de leur équipe d'enseignants lyonnais, définirent l'ensemble des mots juridiques usuels, creusant ainsi un large sillon dans lequel fleurissent désormais des lexiques spécialisés.

La seule ambition du présent ouvrage est de permettre à tous ceux qui, dans le cadre de leurs études, leurs recherches, leur profession, leur activité, ou qui par nécessité ponctuelle ou curiosité intellectuelle, sont confrontés au droit de la banque et de la bourse, de trouver rapidement une définition claire et simple du terme sur lequel ils butent. Utilité et efficacité ont constitué les principaux objectifs : puissent-ils justifier les risques et faire oublier les imperfections.

Avant de mettre ce lexique à la disposition de ses destinataires, doivent être remerciés tous ceux et toutes celles, universitaires et professionnels (agents de change, banquiers, financiers, huissiers, magistrats…) qui ont contribué par leurs informations et leurs conseils, à la réalisation d'un ouvrage dans lequel théorie juridique et pratique professionnelle sont étroitement liées.

Lyon, le 1er septembre 1983

Blanche SOUSI-ROUBI

Sélection de quelques sites sur Internet

(ces sites comportent généralement des liens vers d'autres sites français, européens ou internationaux)

Agence France Trésor : www.francetresor.gouv.fr
Assemblée nationale : www.assemblee-nationale.fr
American Bankers Association : www.aba.com
Association belge des banques : www.abb-bvb.be/fr
Association des banques et des banquiers, Luxembourg : www.abbl.lu/
Association européenne de droit bancaire et financier (France) : www.aedbf.asso.fr/
Association européenne de droit bancaire et financier (Europe) : www.aedbf.lu/
Association française de la gestion financière : www.afg-asffi.com/
Association française des banques : www.afb.fr/
Association française des entreprises d'investissement : www.afei.com/
Association française des établissements de crédit et des entreprises d'investissement : www.afecei.asso.fr
Association française des sociétés financières : www.asf-france.com/
Association française des trésoriers d'entreprise : www.afte.com
Association pour l'union économique et monétaire : www.amue.org/
Association suisse des banquiers : www.swissbanking.org/
Banque centrale européenne : www.ecb.int
Banque de France : www.banque-france.fr
Banque des règlements internationaux : www.bis.org/
Banque européenne d'investissement : www.bei.org/
Banque européenne de reconstruction et de développement : www.ebrd.com
Banque mondiale : www.wordbank.org
Caisse des dépôts et consignations : www.caissedesdepots.fr
Clearnet SA : www.clearnetsa.com
Coface : www.coface.fr
Commission européenne : www.europa.eu.int/comm/
Commission des opérations de bourse : www.cob.fr
Commodity Futures Trade Commission : www.cftc.gov/
Conseil des marchés financiers : www.cmf-france.org/
Conseil européen : ue.eu.int/
Cour de justice des Communautés européennes : www.curia.eu.int/
Euroclear : www.euroclear.com
Euronext : www.euronext.com.fr/
Fédération bancaire française : www.fbf.fr/
Fédération bancaire de l'Union européenne : www.fbe.be/
Fédération hypothécaire européenne : www.hypo.org

FESCO : www.europefesco.org
Financial Services Authority : www.fsa.gov.uk/
Fonds monétaire international : www.imf.org
Groupement européen des banques coopératives : www.gebc.org/
Groupement européen des caisses d'épargne : www.saving.banks.com
Groupement des cartes bancaires : www.cartes-bancaires.com
Institut de l'euro : euro-institut.org
Institute of International Bankers : www.iib.org/
Journal officiel : www.journal-officiel.gouv.fr
Organisation mondiale du commerce : www.wtc.org
Matif : www.matif.fr
Ministère de l'économie, des finances et de l'industrie : www.minefi.gouv.fr/
Monep : www.monep.fr
Paris europlace : www.paris-europlace.net/
Parlement européen : www.europarl.eu.int
Réserve Fédérale américaine : www.federalreserve.gov/
Securities and Exchange Commission : www.sec.gov/
Sénat : www.senat.fr
Union européenne : www.europa.eu.int

Conventions adoptées

Afin de faciliter l'utilisation de ce petit lexique, les conventions suivantes ont été adoptées :

1. Classement des termes

L'ordre alphabétique absolu a été retenu, ceci pour éviter toute hésitation sur la place d'expressions comportant plusieurs mots dont des mots de liaison. Ainsi *clause d'unité de compte* est placé avant *clause Isabel*, ou encore *ordre à prix limité* est placé avant *ordres liés.*

2. Domaine de rattachement des termes

Les mentions (*Bq.*) ou (*M. fin.*) qui suivent immédiatement le terme défini, indiquent si celui-ci relève plus particulièrement du domaine de la banque ou de celui des marchés financiers. Ces deux domaines étant très étroitement liés, il est évident que la mention (*Bq.*) apposée à tel mot n'exclut pas l'utilisation dudit mot dans le domaine des marchés financiers ; et inversement, la mention (*M. fin.*) n'exclut pas l'utilisation du mot qui la précède, par le droit bancaire. Par exemple, le terme *valeurs mobilières* est suivi de la mention (*M. fin.*) bien qu'utilisé également en droit bancaire.

Par ailleurs, parmi les termes définis, certains relèvent plus généralement du droit commercial, mais il a semblé qu'ils avaient néanmoins leur place dans ce lexique.

3. Renvois

Dans le souci d'expliciter une définition, il est souvent fait renvoi à d'autres termes. Cependant, afin de ne pas trop charger cette rubrique de renvois, seuls y sont expressément cités les termes que le lecteur pourrait ne pas avoir le réflexe de consulter. Au contraire, pour des mots qui, à l'évidence, peuvent être retrouvés par le lecteur sans l'aide d'un renvoi, ce renvoi n'est pas opéré. Ainsi, dans la définition du mot *tiré*, où sont employés les termes *lettre de change* et *chèque*, aucun renvoi n'est fait à ces deux termes, le lecteur pouvant facilement comprendre qu'ils sont eux-mêmes définis à leur place respective dans le lexique. En revanche, au même mot *tiré*, il est fait renvoi à *tirage pour soi-même*, expression que le lecteur n'aurait peut-être pas eu l'idée de rechercher de lui-même.

4. Sigles

Les sigles sont placés selon la convention adoptée précédemment pour le classement des termes, c'est-à-dire dans l'ordre alphabétique absolu. En général, le sigle n'est pas lui-même défini et le lecteur est renvoyé à l'expression complète dont le sigle n'est que la contraction. Exemple, TCN renvoie à *titre de créance négociable* où se trouve la définition.

Liste des principales abréviations

Al.	Alinéa
Anc.	Ancien
Art.	Article
Bq.	Banque
C.civ.	Code civil
CCH	Code de la construction et de l'habitation
C.com.	Code de commerce
C. cons.	Code de la consommation
C.mon.et fin.	Code monétaire et financier
Comp	Comparer
Contra	Contraire
C.trav.	Code du travail
Déc.-L.	Décret-loi
Dir.	Directive
L.	Loi
Ord.	Ordonnance
Régl.	Règlement
Ex.	Exemple
M.fin.	Marchés financiers
Mod.	Modifié

Abandonner l'option *[M. fin.]*

Décision de l'acheteur d'une option de renoncer à exercer l'option. Sur les marchés réglementés d'options, les options non exercées à l'échéance sont réputées abandonnées lorsqu'elles ne sont pas dans le cours.

➢ *Contra : Exercer l'option.*

➢ *Acheteur de l'option, Marché de gré à gré, Matif, Monep, Prix de l'option.*

ABSOCA *[M. fin.]*

Action à bon de souscription d'obligation convertible en action.

➢ *Comp : OCABSA.*

Abstrait *[Bq.]*

Indépendant de toute idée de cause.

➢ *Engagement abstrait, Papier-valeur.*

A/C *[Bq.]*

Abréviation signifiant pour le compte de (de l'anglais *for account of*).

Acceptation *[Bq.]*

Engagement du tiré de payer la lettre de change à l'échéance. Cette acceptation s'exprime par la signature du tiré sur le recto de la lettre, qu'il fait précéder de la mention « bon pour acceptation »; la seule signature du tiré suffit cependant pour valoir acceptation.

Acceptation à l'escompte *[Bq.]*

Prise par le banquier d'effets de commerce qui lui sont remis par un client et qu'il consent à escompter.

➢ *Convention d'escompte, Crédit d'escompte, Escompte, Escompte par caisse.*

Acceptation biffée *[Bq.]*

Acceptation raturée. Si le tiré biffe son acceptation avant de restituer l'effet qui lui avait été présenté à l'acceptation, celle-ci est réputée refusée.

C. com., art. L. 511-20, (anc. art. 129).

Acceptation de banque *[Bq.]*

Engagement d'une banque de payer à l'échéance, une lettre de change tirée sur elle. C'est une forme de crédit par signature.

➢ *Crédit par signature, Effet de cautionnement, Effet financier.*

Acceptation de complaisance *[Bq.]*

Signature par le tiré d'une lettre de change sans aucune intention de la payer à l'échéance, dans le seul but de permettre au tireur de la faire escompter et ainsi de se procurer frauduleusement un crédit.

➢ *Complaisant, Complu, Effet de complaisance.*

Acceptation par acte séparé *[Bq.]*

Engagement de payer une lettre de change que le tiré n'exprime pas sur le titre mais dans un autre document; cette acceptation l'oblige non pas sur le plan cambiaire, mais seulement dans les termes du droit commun.

➢ *Acceptation, Obligation cambiaire.*

Acceptation par honneur *[Bq.]*

➢ *Acceptation par intervention.*

Acceptation par intervention *[Bq.]*

Acceptation d'une lettre de change par un tiers ou un garant du titre, afin d'éviter à celui pour lequel cette intervention est faite, le recours faute d'acceptation ouvert au porteur avant l'échéance. On parle parfois d'acceptation sur protêt ou d'acceptation par honneur.

➢ *Avis d'intervention, Clause de recommandation, Intervention, Paiement par intervention, Recours faute d'acceptation.*

Acceptation sur protêt *[Bq.]*

➢ *Acceptation par intervention.*

Accepteur *[Bq.]*

➢ *Tiré accepteur.*

« Accipiens » *[Bq.]*

Mot latin désignant celui qui reçoit un paiement.

➢ *Contra : « Solvens ».*

Accord de « clearing » *[Bq.]*

Dans les relations internationales, accord de règlement par compensation conclu entre deux pays (accord officiel) ou entre deux organismes, par exemple deux banques (accord privé).

➢ *« Clearing », Compensation.*

Accord de confirmation *[Bq.]*

➢ *Crédit « Stand by ».*

Accréditif *[Bq.]*

Instruction donnée par un banquier à un autre banquier sur l'ordre d'un client, de tenir à la disposition de celui-ci ou d'un autre bénéficiaire, une certaine somme ou de lui ouvrir un crédit. L'accréditif est simple s'il est donné pour une somme fixe et pour un certain délai; il est permanent ou *revolving*, s'il est renouvelable. En matière de crédit documentaire, l'accréditif est l'écrit par lequel le banquier émetteur exprime au bénéficiaire son engagement de réaliser à son profit un tel crédit.

Achat d'une option *[M. fin.]*

Opération qui consiste à se réserver la faculté, moyennant le paiement du prix de l'option ou de la prime de l'option, d'acheter, dans le cas d'une option d'achat (*call*) ou de vendre, dans le cas d'une option de vente (*put*), l'actif sous-jacent à l'option à un prix convenu d'avance, dit prix d'exercice de l'option.

➢ *Contra : Vente d'une option.*

➢ *Matif, Marché de gré à gré, Monep.*

Acheteur de l'option *[M. fin.]*

Celui qui a la faculté d'acheter ou de vendre l'actif sous-jacent à l'option.

➢ *Contra : Vendeur de l'option.*

➢ *Achat d'une option.*

Acheté/vendu *[M. fin.]*

Opération par laquelle un même négociateur enregistre dans le système de négociation deux ordres simultanés, un d'achat et un de vente, émanant parfois d'un même donneur d'ordres, et portant sur une même quantité d'instruments financiers et à un même prix. Un acheté/vendu consiste soit en une opération d'application (lorsque l'intermédiaire rapproche deux clients sans s'interposer pour son propre compte), soit en une opération de contrepartie (lorsque l'intermédiaire agit pour son propre compte).

➢ *Application, Contrepartie.*

Acquit *[Bq.]*

Mention apposée sur un titre par celui qui en reçoit le paiement. La mention d'acquit ne suffit pas à prouver le paiement si le titre n'a pas été remis au débiteur.

➢ *Quittance.*

Actif *[Bq.]*

Partie gauche du bilan indiquant la répartition des avoirs immobilisés ou non dont l'origine figure au passif. Plus couramment, ensemble des biens corporels et incorporels d'une personne physique ou morale.

➢ *Avoir.*

Actif de référence *[M. fin.]*

➢ *Produit sous-jacent.*

Actif éligible *[Bq.]*

➢ *Éligibilité.*

Actif livrable *[M. fin.]*

➢ *Gisement.*

Actif sous option *[M. fin.]*

➢ *Produit sous-jacent.*

Actif sous-jacent *[M. fin.]*

➢ *Produit sous-jacent.*

Actif support *[M. fin.]*

➢ *Produit sous-jacent.*

Actif synonyme *[M. fin.]*

➢ *Gisement.*

Action *[M. fin.]*

Titre négociable émis par une société par actions et qui constate le droit de l'associé dans cette société.

➢ *Comp : Obligation.*

➢ *Mots suivants.*

Action à dividende prioritaire sans droit de vote *[M. fin.]*

Type d'action privilégiée conférant un droit à une quote-part du bénéfice distribuable avant toute autre affectation (sauf à la réserve légale) mais supprimant en contrepartie, le pouvoir délibérant dans la société.

➢ *Action privilégiée.*

Action amortie *[M. fin.]*

Action dont une partie ou l'intégralité du nominal a été remboursée par un versement anticipé fait à l'actionnaire sur sa part dans la liquidation ultérieure de la société. L'action amortie perd, à due concurrence, le droit au premier dividende et le droit au remboursement de la valeur nominale; elle conserve tous les autres doits. Une action amortie est dite action de jouissance.

➢ *Action de capital, Action de jouissance.*

Action ancienne *[M. fin.]*

Action précédemment émise dans une société par opposition à l'action nouvelle émise lors d'une augmentation de capital. Selon les modalités de l'augmentation de capital, une action ancienne donne à son titulaire, un droit de souscription ou un droit d'attribution d'un nombre déterminé d'actions nouvelles.

➢ *Droit d'attribution, Droit de souscription.*

Action au porteur *[M. fin.]*

Action conférant un droit d'associé au profit du titulaire du compte dans lequel elle est inscrite, ledit compte étant ouvert chez un intermédiaire financier habilité et non chez la société émettrice. Cette dernière ne connaît donc pas le titulaire d'une telle action. Cette terminologie est une survivance du système dans lequel les actions au porteur étaient matérialisées; elle est critiquée par la doctrine qui a suggéré de parler plutôt d'action (ou de titre) anonyme (Doyen Roblot).

➢ *Comp : Action nominative.*

➢ *Titre au porteur.*

Action à vote plural *[M. fin.]*

Action privilégiée conférant à son titulaire plus d'une voix, à condition que l'action soit entièrement libérée, inscrite nominativement au nom du même actionnaire depuis au moins deux ans. La loi du 24 juillet 1966 (maintenant codifiée) n'autorise désormais que la création d'actions à droit de vote double.

C. com., art. 175.

Action cambiaire *[Bq.]*

Action en paiement du porteur d'un effet de commerce contre l'un des garants du titre pris en cette qualité de garant.

➢ *Garant de la lettre de change, Obligation cambiaire, Rapport cambiaire.*

Action d'apport *[M. fin.]*

Action remise en rémunération d'un apport en nature.

➢ *Contra : Action de numéraire.*

Action de capital *[M. fin.]*

Action dont la valeur nominale n'a pas été remboursée par la société émettrice.

➢ *Contra : Action de jouissance.*

➢ *Action amortie.*

Action de concert *[M. fin.]*

Agissement consistant pour deux ou plusieurs personnes à conclure un accord en vue d'acquérir ou de céder des droits de vote ou en vue d'exercer des droits de vote pour mettre en œuvre une politique commune dans une société.

La notion d'action de concert permet, notamment, d'apprécier le montant des participations dans une société.

C. com., art. L. 233-10 (anc. art. 356-1-3 L. 24 juill. 1966).

Action de garantie *[M. fin.]*

Action affectée à la garantie des actes de gestion des administrateurs d'une société. Chaque administrateur doit détenir un certain nombre d'actions de la société afin de garantir ainsi sa gestion. Les statuts en fixent le nombre.

Action de jouissance *[M. fin.]*

Action amortie et qui en conséquence prive l'actionnaire du droit au premier dividende (ou dividende statutaire) et du droit au remboursement de sa valeur nominale.

➢ *Contra : Action de capital.*

➢ *Action amortie.*

Action de numéraire *[M. fin.]*

Action remise en rémunération d'un apport en espèces ou par compensation de créances, ou suite à une incorporation dans le capital des réserves, des primes d'émission et des bénéfices.

➢ *Contra : Action d'apport.*

Action de préférence *[M. fin.]*

➢ *Action privilégiée.*

Action de priorité *[M. fin.]*

➢ *Action privilégiée.*

Action en garantie *[Bq.]*

Action permettant à un créancier lorsque le débiteur est défaillant, d'agir en paiement contre un garant de la dette. Par exemple, le porteur d'une lettre de change impayée par le tiré, peut agir en garantie contre un signataire de cet effet.

Action gratuite *[M. fin.]*

Action distribuée gratuitement à un actionnaires lors d'une augmentation de capital par incorporation des réserves. La répartition des actions gratuites, a lieu au prorata du nombre d'actions déjà détenues par chaque actionnaire.

Action libérée *[M. fin.]*

Action dont le capital a été effectivement versé par l'actionnaire à la société. Les actions d'apport doivent être intégralement libérées dès leur émission. Les actions de numéraire peuvent être libérées de la moitié à leur souscription, le reste dit le non-versé, devant être libéré dans le délai de cinq ans.

➢ *Contra : Action non libérée.*

Actionnaire *[M. fin.]*

Titulaire d'une action.

Action nominative *[M. fin.]*

Action conférant un droit d'associé au profit du titulaire du compte dans lequel elle est inscrite, ledit compte étant ouvert chez la société émettrice. Cette dernière connaît donc le titulaire d'une telle action.

➢ *Comp : Action au porteur.*

➢ *Titre nominatif.*

Action non libérée *[M. fin.]*

➢ *Action libérée.*

Action nouvelle *[M. fin.]*

Action émise lors d'une augmentation de capital par opposition à l'action ancienne qui existe déjà dans la société.

Action ordinaire *[M. fin.]*

Action qui par opposition à une action privilégiée, ne confère aucun droit supplémentaire à son titulaire.

➢ *Action à votre plural, Action privilégiée.*

Action privilégiée (ou action de priorité ou action de préférence) *[M. fin.]*

Action conférant à son titulaire, des avantages particuliers par rapport à toutes autres actions dites actions ordinaires. Ces avantages sont souvent d'ordre pécuniaire et sont prévus par les statuts : droit à une quote-part supplémentaire des bénéfices, droit d'antériorité sur les bénéfices, droit de priorité lors du remboursement des actions, etc. Ces avantages peuvent s'accompagner de la suppression du droit de vote : ex. : les actions à dividende prioritaire sans droit de vote. Un autre type d'avantage peut être l'attribution d'un droit de vote double.

➢ *Contra : Action ordinaire.*

➢ *Action à vote plural.*

Action récursoire *[Bq.]*

Action permettant à celui qui a payé une dette, le « solvens », d'agir à son tour en paiement contre un autre débiteur de cette dette. Par exemple, l'avaliste d'une lettre de change qui l'a payée au porteur, peut intenter une action récursoire contre le débiteur qu'il garantissait.

Action reflet *[M. fin.]*

Également appelée action traçante ou action sectorielle, concept apparu aux États-Unis (où on parle de *tracking stock*), et inauguré en France en 2000 par Alcatel, nouvelle catégorie d'action représentant non pas une fraction du capital social mais une fraction d'une branche d'activité de l'entreprise. Il s'agit de refléter les résultats de cette activité. Les dividendes correspondant à ces actions reflets sont calculés en fonction desdits résultats.

Action subrogatoire *[Bq.]*

➢ *Créancier subrogé.*

Actuaire *[Bq. / M. fin.]*

Celui dont la profession est d'effectuer des calculs selon la méthode de l'actuariat.

Actualisation *[Bq. / M. fin.]*

Estimation de la valeur actuelle d'une créance (ou d'une dette) dont le montant avait été fixé en tenant compte de son remboursement futur.

Actuariat *[Bq. / M. fin.]*

Technique de calcul dans lequel sont incorporés des éléments statistiques, comparatifs et de probabilité. Cette méthode est très largement utilisée pour apprécier différentes opérations (crédits, emprunts, opérations sur valeurs mobilières).

➢ *Actuaire.*

Actuariel *[Bq. / M. fin.]*

➢ *Taux d'intérêt actuariel.*

Adhérent compensateur *[M. fin.]*

➢ *Compensateur.*

Adhérent compensateur général *[M. fin.]*

Intermédiaire compensateur désigné par Clearnet SA, en tant que chambre de compensation du Matif, pour participer à la compensation des opérations effectuées sur le Matif, réalisées par lui-même lorsqu'il agit également comme négociateur et par le(s) membre(s) négociateur(s) et le(s) négociateur(s) pour compte propre qu'il a désignés.

➢ *Compensateur, Adhérent compensateur individuel.*

Adhérent compensateur individuel *[M. fin.]*

Intermédiaire compensateur désigné par Clearnet SA, en tant que chambre de compensation du Matif, pour participer à la compensation des opérations effectuées sur le Matif, réalisées par lui-même lorsqu'il agit également comme négociateur et par le(s) négociateur(s) pour compte propre qu'il a désigné(s). Un adhérent compensateur individuel ne peut pas désigner de membre négociateur.

➢ *Compensateur, Adhérent compensateur général.*

Adhérent mainteneur de marché (AMM) *[M. fin.]*

➢ *Market maker.*

Adjudication du Trésor *[Bq. / M. fin.]*

Procédure par laquelle le Trésor, lorsqu'il émet des titres (Bons du Trésor, Obligations assimilables du Trésor (OAT)) les répartit entre les différents établissements qui veulent acquérir lesdits titres.

Le volume et le prix des titres servis à chaque établissement varient en fonction des offres (les soumissions) de chacun. La procédure a lieu aux enchères à la hollandaise, c'est-à-dire que les soumissions assorties d'une offre de prix égal ou supérieur à celui demandé par le Trésor, sont servies au prix offert. Les offres sont ainsi servies par ordre de grandeur décroissant des prix offerts jusqu'à concurrence du montant demandé par le Trésor.

➢ *Spécialiste en Valeurs du Trésor.*

Administrateur judiciaire *[Bq.]*

Mandataire de justice notamment chargé dans le cadre d'une procédure de redressement judiciaire, d'assister le débiteur dans la gestion de l'entreprise et d'élaborer un plan de redressement. Avant la loi du 25 janvier 1985, cette mission d'assistance était assurée par le syndic qui, en outre, représentait les créanciers.

➢ Comp : *Mandataire judiciaire à la liquidation des entreprises.*

Admission à la cote *[M. fin.]*

➢ *Admission en Bourse.*

Admission en bourse *[M. fin.]*

Expression signifiant qu'une valeur est admise aux négociations sur un marché réglementé d'instruments financiers. Jusqu'au vote de la loi du 2 juillet 1996, cette compétence relevait respectivement du Conseil des Bourses de Valeurs et du Conseil du Marché à terme pour chacun des marchés placés sous leur autorité. L'admission d'instruments financiers aux négociations sur un marché réglementé est désormais décidée par l'entreprise de marché sous réserve du droit d'opposition de la Commission des opérations de bourse.

➢ *Marché réglementé.*

ADR (« American Depositary Receipt ») *[M. fin.]*

➢ *« European Depositary Receipt ».*

« Ad valorem » *[Bq.]*

Expression latine signifiant selon la valeur. On dit notamment d'un intérêt qu'il est calculé « ad valorem » lorsqu'il est tenu compte du seul montant de l'opération et non pas de sa durée. Un terme anglais exprime la même idée : *flat.*

➢ Contra : *« Prorata temporis ».*

AFB *[Bq.]*

➢ *Association française des banques.*

AFEC *[Bq.]*

➢ *Association française des établissements de crédit et des entreprises d'investissement.*

AFECEI *[Bq. / M. fin.]*

➢ *Association française des établissements de crédit et des entreprises d'investissement.*

AFEI *[M. fin.]*

➢ *Association française des entreprises d'investissement.*

Affacturage (ou « factoring ») *[Bq.]*

Technique par laquelle un client appelé adhérent ou fournisseur, transmet ses créances à un *factor* (en général un établissement de crédit) qui moyennant rémunération, se charge de leur recouvrement et les lui paie soit à l'échéance (affacturage à l'échéance ou *maturity factoring*), soit avant l'échéance (affacturage traditionnel ou *old line factoring*) ce qui constitue alors une opération de crédit. Dans tous les cas, le *factor* assume le risque de non-paiement dû à la défaillance du débiteur. L'affacturage décharge ainsi l'adhérent de la gestion de ses comptes clients.

Affectation en garantie *[Bq.]*

Remise en gage. Lorsqu'un effet de commerce est ainsi remis en gage, l'opération est techniquement réalisée par un endossement appelé endossement pignoratif.

➢ *Endossement pignoratif, Gage, Nantissement.*

AFG – ASFFI *[M. fin.]*

➢ *Association française de la gestion financière.*

AFSB *[M. fin.]*

➢ *Association française des sociétés de bourse.*

Agence de la dette *[Bq. / M. fin.]*

Service à compétence nationale rattaché à la direction du Trésor, l'agence de la dette a été créée par arrêté du 8 février 2001 pour gérer la dette de l'État français.

Agent de change *[M. fin.]*

Jusqu'à la loi du 22 janvier 1988 qui les avaient remplacés par des sociétés de bourse, les agents de change étaient des officiers ministériels et commerçants qui avaient le monopole de la négociation des effets publics et autres susceptibles d'être cotés. Les agents de change étaient groupés en une Compagnie nationale placée sous l'autorité d'une chambre syndicale.

La loi du 2 juillet 1996 a abrogé la loi du 22 janvier 1988 qui avait institué les sociétés de bourse.

➢ *Société de bourse, Entreprise d'investissement.*

Agent des marchés interbancaires (AMI) *[Bq. / M. fin.]*

Appelée parfois courtier de banque, personne ou entreprise qui avait pour fonction principale de servir d'intermédiaire entre les offreurs et les demandeurs de capitaux sur le marché monétaire, sans se porter ducroire, c'est-à-dire sans se porter garante.

La loi du 2 juillet 1996 a supprimé cette catégorie d'intermédiaire en opérations de banque. Cependant, ceux agréés avant la date de publication de la loi peuvent conserver leur appellation.

➢ *Comp : Intermédiaire en opérations de banque, Maison de réescompte.*

Agios *[Bq.]*

Intérêts et commissions prélevés par un banquier sur son client à l'occasion de certaines opérations.

➢ *Escompte.*

Agioteur *[M. fin.]*

Se dit du spéculateur qui utilise des informations plus ou moins malhonnêtes pour influencer le cours des valeurs afin d'en tirer profit.

➢ *Initiés, Manipulation de cours.*

Agréé *[Bq. / M. fin.]*

Qui a reçu un agrément.

Agrément *[Bq. / M. fin.]*

Autorisation que doit obtenir un établissement de crédit ou une entreprise d'investissement avant d'exercer son ou ses activités. L'agrément est délivré par le Comité des établissements de crédit et des entreprises d'investissement. Le ou les programmes d'activité des établissements de crédit fournissant des services d'investissement et des entreprises d'investissement sont, au préalable, approuvés par le Conseil des marchés financiers ou, s'il y a activité de gestion de portefeuille pour le compte de tiers, par la Commission des opérations de bourse.

L'agrément d'une société de gestion de portefeuille, c'est-à-dire d'une entreprise d'investissement qui exerce à titre principal l'activité de gestion de portefeuille pour le compte de tiers, est délivré par la Commission des opérations de bourse.

Si l'agrément est délivré conformément aux directives européennes, il bénéficie de la reconnaissance mutuelle :

cela signifie que grâce à ce seul et unique agrément, l'établissement de crédit ou l'entreprise d'investissement peut exercer les activités couvertes par son agrément et visées par les directives dans tous les autres États de l'Union européenne et de l'Espace économique européen, que ce soit par une présence permanente avec l'implantation d'une succursale (c'est le libre établissement), ou sans présence permanente dans l'État d'accueil concerné (c'est la libre prestation de services).

Dans le langage courant, pour désigner cet agrément unique, on parle souvent de passeport européen.

Agrément unique *[Bq. / M. fin.]*

➢ *Agrément.*

AGS *[Bq.]*

Association nationale pour la gestion du régime d'assurance de salaires, créée conformément à la loi du 27 décembre 1973, entre groupements patronaux; l'Unedic et les Assedic sont chargées de la gestion technique et financière du régime d'assurance, pour le compte de l'AGS. En cas de redressement ou de liquidation judiciaires les Assedic versent au mandataire judiciaire, représentant des créanciers, les fonds nécessaires pour payer dans les délais légaux, les sommes dues aux salariés et garanties par cette assurance; les Assedic sont alors subrogées dans les droits des salariés ainsi payés.

➢ *Privilège des salaires, Superprivilège des salaires.*

AID *[Bq.]*

➢ *Association internationale de développement.*

Aide personnalisée au logement (APL) *[Bq.]*

Instituée par une loi du 3 janvier 1977 plusieurs fois modifiée, l'APL est une allocation accordée aux occupants propriétaires ou non, de logements construits, améliorés ou acquis et améliorés, avec des financements de prêts aidés pour l'accession à la propriété, de prêts locatifs aidés, ou de prêts conventionnés. L'allocation est versée selon un système de tiers payant : remise des fonds à l'établissement prêteur ou aux bailleurs des logements.

CCH, art. L. 351-1 s., R. 351-1 s.

À l'asiatique *[M. fin.]*

➢ *Option asiatique.*

À la hollandaise *[Bq.]*

➢ *Adjudication du Trésor.*

À la lyonnaise *[Bq.]*

➢ *Syndicat d'émission.*

À l'américaine *[M. fin.]*

➢ *Option à l'américaine.*

À la parisienne *[Bq.]*

➢ *Syndicat d'émission.*

À l'européenne *[M. fin.]*

➢ *Option à l'européenne.*

Aller et retour *[M. fin.]*

Achat suivi rapidement (dans la journée) d'une vente (ou inversement) des mêmes valeurs en vue de tirer profit de la variation des cours.

➢ *Arbitrage.*

Allocataire *[M. fin.]*

➢ *Allocation.*

Allocation *[M. fin.]*

Technique principalement utilisée sur le Matif et le Monep par laquelle un membre d'un marché réglementé, appelé allocataire, donne mandat à un membre du même ou d'un autre marché réglementé, dénommé allouant, à l'effet d'exécuter un ordre, puis de lui transmettre l'ordre une fois exécuté aux fins d'enregistrement dans les livres de l'allocataire.

Allonge *[Bq.]*

Feuille attachée à un effet de commerce pour permettre des endossements plus nombreux, ce qui aujourd'hui est rare.

« **Allotment letter** » *[M. fin.]*

Terme anglais désignant le document adressé par la société à ses actionnaires nominatifs et par lequel ils sont informés de l'étendue de leurs droits dans telle opération portant sur des titres (augmentation de capital, distribution d'actions gratuites, etc.).

Allouant *[M. fin.]*

➢ *Allocation.*

Altération *[Bq.]*

Modification (suppression ou adjonction d'une mention) apportée au texte d'un effet de commerce. L'altération ne lie que les signataires postérieurs au moment où elle est portée, les signataires antérieurs étant tenus dans les termes du texte avant son altération.

Altération de cours *[M. fin.]*

➢ *Manipulation de cours.*

« **Alternative Trading System** » *[M. fin.]*

➢ *ATS.*

« **American Stock Exchange** » **(AMEX)** *[M. fin.]*

L'une des bourses de New York.

➢ *« New York Stock Exchange ».*

AMEX *[M. fin.]*

➢ *« American Stock Exchange ».*

AMI *[Bq.]*

➢ *Agent des marchés interbancaires.*

AMM *[M. fin.]*

Adhérent mainteneur de marché.

➢ *Market maker.*

Amortissement de valeurs mobilières *[M. fin.]*

Remboursement de valeurs mobilières. Contrairement aux actions, les obligations qui doivent être amorties peuvent être désignées par tirage au sort. Un tableau d'amortissement comportant les résultats du tirage annuel est publié au Journal Officiel.

➢ *Action amortie.*

Amortissement d'un emprunt *[Bq.]*

Remboursement de façon échelonnée dans des conditions et à des échéances généralement fixées lorsque l'emprunt est contracté. Si les premiers remboursements ne doivent avoir lieu qu'après une certaine période, il y a différé d'amortissement.

Analyse chartiste *[M. fin.]*

➢ *Méthode chartiste.*

Anatocisme *[Bq.]*

Capitalisation des intérêts. Les intérêts d'une somme s'intègrent au capital pour produire eux-mêmes intérêts.

➢ *Intérêts composés.*

Animateur de marché *[M. fin.]*
➢ *Market maker.*

Annuité *[Bq.]*
Montant annuel que doit verser un débiteur à son créancier pour rembourser sa dette en capital et intérêts. Les annuités peuvent être constantes (c'est-à-dire fixes) ou variables (par exemple dégressives ou progressives).
➢ *Comp : Mensualité.*

Antichrèse *[Bq.]*
Sûreté immobilière conventionnelle par laquelle le constituant est dessaisi de l'immeuble au profit du créancier lequel en perçoit les fruits à charge de les imputer sur les intérêts puis sur le capital de sa créance. En cas de défaut de paiement à l'échéance, le créancier antichrésiste peut poursuivre l'expropriation de son débiteur par les voies légales.
C. civ., art. 2085.
➢ *Comp : Hypothèque.*

Anticipation de crédit différé *[Bq.]*
➢ *Crédit d'anticipation.*

Antidater *[Bq.]*
Apposer sur un document par erreur ou par fraude, une date antérieure à celle du jour où elle est apposée.
➢ *Contra : Postdater.*

À ordre *[Bq. / M. fin.]*
➢ *Clause à ordre, Titre à ordre.*

À parité *[M. fin.]*
➢ *Prix d'exercice.*

Appel de couverture *[M. fin.]*
Synonyme d'appel de marge.

Appel de marge *[M. fin.]*
Technique de réduction du risque de contrepartie utilisée sur les marchés à terme réglementés (Matif, Monep), sur les marchés à terme de gré à gré et pour les opérations de prêts-emprunts de titres et de pensions livrées. L'appel de marge donne lieu à la remise en pleine propriété, de valeurs, titres, effets, créances ou espèces ou à la constitution de sûretés portant sur de tels biens ou droits.
Sur les marchés à terme réglementés, la marge est appelée quotidiennement par la chambre de compensation conformément à ses règles de fonctionnement. L'appel de marge est effectué, soit auprès des donneurs d'ordres, soit auprès des compensateurs des donneurs d'ordres qui dans ce cas répercutent cet appel de marge auprès de ces derniers.
Sur les marchés à terme de gré à gré, les opérations de prêts-emprunts de titres et les pensions livrées, le fait de procéder ou de ne pas procéder à des appels de marges est librement décidé par les parties. Tout appel de marge s'effectue selon des modalités et une périodicité contractuellement fixées entre les parties.
➢ *Cours de compensation, Déposit, Marge.*

Appel d'offres *[Bq.]*
➢ *Taux des appels d'offre.*

Appel d'offres hebdomadaires *[Bq.]*
➢ *Opérations principales de refinancement.*

Appel public à l'épargne *[M. fin.]*
Aux termes de l'article L. 411-1 du Code monétaire et financier (anc. art. 6.I ord. 28 sept. 1967), il est constitué par

A

l'admission d'un instrument financier aux négociations sur un marché réglementé ou par l'émission ou la cession d'instruments financiers dans le public, en ayant recours soit à la publicité, soit au démarchage, soit à des établissements de crédit ou à des prestataires de services d'investissement.

Les personnes procédant à une opération avec appel public à l'épargne doivent publier et tenir à la disposition du public un document soumis au visa préalable de la COB, et portant sur le contenu et les modalités de l'opération, ainsi que sur l'organisation, la situation financière et l'évolution de l'activité de l'émetteur.

➢ *Contra : Placement privé.*

➢ *Note d'information, Notice.*

APL *[Bq.]*

➢ *Aide personnalisée au logement.*

Application *[M. fin.]*

Rapprochement et négociation simultanée par un intermédiaire d'un marché réglementé de ses ordres de deux clients qui lui ont chacun transmis des ordres de sens opposé sur un même titre, pour une même quantité et au même prix.

➢ *Acheté/vendu.*

Apport *[M. fin.]*

➢ *Action d'apport.*

À première demande *[Bq.]*

➢ *Lettre de garantie internationale.*

Arbitrage *[Bq. / M. fin.]*

Opération faite dans le but de tirer profit de la différence de cours de titres ou de devises existant à un moment donné entre plusieurs marchés. Il existe de nombreux types d'arbitrage.

➢ *Écart, « Straddle », mots suivants.*

Arbitrage comptant-terme *[M. fin.]*

Type d'opération d'arbitrage consistant à acheter au comptant et à vendre à terme. Par exemple, en matière d'options, acheter le produit sous-jacent et vendre en même temps l'option d'achat sur ce produit.

Dans la terminologie anglo-saxonne, on parle de *cash and carry.*

Arbitrage de change *[Bq.]*

Type d'opération d'arbitrage consistant à acheter une monnaie sur une place et la vendre sur une autre (ou inversement) pour profiter d'un décalage des cours existant sur ces deux places.

➢ *Arbitrage, Cambiste, « Swap ».*

Arbitrage de place à place *[M. fin.]*

Type d'opération d'arbitrage consistant à acheter et vendre les mêmes titres sur des places boursières différentes afin de tirer profit de la différence des cours existant entre ces bourses.

➢ *Arbitrage.*

Arbitrage de portefeuille *[M. fin.]*

Type d'opération d'arbitrage consistant à acheter des valeurs pour en vendre d'autres (ou inversement) généralement dans le but d'en tirer profit.

➢ *Arbitrage.*

Arbitrage en reports *[M. fin.]*

Type d'opération d'arbitrage consistant à emprunter sur titres pour prêter à un taux supérieur.

➢ *Arbitrage.*

Arbitragiste *[Bq. / M. fin.]*
Professionnel chargé des opérations d'arbitrage.
➢ *Arbitrage.*

Argent au jour le jour (JJ) *[Bq.]*
Liquidités que les banques se procurent sur le marché interbancaire. Dans la terminologie anglo-saxonne : *call money.*
➢ *Marché interbancaire, « Open market ».*

Arrangeur *[Bq.]*
Établissement de crédit chargé par une entreprise cliente de négocier pour elle une MOFF. L'arrangeur invite d'autres banques à participer au tour de table, modifie les termes du contrat en fonction des propositions de chacun et met au point ce contrat. La mission de l'arrangeur prend fin avec la signature de la MOFF. L'arrangeur est le chef de file d'une MOFF.

Arrérages *[Bq. / M. fin.]*
Montant échu d'une rente ou d'une pension.
➢ *Dividende, Intérêts.*

Arrêté de compte *[Bq.]*
Opération consistant à déterminer la position du solde d'un compte. Un arrêté définitif du compte a lieu à la date de clôture, mais des arrêtés périodiques permettent de connaître en cours de fonctionnement, la position provisoire du compte. Le client en est informé par un relevé de compte. On oppose l'arrêt en capitaux qui est obtenu à partir du solde précédent et des mouvements enregistrés depuis, à l'arrêté en intérêts qui fait apparaître le montant des intérêts produits sur ce compte pendant une période déterminée.
➢ *Exception de compte arrêté.*

Arrêté en capitaux *[Bq.]*
➢ *Arrêté de compte.*

Arrêté en intérêts *[Bq.]*
➢ *Arrêté de compte.*

Article de compte *[Bq.]*
Écriture représentant une créance (article de crédit) ou une dette (article de débit) portée en compte et à laquelle elle se substitue.
➢ *Compte.*

ASF *[Bq.]*
➢ *Association française des sociétés financières.*

Assiette *[Bq.]*
1° Base de calcul.
2° Bien sur lequel porte un droit, notamment une sûreté.

Assignation *[M. fin.]*
Sur les marchés réglementés d'options, désignation par la chambre de compensation, par tirage au sort parmi les vendeurs d'options, de celui qui doit livrer le produit sous-jacent (si l'option est un call) ou en prendre livraison (si l'option est un put) lorsqu'un acheteur d'option exerce sa faculté d'achat (si l'option est un *call*) ou de vente (si l'option est un *put*).
➢ *Marché réglementé, Matif, Monep, Option.*

Association française de la gestion financière (AFG – ASFFI) *[M. fin.]*
Association professionnelle créée le 16 janvier 1997 par le regroupement de l'Association des Sociétés et Fonds Français d'Investissement (ASFFI), elle-même créée en 1963, et l'Association Française des Sociétés de Gestion de

Portefeuille (AFSGP) et qui a principalement pour objet la représentation et la défense des droits de l'ensemble des prestataires de services d'investissement exerçant le service d'investissement de gestion de portefeuille pour compte de tiers.

Association française des banques (AFB) *[Bq.]*

Depuis le 1er février 2001, date à laquelle ses missions d'organisme professionnel ont été transférées à la Fédération bancaire française, l'AFB est le syndicat patronal des établissements de crédit agréés en qualité de banque par le Comité des établissements de crédit et des entreprises d'investissement, des succursales des établissements de crédit agréés dans un État de l'Espace économique européen, et des banques du groupe Banques populaires.

Par ailleurs, fondatrice de la Fédération bancaire française, l'AFB en est membre de droit.

➢ *Organisme professionnel.*

Association française des établissements de crédit et des entreprises d'investissement (AFECEI) *[Bq. / M. fin.]*

Association qui, en vertu de la loi du 2 juillet 1996, a succédé à l'AFEC et qui a pour objet la représentation des intérêts collectifs de l'ensemble de la communauté bancaire et financière. Lui sont affiliés, par l'intermédiaire de leurs associations ou organismes professionnels, les établissements de crédit, les entreprises d'investissement, les entreprises de marché et les chambres de compensation.

C. mon. fin., art. L. 511-29 (anc. art. 23, L. 24 janv. 1984 mod.).

Association française des sociétés de bourse (AFSB) *[M. fin.]*

Association qui était prévue par la loi du 2 janvier 1988 et qui était constituée entre les sociétés de bourse et la Société des bourses françaises pour assurer la défense de leurs droits et intérêts communs.

L'ASFB s'est transformée le 9 juillet 1996 pour devenir l'Association française des entreprises d'investissement (AFEI).

Association française des sociétés financières (ASF) *[Bq.]*

Organisme professionnel qui depuis la réforme bancaire de 1984, regroupe tous les établissements de crédit agréés en qualité de société financière par le Comité des établissements de crédit et des entreprises d'investissement. Elle est chargée de veiller à la défense des intérêts généraux de ses adhérents qu'elle représente auprès de la Banque de France, du Comité des établissements de crédit et des entreprises d'investissement, et de la Commission bancaire.

L'Association française des sociétés financières est affiliée à l'Association française des établissement de crédit et des entreprises d'investissement.

➢ *Organisme professionnel.*

Association française des entreprises d'investissement (AFEI) *[M. fin.]*

Association créée le 9 juillet 1996, par transformation de l'AFSB, qui a principalement pour objet la représentation et la défense des droits de ses adhérents.

L'AFEI est affiliée à l'Association française des établissements de crédit et des entreprises d'investissement (AFECEI).

Association française des établissements de crédit (AFEC) *[Bq.]*

➢ *Association française des établissements de crédit et des entreprises d'investissement.*

Association internationale de développement (AID) *[Bq.]*

Filiale de la Banque mondiale.

➢ *Banque internationale pour la reconstruction et le développement.*

Association des sociétés et fonds français d'investissement (ASFFI) *[M. fin.]*

➢ *Association française de la gestion financière (AFG-ASFFI).*

Assurance-aval *[Bq.]*

Forme d'assurance-crédit aujourd'hui rarement pratiquée dans laquelle l'assureur garantit le créancier (souvent tireur d'une lettre de change) contre toute défaillance même très provisoire, du débiteur, à l'échéance. L'assurance-aval est parfois improprement appelée assurance-caution ce qui risque de créer une confusion avec l'assurance-cautionnement.

➢ *Comp : Assurance-insolvabilité.*

➢ *Assurance-crédit.*

Assurance-caution *[Bq.]*

Expression parfois utilisée pour désigner l'assurance-aval ce qui risque de créer une confusion avec l'assurance-cautionnement.

Assurance-cautionnement *[Bq.]*

Technique aujourd'hui rarement pratiquée, qui consistait pour un assureur à se porter caution d'un débiteur. Cette pratique fut condamnée en raison de son caractère d'opération de crédit devant dès lors relever du secteur bancaire et non de celui des assurances. Cependant certains textes autorisent expressément les compagnies d'assurances à effectuer de telles opérations.

➢ *Comp : Assurance-aval, Assurance-insolvabilité.*

Assurance-crédit *[Bq.]*

Opération par laquelle un créancier souscrit une assurance contre les risques découlant de l'octroi du crédit. Le risque de non-paiement à l'échéance (assurance-aval) est rarement assuré; c'est le risque d'insolvabilité constatée judiciairement ou par un délai de carence (assurance-insolvabilité) qui est le plus souvent couvert. La technique de l'assurance-crédit doit être distinguée des différentes opérations pouvant être effectuées sur une police d'assurance, souscrite par le débiteur telle la désignation du créancier comme bénéficiaire ou le nantissement à son profit de ladite police.

➢ *Comp : Assurance-cautionnement.*

Assurance-insolvabilité *[Bq.]*

Forme d'assurance-crédit qui accompagne souvent le crédit interentreprises, dans laquelle l'assureur garantit le créancier contre l'insolvabilité du débiteur dûment constatée judiciairement ou par un délai de carence.

➢ *Comp : Assurance-aval.*

➢ *Assurance-crédit.*

Atermoiement *[Bq.]*

Opération par laquelle un créancier accorde à son débiteur les délais de paiement qu'il sollicite. Hormis ces délais, la créance n'est pas modifiée.

➢ *Comp : Consolidation.*

ATS (« **Alternative Trading System** ») *[M. fin.]*

Systèmes de négociation électronique qui mettent automatiquement en relation des ordres d'achat et de vente des clients à travers la gestion d'un carnet d'ordres opérant simultanément en fonction du prix et de l'ordre d'arrivée.

« At the money » *[M. fin.]*
➢ *Prix d'exercice.*

ATV *[Bq.]*
➢ *Avis à tiers détenteur.*

Au besoin chez X *[Bq.]*
➢ *Clause de recommandation.*

Au fil de l'eau *[M. fin.]*
➢ *Cotation en continu.*

A

Au marc le franc *[Bq.]*
Expression qui indique que le paiement intégral des créanciers chirographaires d'un débiteur étant impossible, chacun d'entre eux recevra un paiement proportionnel au montant de sa créance par rapport au montant global des créances chirographaires. On dit alors que les créanciers sont payés au marc le franc ou qu'ils viennent en concours.
➢ *Distribution par contribution.*

Au pied du coupon *[M. fin.]*
Sans tenir compte du coupon déjà couru.
➢ *Cotation au pied du coupon et en pourcentage.*

Autorisation de crédit *[Bq.]*
Accord par lequel une banque met à la disposition de son client des fonds pour un montant et une durée déterminés.
➢ *Ouverture de crédit.*

Autorisation de découvert *[Bq.]*
Accord par lequel une banque consent à ce que le compte de son client soit débiteur pour un montant et une durée déterminés.
➢ *Ouverture de crédit.*

Autorisation de prélèvement *[Bq.]*
(Également appelé ordre de domiciliation permanente), mandat donné par un client à son banquier de payer par débit de son compte, les avis de prélèvement présentés par l'un de ses créanciers avec lequel il est convenu de cette modalité de paiement.
➢ *Avis de prélèvement, Convention de prélèvement, Demande de prélèvement.*

Aval *[Bq.]*
Engagement cambiaire donné sur la lettre de change ou par acte séparé par une personne appelée avaliste, avaliseur ou donneur d'aval en vue de garantir l'exécution de l'obligation contractée par l'un des débiteurs de la lettre.
➢ *Avaliste, Obligation cambiaire.*

Aval conditionnel *[Bq.]*
Aval comportant certaines limitations fixées par l'avaliste notamment quant au montant de la créance garantie.
➢ *Contra : Aval inconditionnel.*

Aval en pension *[Bq.]*
Terminologie un peu délaissée qui désignait une opération de pension.
➢ *Pension.*

Aval inconditionnel *[Bq.]*
Aval donné sans qu'aucune limitation ne soit fixée par l'avaliste.
➢ *Contra : Aval conditionnel.*

Avaliseur *[Bq.]*
➢ *Avaliste.*

Avaliste *[Bq.]*

Celui qui garantit le paiement d'une lettre de change en tout ou partie de son montant. Ce peut être un tiers ou déjà un signataire de la lettre de change. L'avaliste est tenu cambiairement et comme caution solidaire. L'avaliste peut être également appelé avaliseur ou donneur d'aval.

➢ *Aval, caution, Obligation cambiaire.*

Avance *[Bq.]*

Prêt à court terme.

Avance à taux zéro *[Bq.]*

➢ *Prêt à taux zéro.*

Avance de la Banque de France *[Bq.]*

L'expression désigne l'avance de la Banque de France au Trésor. Depuis la loi du 4 août 1993 tout concours de la Banque de France au Trésor étant interdit, ces avances seront progressivement remboursées d'ici au 31 décembre 2003.

Avance en blanc *[Bq.]*

Crédit accordé sans aucune sûreté.

Avance sur créances *[Bq.]*

Prêt garanti par le gage de créances.

➢ *Nantissement de marché, Nantissement de police assurance-vie.*

Avance sur effet à encaisser *[Bq.]*

Opération consistant pour le banquier qui reçoit un effet en recouvrement, à créditer immédiatement le compte de son client sans attendre de l'avoir effectivement encaissé. On parle également d'avance sur recouvrement ou sur mandat à encaisser.

➢ *Comp : Escompte en compte.*

➢ *Endossement de procuration.*

Avance sur mandat d'encaissement *[Bq.]*

➢ *Avance sur effet à encaisser.*

Avance sur marchandises *[Bq.]*

Prêt garanti par un stock de marchandises qui le plus souvent sont déposées dans un magasin général ou qui sont en cours de transport.

➢ *Connaissement, Gage, Warrant.*

Avance sur marché *[Bq.]*

Prêt garanti par un nantissement de marché.

Avance sur recettes *[Bq.]*

Crédit accordé pour la réalisation ou la distribution d'un film cinématographique et qui est garanti par un nantissement sur ledit film.

➢ *Nantissement de film cinématographique.*

Avance sur recouvrement *[Bq.]*

➢ *Avance sur effet à encaisser.*

Avance sur titres *[Bq.]*

Prêt garanti par un nantissement de valeurs mobilières.

➢ *Nantissement de compte d'instruments financiers.*

Avis *[Bq.]*

➢ *Clause suivant avis.*

Avis à tiers détenteur (ATD) *[Bq.]*

Procédé permettant à l'Administration fiscale de bloquer à son profit, les fonds détenus par un banquier pour le compte d'un client, contribuable redevable de sommes garanties par un privilège du Trésor. L'avis à tiers détenteur a les mêmes effets qu'une saisie-attribution mais n'est soumis à aucune condition

de forme; toute demande explicite adressée au banquier vaut avis à tiers détenteur.

➢ *Saisie-attribution.*

Avis de débit de relevé *[Bq.]*

Document qui peut être délivré par le banquier domiciliataire au tiré d'une lettre de change-relevé pour valoir preuve du paiement. Cet avis est encore appelé relevé des LCR payées.

➢ *Lettre de change-relevé.*

Avis de domiciliation *[Bq.]*

➢ *Avis de paiement.*

Avis d'émission *[Bq.]*

Information parfois donnée au banquier tiré par le tireur d'un chèque d'un montant important, pour l'avertir de cette émission.

➢ *Chèque avisé.*

Avis de non-paiement *[Bq.]*

Information donnée par le porteur d'un effet à son endosseur pour l'avertir du non-paiement à l'échéance, chaque endosseur devant ensuite en être averti par son propre endossataire.

➢ *Avis de sort.*

Avis de non-recouvrement *[Bq.]*

Terme parfois employé pour désigner un avis de non paiement.

Avis de paiement *[Bq.]*

Mandat de payer donné au domiciliataire d'un effet par le tiré (lettre de change) ou le souscripteur (billet à ordre). Le mandat peut être particulier s'il ne vise qu'un effet, mais il peut aussi être général et permanent pour toute catégorie d'effets. La clause de domiciliation ne suffit pas à donner mandat de payer au domiciliataire. L'avis de paiement est également appelé avis de domiciliation.

Avis de prélèvement *[Bq.]*

Document présenté au banquier d'un débiteur pour obtenir le paiement d'une créance, par le créancier dûment autorisé en vertu d'une convention appelée demande de prélèvement signée avec ledit débiteur. Le banquier qui en vertu d'une autorisation de prélèvement, a reçu mandat du débiteur, son client, effectuera par débit du compte de celui-ci, le paiement des avis de prélèvement émis par le créancier.

➢ *Autorisation de prélèvement, Convention de prélèvement, Demande de prélèvement.*

Avis de sort *[Bq.]*

Information donnée au client par le banquier présentateur d'un effet de commerce ou d'un chèque, lui indiquant le sort qui a été réservé à ce titre et la raison pour laquelle, le cas échéant, il n'a pas été payé.

Avis d'exécution *[M. fin.]*

➢ *Avis d'opéré.*

Avis d'intervention *[Bq.]*

Information par laquelle l'intervenant fait connaître son intervention (acceptation ou paiement) à celui pour lequel il est intervenu.

➢ *Acceptation par intervention, Clause de recommandation, Intervention, Paiement par intervention.*

Avis d'opéré *[M. fin.]*

Bordereau par lequel un donneur d'ordres est informé de l'exécution de son ordre sur un marché réglementé par son intermédiaire.

➢ *Confirmation.*

Avoir *[Bq.]*

Montant de ce qui est dû à quelqu'un : dans un compte, l'avoir est représenté par le solde créditeur.

➢ *Actif.*

Avoir fiscal *[M. fin.]*

Somme égale à la moitié des dividendes nets distribués à un actionnaire personne physique et qu'il peut déduire de son impôt sur le revenu s'il est imposable, ou dont il est remboursé dans le cas contraire. La technique de l'avoir fiscal évite ainsi la double imposition des dividendes déjà soumis à l'impôt sur les sociétés. L'avoir fiscal concerne les revenus des actions des sociétés ayant leur siège en France; une technique comparable, celle du crédit d'impôt, concerne les revenus des autres valeurs mobilières.

➢ *Crédit d'impôt.*

À vue *[Bq.]*

➢ *Compte à vue, Titre à vue.*

B

« Back to back credit » *[Bq.]*
➢ *Crédit subsidiaire.*

BAD *[Bq.]*
Dans le jargon professionnel, banque à distance.

Baisse *[M. fin.]*
Dans le langage boursier, on parle le plus souvent : – d'effritement, lorsqu'une majorité des valeurs est en légère baisse, – de tassement ou de léger recul, en cas de baisse plus prononcée, – de baisse, lorsqu'une diminution de 2 à 3 % est enregistrée sur les cours en général, – de forte baisse, au-delà.
➢ *Contra : Hausse.*
➢ *Krach, Marché en réaction.*

Baisses intercalaires *[M. fin.]*
Mouvements de baisse des cours des valeurs entre des hausses importantes.
➢ *Contra : Hausses intercalaires.*
➢ *Réactions intercalaires.*

Baissier *[M. fin.]*
Spéculateur qui croit à une baisse des cours ou des taux. Dans la terminologie anglo-saxonne, *bear*).
➢ *Contra : Haussier.*

Bancable *[Bq.]*
➢ *Place bancable, Titre bancable.*

Bancarisation *[Bq.]*
Néologisme désignant l'importance du nombre d'individus qui ont un compte en banque. Lorsqu'un même individu a plusieurs comptes, on parle de multi-bancarisation.

Banque *[Bq.]*
Catégorie d'établissement de crédit qui, d'une façon générale, est habilité à recevoir du public des fonds à vue ou à moins de deux ans de terme, et qui peut effectuer toutes les opérations de banque.
Toute banque agréée en cette qualité par le Comité des établissements de crédit et des entreprises d'investissement, est tenue d'adhérer d'une part à la Fédération bancaire française et d'autre part à l'Association française des banques qui est désormais un syndicat patronal.
➢ *Comp : Banque mutualiste ou coopérative, Caisses de crédit municipal, Institution financière spécialisée, Société financière.*

Banque à distance *[Bq.]*
D'une façon générale, l'expression peut désigner toute opération effectuée entre un établissement de crédit et son client sans la présence physique de ce dernier. Cependant, le plus souvent, l'expression est employée lorsque ces opérations sont effectuées par voie électronique.

Banque centrale *[Bq.]*
D'une façon générale, nom donné à la banque qui dans un pays assure l'émission de la monnaie fiduciaire et le contrôle du volume de la monnaie et du crédit.
➢ *Banque centrale européenne.*

Banque centrale de compensation *[M. fin.]*

➢ *Clearnet SA.*

Banque centrale européenne (BCE) *[Bq.]*

Prévue par le Traité de Maastricht et mise en place le 1er juin 1998, date à laquelle l'Institut monétaire européen a cessé d'exister, la BCE dotée de la personnalité juridique, est une filiale des banques centrales nationales (BCN) des quinze États membres de la Communauté européenne, chacune ayant souscrit une partie de son capital social (5 milliards d'euro) selon une clef de répartition. Les banques centrales des États qui n'ont pas encore adopté l'euro détiennent une faible part dans ce capital et n'en ont libéré qu'une fraction (5 %).

L'une de ses principales missions est de définir la politique monétaire unique.

La BCE et les quinze banques centrales nationales constituent le Système européen de banques centrales (SEBC), tandis qu'avec les seules banques centrales des États ayant adopté la monnaie unique, la BCE constitue ce qu'on appelle l'Eurosystème.

Les organes de décision de la BCE sont le directoire, le Conseil des gouverneurs et le Conseil général. Le directoire est composé du président de la BCE et du vice-président et de quatre autres membres : tous sont nommés par les chefs d'État et de gouvernement des quinze États après consultation du Parlement européen. Le Conseil des gouverneurs est composé du directoire et des gouverneurs des banques centrales des États ayant adopté la monnaie unique. Enfin, le Conseil général comprend le président et le vice-président de la BCE et les gouverneurs des banques centrales nationales de chacun des quinze États. Son siège est à Francfort.

Traité CE, art. 8, art. 105 s.; Protocole annexé au Traité CE sur les statuts du SEBC et de la BCE.

➢ *Euro, Taux directeurs, Union économique et monétaire.*

Banque centrale nationale (BCN) *[Bq.]*

➢ *Système européen de banques centrales (SEBC).*

Banque d'affaires *[Bq.]*

Avant la réforme bancaire de 1984, on appelait ainsi toute banque dont l'activité principale était la prise et la gestion de participations dans des entreprises dans lesquelles elle ne pouvait investir des fonds reçus à vue ou à moins de deux ans de terme.

Cette terminologie aurait dû disparaître, tout établissement de crédit pouvant (dans des conditions définies par le Comité de la réglementation bancaire et financière) prendre et détenir des participations dans les entreprises. Elle demeure encore dans les faits par opposition à banque de dépôts.

Banque de dépôts *[Bq.]*

Avant la réforme bancaire de 1984, on appelait ainsi toute banque qui pouvait recevoir des fonds du public à vue ou à moins de deux ans de terme.

Cette terminologie aurait dû disparaître : en effet, désormais toute banque agréée en cette qualité par le Comité des établissements de crédit et des entreprises d'investissement, peut recevoir du public des fonds à vue ou à moins de deux ans de terme et effectuer toutes les opérations de banque. Elle demeure encore dans les faits par opposition à banque d'affaires.

Banque de France *[Bq.]*

Banque centrale nationale qui, depuis le 1er janvier 1999, est partie intégrante du système européen de banques centrales, et plus précisément de l'eurosystème. Son statut résulte d'une loi du 4 août 1993 (désormais codifiée aux art. L. 141-1 s. C. mon. fin.) qui lui a donné son indépendance conformément au Traité de Maastricht. Dans ses missions fondamentales, elle met en œuvre la politique monétaire unique, elle détient et gère les réserves de change de la France en or et en devises, elle veille au bon fonctionnement et à la sécurité des systèmes de paiement et assure l'entretien de la monnaie fiduciaire et sa bonne circulation. Institut d'émission, elle est seule habilitée sur le territoire de la France, à émettre les billets ayant cours légal (dont le volume est cependant autorisé par la seule Banque centrale européenne).
Banque des banques, elle assure par l'intermédiaire des comptes ouverts dans ses écritures, les règlements et mouvements de fonds entre les établissements de crédit. Banque de l'État, elle tient le compte courant du Trésor public auquel, depuis le 1er janvier 1994, elle ne peut plus consentir d'avances. Outre ces missions fondamentales, la Banque de France exerce de nombreuses missions d'intérêt général notamment grâce à ses succursales sur tout le territoire, elle réalise des enquêtes de conjoncture économique. Elle est ainsi un véritable observatoire de l'économie nationale. Elle est dirigée par un gouverneur et deux sous-gouverneurs nommés par décret en Conseil des ministres et assistés par un conseil général.

Banque de l'État *[Bq.]*

➢ *Banque de France.*

Banque d'émission *[Bq.]*

➢ *Banque de France.*

Banque des Banques *[Bq.]*

➢ *Banque de France.*

Banque des règlements internationaux (BRI) *[Bq.]*

Organisme international dont le siège est à Bâle; la BRI fut créée en 1930 pour exécuter le plan des réparations dues par l'Allemagne et plus généralement pour favoriser les relations entre les différentes banques centrales. Elle tient aujourd'hui une place prépondérante dans le système de coopération monétaire international.

Banque européenne d'investissement (BEI) *[Bq.]*

Organisme communautaire prévu par les articles 266 et 267 du Traité CE, qui a pour mission de contribuer en faisant appel aux marchés des capitaux et à ses ressources propres, au développement du marché commun et à la politique menée par la Communauté européenne.

Banque européenne pour la reconstruction et le développement (BERD) *[Bq.]*

Créée en 1991 pour financer le passage à l'économie de marché des pays de l'ancien bloc communiste, la BERD est une institution internationale qui compte 59 pays membres auxquels s'ajoutent la Banque européenne d'investissement et la Communauté européenne. Ses modalités d'intervention sont principalement des prêts, des prises de participation et des garanties. Son siège est à Londres.

Banque fédérale des Banques populaires *[Bq.]*

Établissement de crédit, autorisé à fournir des services d'investissement et qui, en vertu de la loi du 15 mai 2001 (dite loi sur les nouvelles régulations économiques), a été substitué à la Chambre syndicale des Banques populaires comme organe central des Banques populaires.

C. mon. fin., art. L. 512-10 s. mod. L. 15 mai 2001

Banque française du commerce extérieur (BFCE) *[Bq.]*

Créée en 1946, sa fusion avec le Crédit National en 1997 a donné naissance à Natexis. Puis en 1999, Natexis et la Caisse centrale des Banques populaires ont donné naissance à Natexis Banques Populaires.

Banque inscrite *[Bq.]*

Avant la réforme bancaire de 1984, on appelait ainsi toute banque ayant obtenu du Conseil national du crédit, son inscription sur la liste des banques, et qui dès lors était soumise à la législation de droit commun édictée par les textes de 1941. On opposait banque inscrite et banque à statut spécial.

Désormais, cette terminologie n'a plus lieu d'être, tout établissement de crédit devant être agréé par le Comité des établissements de crédit et des entreprises d'investissement. On notera cependant que les anciennes banques inscrites ont été classées parmi les établissements de crédit, dans la catégorie des banques.

Banque internationale pour la reconstruction et le développement (BIRD) *[Bq.]*

Souvent appelée Banque mondiale, elle fut créée en même temps que le Fonds monétaire international par les accords de Bretton-Woods en juillet 1944. Son capital est souscrit par les États membres et son objet est d'accorder aux gouvernements ou avec leur garantie, des prêts pour la réalisation de projets prioritaires pour la mise en valeur du pays concerné. Elle a deux filiales : – l'Association Internationale de Développement (AID) dont le but est de favoriser le développement économique des pays du Tiers Monde en leur accordant des conditions de prêts plus favorables qu'aux autres pays; – la Société Financière Internationale (SFI) dont le but est d'apporter son concours aux entreprises privées des pays les plus défavorisés.

Banque mondiale *[Bq.]*

Appellation courante de la Banque internationale pour la reconstruction et le développement.

Banque mutualiste ou coopérative *[Bq.]*

Catégorie d'établissement de crédit qui, d'une façon générale, est habilité à recevoir du public des fonds à vue ou à moins de deux ans de terme, et qui peut effectuer toutes les opérations de banque dans la limite de textes spécifiques. Sont notamment agréés en cette qualité par le Comité des établissements de crédit et des entreprises d'investissement : les banques populaires, les caisses de crédit agricole mutuel, les caisses de crédit mutuel, les caisses de crédit mutuel agricole et rural, les organismes de crédit maritime mutuel, les sociétés coopératives de banque, les caisses d'épargne et de prévoyance.

➢ *Comp : Banque, Caisses de crédit municipal, Institution financière spécialisée, Société financière.*

B

Banqueroute *[Bq.]*

(De l'italien *banca rotta* c'est-à-dire banque rompue) délit dont est coupable, en cas d'ouverture d'une procédure de redressement judiciaire ou de liquidation judiciaire, tout commerçant, tout artisan, tout agriculteur ou tout dirigeant d'une personne morale de droit privé ayant une activité économique, qui a commis certains agissements prévus par la loi (par exemple : recours à des moyens ruineux pour se procurer des fonds, détournement d'actif, tenue d'une comptabilité fictive incomplète ou irrégulière...).

Banqueroutier *[Bq.]*

Celui qui a commis un délit de banqueroute.

Banques populaires *[Bq.]*

Sociétés coopératives créées par la loi du 13 mars 1917 et qui avec les sociétés de cautionnement mutuel, constituent le crédit mutuel populaire. Banques à statut spécial avant 1984, elles sont désormais des établissements de crédit agréés en qualité de banque mutualiste ou coopérative par le Comité des établissements de crédit et des entreprises d'investissement.

➢ *Caisse centrale des banques populaires, Chambre syndicale des banques populaires, Sociétés de cautionnement mutuel.*

Banquier *[Bq.]*

Se dit couramment d'une personne qui à titre professionnel dirige, administre ou gère à titre quelconque un établissement de crédit.

D'une façon plus générale, le terme est souvent utilisé, y compris dans des textes et documents officiels, à la place d'établissement de crédit.

Banquier arbitragiste *[Bq.]*

Banquier qui fait des opérations d'arbitrage.

➢ *Arbitrage.*

Banquier domiciliataire *[Bq.]*

Banquier chez lequel un effet de commerce devra être présenté au paiement. Le banquier domiciliataire exécute le mandat de payer que lui a donné le tiré (lettre de change) ou le souscripteur (billet à ordre). En qualité de domiciliataire, il n'est pas engagé cambiairement à payer l'effet. Il n'est que mandataire.

➢ *Domiciliation bancaire.*

Banquier présentateur *[Bq.]*

Banquier qui présente un effet de commerce ou un chèque au paiement ou à l'acceptation (s'il s'agit d'une lettre de change). Le banquier présentateur agit en son nom s'il est propriétaire du titre ou au nom de son client s'il en a reçu mandat d'effectuer la présentation.

➢ *Présentation.*

Barre *[M. fin.]*

Limite au-delà de laquelle le cours d'un titre semble ne pas pouvoir monter,

l'observation graphique indiquant que le titre bute contre cette limite de cours pour redescendre ensuite.
➢ *Contra : Pallier de résistance.*

Barrement *[Bq.]*
➢ *Chèque barré.*

BCC *[M. fin.]*
➢ *Banque centrale de compensation.*

BCE *[Bq.]*
➢ *Banque centrale européenne.*

BCN *[Bq.]*
➢ *Banque centrale nationale.*

« **Bear** » *[M. fin.]*
➢ *Baissier.*

BEI *[Bq.]*
➢ *Banque européenne d'investissement.*

« **Benchmark** » *[M. fin.]*
Valeur de référence, généralement un indice boursier ou un emprunt d'État, choisie pour estimer le prix d'autres instruments financiers qui présentent des caractéristiques semblables, ou pour comparer l'évolution d'un instrument financier sur une période donnée par rapport à cette valeur de référence.

Bénéfice de cession d'actions *[Bq.]*
➢ *Bénéfice de subrogation.*

Bénéfice de discussion *[Bq.]*
Exception que peut soulever la caution poursuivie en paiement, pour que le créancier discute d'abord les biens du débiteur c'est-à-dire qu'il les saisisse et les fasse vendre pour se payer sur le prix. Le bénéfice de discussion ne peut pas être invoqué si la caution y a renoncé, si le cautionnement est solidaire ou si le cautionnement est judiciaire.
➢ *Cautionnement.*

Bénéfice de division *[Bq.]*
En cas de cautionnement multiple, exception que peut soulever l'une des cautions poursuivie pour le tout, afin que le créancier fractionne ses recours entre toutes les cautions solvables. Le bénéfice de division ne peut pas être invoqué si les cautions y ont renoncé ou si le cautionnement est solidaire.
➢ *Cautionnement.*

Bénéfice de subrogation (ou exception de cession d'actions) *[Bq.]*
Exception que peut soulever la caution poursuivie en paiement et la déchargeant de son obligation, nonobstant toute clause contraire, lorsque sa subrogation dans les droits et sûretés du créancier n'est plus possible par la faute du créancier.
➢ *Cautionnement, Subrogation.*

Bénéficiaire *[Bq.]*
Celui à qui ou à l'ordre de qui un effet de commerce ou un chèque doit être payé. On dit parfois tiers bénéficiaire.

BERD *[Bq.]*
➢ *Banque européenne pour la reconstruction et le développement.*

Besoin *[Bq.]*
➢ *Recommandataire.*

BFCE *[Bq.]*
➢ *Banque française du commerce extérieur.*

B

« Bid-ask » *[M. fin.]*

Nom donné à la fourchette de prix (offert-demandé) qu'un market maker propose sur le marché. Par exemple : 97-98. Le premier chiffre indique le prix auquel le market maker achète les titres concernés, le second indique celui auquel il les vend. Sur un marché réglementé, le market maker doit, le plus souvent, afficher en permanence cette fourchette (qu'il révise quand il veut).

➢ *Market maker.*

Biens insaisissables *[Bq.]*

➢ *Insaisissabilité.*

Biffage *[Bq.]*

➢Acceptation biffée, Endossement biffé.

« Big board » *[M. fin.]*

Appellation courante du *New York Stock Exchange*. On parle aussi de *Wall Street*.

➢ *« New York Stock Exchange ».*

Billet à ordre *[Bq.]*

Titre par lequel une personne appelée souscripteur, s'engage à payer à une date déterminée, une certaine somme à une autre personne appelée bénéficiaire, ou à son ordre.

➢ *Certificat de dépôt, Titre à ordre.*

Billet à ordre-relevé *[Bq.]*

Billet à ordre reposant sur un support informatique selon un système comparable à celui de la lettre de change-relevé.

➢ *Lettre de change-relevé.*

Billet au porteur *[Bq. / M. fin.]*

Titre par lequel le souscripteur s'engage à payer une certaine somme à la personne quelle qu'elle soit, qui en sera porteur à l'échéance.

➢ *Certificat de dépôt, Titre au porteur.*

Billet commercial *[Bq.]*

Billet à ordre créé à l'occasion d'une opération commerciale et qu'on oppose au billet financier.

➢ *Effet commercial.*

Billet de banque *[Bq.]*

Titre au porteur émis par l'Institut d'Émission et servant d'instrument monétaire.

➢ *Monnaie fiduciaire.*

Billet de change *[Bq.]*

Terme employé par l'ordonnance de 1673 pour désigner le titre alors fréquent, par lequel une personne s'engageait à payer à une autre personne, une certaine somme pour le prix d'une lettre de change fournie ou à fournir.

Billet de fonds *[Bq.]*

Billet à ordre souscrit par l'acquéreur d'un fonds de commerce pour le paiement du prix. Plusieurs billets sont généralement émis, à plusieurs échéances, et représentant chacun une fraction de la somme due.

➢ *Valeur fournie.*

Billet de mobilisation *[Bq.]*

➢ *Effet de mobilisation.*

Billet de trésorerie (BT) *[Bq. / M. fin.]*

Titre de créance négociable, pouvant être émis en euro ou en devises, par des entreprises d'investissement, des entreprises autorisées à faire appel public à l'épargne, des groupements d'intérêt économique et des sociétés en nom collectif composés uniquement de membres ou associés autorisés à faire appel public à l'épargne, des institutions de l'Union européenne et des organisations internationales dont est membre la France, ainsi que la Caisse d'amortissement de la dette sociale (CADES), les collectivités locales et leurs groupements. Un billet de trésorerie doit avoir une durée initiale inférieure ou égale à un an et un montant unitaire au moins égal à la contre-valeur de 150 000 euro.

On parle parfois, à propos des billets de trésorerie, de papier commercial, par traduction de la terminologie anglo-saxonne *commercial paper.*

➢ *Marché monétaire, Titre de créance négociable.*

Billet financier *[Bq.]*

Billet à ordre créé à l'occasion d'une opération bancaire ou financière et qu'on oppose au billet commercial.

➢ *Effet financier.*

Billet global *[Bq.]*

➢ *Effet de mobilisation.*

Billet hypothécaire *[Bq.]*

Billet à ordre souscrit par un établissement de crédit qui mobilise des prêts à long terme consentis à sa clientèle et garantis par des hypothèques.

En vertu d'une procédure dite de mise à disposition, l'organisme de refinancement, porteur du billet hypothécaire, a un gage sur les créances hypothécaires représentées par le billet et conservées sous dossier par l'établissement de crédit.

C. mon. fin., art. L. 313-42 s.

➢ *Hypothèque, Marché hypothécaire.*

Billon *[Bq.]*

Alliage composé de métaux non précieux (zinc, aluminium, nickel par exemple) et utilisé à usage monétaire.

➢ *Monnaie de billon.*

« Bill of exchange » *[Bq.]*

Terme anglo-saxon désignant la lettre de change.

BIRD *[Bq.]*

➢ *Banque internationale pour la reconstruction et le développement.*

Black et Scholes *[M. fin.]*

Méthode d'évaluation des options négociables élaborée en 1973 par F. Black et M. Scholes.

Blanchiment de capitaux *[Bq.]*

D'une façon générale, on désigne ainsi toute opération réalisée dans le seul but de donner une apparence de légitimité à l'origine de capitaux qui, en réalité, proviennent du trafic de stupéfiants, d'activités criminelles, de fraude fiscale ou de tout autre agissement illicite.

➢ *Tracfin.*

Blocage de compte *[Bq.]*

➢ *Compte bloqué.*

Blocage de la provision *[Bq.]*

➢ *Certification.*

Blocage de titres *[M. fin.]*

➢ *Opposition sur valeurs mobilières.*

Blocage en bourse *[M. fin.]*

Situation dans laquelle se trouve une valeur dont la cotation est impossible en raison d'une offre ou d'une demande excessive. La solution à un tel blocage sera décidée par Euronext Paris.

➢ *Cotation réservée, Demandé, Offert.*

Bloc d'actions *[M. fin.]*

Se dit d'un nombre minimal de titres propres à chaque instrument financier. En l'état actuel de la réglementation (art. 4-1-32 du Règlement général du CMF), il est possible pour un investisseur résidant habituellement ou établi en France de bénéficier d'une dérogation à l'obligation de concentration des ordres, dès lors que cet investisseur en fait la demande à l'intermédiaire chargé d'exécuter ses ordres sur le marché et dès lors que la transaction porte sur un bloc de titres dont le montant est défini par le CMF.

Bloc de contrôle *[M. fin.]*

Quantité de titres assurant le contrôle de la société émettrice. L'acquisition d'un bloc de contrôle est soumise à la réglementation du Conseil des marchés financiers et à la Commission des opérations de bourse, quelques dispositions législatives ayant été adoptées en ce domaine par la loi du 2 août 1989. Pour qualifier un bloc de titres de bloc de contrôle, il est tenu compte du cours auquel est réalisée la transaction, du nombre de titres composant le capital de la société visée, de la répartition de ce capital dans le public et du nombre d'actions dont l'acquéreur est déjà directement ou indirectement propriétaire.

➢ *Maintien de cours.*

Bloc de titres *[M. fin.]*

➢ *Bloc de contrôle.*

Bloc structurant *[M. fin.]*

Opération portant sur un bloc d'actions qui représente un minimum de 5 % de la capitalisation boursière d'une société cotée ou un montant supérieur à 7,5 millions d'euro. Ces opérations exceptionnelles font l'objet d'une réglementation particulière du Conseil des marchés financiers et d'Euronext Paris notamment en ce qui concerne les conditions de cours et les modalités d'information du marché.

« Blue chips » *[M. fin.]*

Sur un marché, on désigne ainsi les actions d'une société connue pour sa forte capitalisation boursière et son aptitude à dégager des bénéfices régulièrement distribués.

BMTN *[Bq. / M. fin.]*

➢ *Bon à moyen terme négociable.*

Bon *[Bq.]*

Titre représentatif d'une créance.

Bon de caisse *[Bq.]*

Titre à ordre ou au porteur émis par un établissement de crédit ou toute autre entreprise, en contrepartie d'un prêt qui lui est consenti et comportant son engagement d'en rembourser le montant à une échéance déterminée.

Bon de capitalisation *[Bq.]*

Bon qui produit des intérêts capitalisés, c'est-à-dire des intérêts qui ne sont pas versés au créancier mais qui s'ajoutent au capital pour produire à leur tour des intérêts qui seront eux-mêmes intégrés au capital, etc. Le créancier ne perçoit pas de revenus mais il bénéficie d'une plus-value de son capital.

Bon d'épargne *[Bq.]*

Bon à court terme émis par le réseau des caisses d'épargne et de prévoyance.

Bon de souscription d'action *[M. fin.]*

➢ *Obligation avec bon de souscription d'action.*

Bon de souscription d'obligation *[M. fin.]*

➢ *Obligations avec bon de souscription d'obligation.*

Bon du Trésor *[Bq. / M. fin.]*

Instrument financier émis lors d'un emprunt public et représentatif d'une créance sur l'État. On distingue les bons sur formule matérialisés par des titres (qui ne sont plus émis depuis le 1er janvier 1999) et les bons du Trésor négociables résultant d'inscriptions en comptes. Les bons du Trésor négociables (BTN), à savoir les bons du Trésor à taux annuel normalisés (BTAN) et les bons du Trésor à taux fixe (BTF) sont négociables sur un marché animé par les spécialistes en valeurs du Trésor (SVT). Ils peuvent être souscrits par tous les agents économiques.

➢ *Adjudication du Trésor.*

Bon à moyen terme négociable (BMTN) *[Bq. / M. fin.]*

Titre de créance négociable pouvant être émis en euro ou en devises, par l'ensemble des émetteurs de titres de créances négociables. Un BMTN doit avoir une échéance fixe, une durée initiale supérieure à un an et un montant unitaire au moins égal à la contre-valeur de 150 000 euro.

➢ *Marché monétaire, Titre de créance négociable.*

Bonification d'intérêts *[Bq.]*

Technique par laquelle l'État allège les charges financières de certains emprunts dans les secteurs qu'il veut favoriser, en aidant l'organisme prêteur à consentir à l'emprunteur des prêts à un taux inférieur au taux pratiqué sur le marché, et appelé taux bonifié.

« Book building » *[M. fin.]*

Technique dite de la « construction du livre d'ordres » utilisée lors d'importantes opérations de placement de titres qui consiste à demander aux investisseurs institutionnels des indications d'achats, la quantité de titres et le prix qu'ils souhaitent obtenir. Ces demandes, une fois centralisées au sein des établissements chefs de file du placement, permettent d'établir un livre d'ordres au nom des acheteurs potentiels, l'ensemble étant alors transmis au vendeur (ou à l'émetteur) qui est alors à même d'apprécier le prix de vente.

BOR *[Bq.]*

➢ *Billet à ordre-relevé.*

Bordereau Dailly *[Bq.]*

Titre prévu par la loi du 2 janvier 1981 (maintenant codifiée) ainsi appelé du nom du sénateur auteur de la proposition de loi.

➢ *Bordereau de cession de créances financières, Bordereau de cession de créances professionnelles.*

Bordereau de cession de créances financières (ou bordereau financier) *[Bq.]*

Titre prévu par la loi du 2 janvier 1981 désormais codifiée, et permettant à un établissement de crédit de céder à un organisme mobilisateur, aux fins de refinancement, les créances qu'il détient sur ses clients et résultant d'opérations de crédit à court terme n'ayant pas donné lieu à la création d'un bordereau de cession ou de nantissement de créances professionnelles.

C. mon. fin., art. L. 313-30 s.

➢ *Comp : Bordereau de cession de créances professionnelles.*

Bordereau de cession de créances professionnelles *[Bq.]*

Titre prévu par la loi du 2 janvier 1981 désormais codifiée, et permettant à un professionnel de réaliser au profit d'un établissement de crédit, une cession de ses créances professionnelles opposable aux tiers dans des formes qui se veulent simplifiées par rapport au droit commun et aux pratiques bancaires traditionnelles. Ce titre peut également réaliser un nantissement; c'est le bordereau de nantissement de créances professionnelles. La pratique parle souvent de « bordereau Dailly » du nom du sénateur, auteur de la proposition de loi.

C. mon. fin., art. L. 313-23 s.

➢ *Comp : Bordereau de cession de créances financières.*

Bordereau de coupons *[M. fin.]*

Document informant le titulaire de titres que les coupons correspondants ont été encaissé et portés à son compte.

Bordereau de nantissement de créances professionnelles *[Bq.]*

➢ *Bordereau de cession de créances professionnelles.*

Bordereau de négociation *[M. fin.]*

Bordereau qui était délivré par une société de bourse pour toute opération de contrepartie effectuée par un intermédiaire qui n'était pas une société de bourse. Ce bordereau indiquait si l'opération avait été faite hors séance; le prix en était mentionné ainsi que les impôts exigibles et les frais.

➢ *Contrepartiste.*

Bordereau de remise *[Bq.]*

Bordereau établi lors de la remise d'effets ou de chèques par un client à son banquier, et sur lequel sont mentionnées toutes précisions concernant notamment leur montant et le nom de leur tiré, de leur tireur et de leur bénéficiaire.

Bordereau d'escompte *[Bq.]*

Bordereau comportant la liste des effets qu'un client remet à son banquier en vue d'une opération d'escompte.

Bordereau de versement *[Bq.]*

Bordereau établi lors de la remise de fonds par un client à son banquier et sur lequel sont mentionnées toutes précisions concernant notamment le montant versé avec le détail des billets et pièces correspondants, l'identité du client, le numéro de son compte à créditer.

Bordereau financier *[Bq.]*

➢ *Bordereau de cession de créances financières.*

Bourse *[M. fin.]*

L'origine du mot vient du nom de la famille Van der Beurze dont la maison à Bruges, fut au XVe siècle le premier centre boursier du monde occidental.

Aujourd'hui, lorsqu'on parle de bourse, c'est pour désigner les marchés réglementés d'instruments financiers par opposition soit à la bourse de commerce ou bourse des marchandises, soit au marché de gré à gré.

Bourse à corbeille *[M. fin.]*

Synonyme de Bourse à parquet.

Bourse à parquet *[M. fin.]*

À l'origine on opposait les bourses à parquet auprès desquelles était établi un parquet et les autres appelées bourses sans parquet. Les agents de change des bourses à parquet pouvaient seuls négocier les valeurs inscrites à une cote officielle, les agents de change des bourses sans parquet ne pouvant négocier que les titres non cotés.

➢ *Parquet.*

Bourse de change *[Bq. / M. fin.]*

Expression qui désignait la séance officielle de cotation des changes durant laquelle les principaux cambistes de la Place se réunissaient afin d'établir un cours officiel pour chacune des principales devises selon la procédure dite du fixing de change. La bourse de change de Paris a été supprimée le 29 juin 1992.

Bourse de commerce (ou bourse de marchandises) *[M. fin.]*

Lieu public où se tenait le marché de certaines marchandises. Aujourd'hui, on distingue, d'une part, les marchés libres sur lesquels les négociations au comptant se font directement par les acheteurs et les vendeurs et portent sur certains produits agricoles et quelques produits industriels et, d'autre part, les marchés réglementés à terme de contrats à terme sur denrées et marchandises sur lesquels les négociations se font sous l'autorité du Conseil des marchés financiers par les membres du Matif habilités à traiter les contrats à terme sur instruments financiers et les négociateurs en marchandises.

Bourse de marchandises *[M. fin.]*

➢ *Bourse de commerce.*

Bourse de valeurs *[M. fin.]*

Marché réglementé de valeurs mobilières dont la négociation était jusqu'à la loi du 14 février 1996 du monopole des sociétés de bourse.
Depuis la loi du 2 juillet 1996, la notion de marché réglementé, sur lesquels peuvent intervenir les prestataires de services d'investissements et les membres du marché réglementé, s'est substituée à celle de bourse de valeurs.

Bourse électronique *[M. fin.]*

Marché réglementé d'instruments financiers qui fonctionne sans la présence effective de négociateurs personnes physiques.

Boursicoter *[M. fin.]*

Dans le jargon boursier, faire des petites opérations de bourse.

Boursier *[M. fin.]*

Professionnel de bourse.

« **Break even** » *[M. fin.]*

➢ *Point mort.*

BRI *[Bq.]*

➢ *Banque des règlements internationaux.*

« **Broker** » *[M. fin.]*

Appellation anglo-saxonne de l'intermédiaire de bourse qui achète et vend pour le compte de ses clients.

➢ *« Jobber ».*

« **Broker-Dealer** » *[M. fin.]*

Intermédiaire américain, enregistré auprès de la *National Association of Securities Dealer* (NASD) qui effectue

des opérations sur titres pour le compte de tiers et pour compte propre.
➢ *Broker, Dealer.*

« Broker on line » *[M. fin.]*
➢ *Courtier en ligne.*

Brut pour net *[Bq.]*
Sans agio.

BSA *[M. fin.]*
Bon de souscription d'action.
➢ *Obligation avec bon de souscription d'action.*

BSO *[M. fin.]*
Bon de souscription d'obligation.
➢ *Obligation avec bon de souscription d'obligation.*

BT *[Bq.]*
➢ *Billet de trésorerie.*

BTAN *[Bq.]*
Bon du Trésor à taux annuel normalisé dont les intérêts à taux fixe sont versés chaque année à terme échu.
➢ *Bon du Trésor, BTN.*

BTF *[Bq.]*
Bon du Trésor à taux fixe et à intérêts précomptés.
➢ *Bon du Trésor, BTN.*

BTN *[Bq. / M. fin.]*
Bon du Trésor négociable. Il en existe plusieurs catégories, notamment : les bons du Trésor à taux fixe et à intérêts précomptés (BTF) dont l'échéance est de 13 semaines, 6 mois ou un an et les bons du Trésor à taux annuel normalisés (BTAN).
➢ *Bon du Trésor.*

Buba *[Bq.]*
Dans le jargon bancaire, désigne la Bundesbank, c'est-à-dire la banque centrale allemande.

« Bull » *[M. fin.]*
➢ *Haussier.*

« Bull and bear » *[M. fin.]*
➢ *Emprunt « bull and bear ».*

Bulle spéculative *[M. fin.]*
Se dit d'une hausse rapide et continue du cours de sociétés cotées, qui semble hors de proportion avec la valeur économique ou encore les perspectives de croissance de ces sociétés, et qui résulte principalement d'un engouement – parfois irrationnel – des investisseurs.

Bulletin de gage *[Bq.]*
➢ *Warrant.*

Bulletin de la cote *[M. fin.]*
Publication officielle et quotidienne d'Euronext Paris qui comporte plusieurs rubriques et notamment le cours des titres négociés sur les marchés gérés par Euronext Paris.
➢ *Cote des droits, Cote officielle.*

Bulletin du nouveau marché *[M. fin.]*
Publication d'Euronext Paris comportant l'ensemble des publicités afférentes au nouveau marché (avis, instructions, transactions…).
➢ *Nouveau marché, Société du nouveau marché.*

Bulletin de souscription *[M. fin.]*
Document comportant l'engagement de celui qui a souscrit des valeurs mobilières, d'en verser le montant correspondant.
➢ *Souscription.*

« Butterfly » *[M. fin.]*
➢ *Écart en papillon.*

CAC *[M. fin.]*

Cotisation assistée en continu

➢ *Cotation en continu*

« CAC 40 » *[M. fin.]*

➢ *Contrat sur indice « CAC 40 », Indice « CAC 40 ».*

« CAC 40 Futur » *[M. fin.]*

➢ *Contrat sur indice boursier « CAC 40 ».*

CACOM *[Bq.]*

➢ *Caisse de consolidation et de mobilisation des crédits à moyen terme.*

CAECL *[Bq.]*

➢ *Caisse d'aide à l'équipement des collectivités locales.*

Caisse autonome de refinancement (CAR) *[Bq.]*

Filiale de la Caisse des dépôts et consignations créée en 1987 et agréée comme établissement de crédit en qualité de société financière, elle a pour objet la mobilisation de créances à moyen ou long terme (le plus souvent garanties par l'État). Pour assurer son propre financement, elle émet des emprunts et notamment des obligations.

Caisse centrale de crédit coopératif (CCCC) *[Bq.]*

Organisme créé en 1938, c'est un établissement de crédit agréé en qualité de banque mutualiste ou coopérative, et qui est l'organe central du crédit coopératif et du crédit maritime mutuel.

➢ *Agrément, Établissement de crédit.*

Caisse centrale de crédit hôtelier, industriel et commercial (CCHIC) *[Bq.]*

Organisme supprimé depuis 1981.

➢ *Crédit d'équipement des petites et moyennes entreprises.*

Caisse centrale de crédit mutuel *[Bq.]*

➢ *Crédit mutuel.*

Caisse centrale des banques populaires *[Bq.]*

Organisme créé en 1921 et qui assurait au plan national, la compensation comptable des opérations des banques populaires, la gestion des excédents de trésorerie et l'organisation des services communs. En 1999, ses activités opérationnelles ont été apportées à Natexis pour donner naissance à Natexis Banques populaires. Ses fonctions institutionnelles ont, ensuite, été regroupées avec celles de la Chambre syndicale des Banques populaires pour donner naissance à la Banque fédérale des Banques populaires qui est devenue, en vertu de la loi du 15 mai 2001, l'organe central unique du groupe des banques populaires.

Caisse d'aide à l'équipement des collectivités locales (CAECL) *[Bq.]*

Organisme créé en 1966 et auquel s'était substitué le Crédit local de France en

1987, la CAECL a été dissoute le 1er janvier 2001, par décret du 5 décembre 2000. L'ensemble de ses biens, droits et obligations a été transféré à l'État.

Caisse d'amortissement de la dette sociale (CADES) *[Bq. / M. fin.]*

Établissement public national à caractère administratif placé sous la double tutelle du ministre chargé de l'Économie et des Finances et du ministre chargé de la Sécurité sociale. La dette de l'Agence centrale des organismes de sécurité sociale (ACOSS) à l'égard de la Caisse des dépôts et consignation lui a été transférée, la CADES ayant pour mission d'apurer cette dette en recourant à des emprunts par appel public à l'épargne.

Caisse de consolidation et de mobilisation des crédits à moyen terme (CACOM) *[Bq.]*

Organisme créé en 1958 et qui assurait une partie du financement des opérations de consolidation du Crédit foncier. Elle a été supprimée au 1er juillet 1991.

Caisse de garantie du logement locatif et social (CGLLS) *[Bq.]*

Établissement public national à caractère administratif, elle a été substituée dans les droits et obligations de la Caisse de garantie du logement social à compter du 1er janvier 2001, par la loi du 13 décembre 2000. Elle gère un fonds de garantie de prêts au logement social. Elle est agréée comme établissement de crédit par le Comité des établissements de crédit et des entreprises d'investissement.

CCH, art. L. 452-1 s.

Caisse d'épargne *[Bq.]*

Le terme recouvre deux réseaux distincts : celui de la Caisse nationale d'épargne et de prévoyance (le réseau dit Écureuil) et celui de la Caisse nationale d'épargne (géré par la Poste).

Caisse de prêts aux organismes d'HLM (CPHLM) *[Bq.]*

Établissement public doté de l'autonomie financière créé en 1966 et auquel s'est substituée, en janvier 1986, la Caisse de garantie du logement social devenue Caisse de garantie du logement locatif et social.

Caisse de refinancement de l'habitat (CRH) *[Bq.]*

Société constituée en 1985 entre les principaux établissements spécialisés dans le crédit hypothécaire pour assurer leur refinancement. Ses ressources proviennent de ses emprunts : elle émet des obligations pour lesquelles elle a recours à la procédure d'adjudication à la hollandaise (comme le fait le Trésor). C'est un établissement de crédit agréé en qualité de société financière.

➢ *Adjudication du Trésor, Marché hypothécaire, Obligation assimilable du Trésor.*

Caisse des dépôts et consignations (CDC) *[Bq.]*

Créée en 1816, la CDC constitue aujourd'hui avec ses filiales un groupe public au service de l'intérêt général. Elle est chargée de la gestion des dépôts réglementés et des consignations, de la protection de l'épargne populaire, du financement du logement social et de la gestion d'organismes de retraite. Elle contribue au développement économique local et national, dans le domaine de l'emploi, de la politique de la ville, de la lutte contre l'exclusion bancaire et financière, ou encore de la création d'entreprises.

La CDC intervient dans le secteur financier concurrentiel par l'intermédiaire de ses filiales et notamment depuis janvier 2001, par CDC Ixis, banque d'investissement et de financement à l'international.

La gestion de la CDC est placée sous le contrôle d'une Commission de surveillance composée de trois députés, d'un sénateur, de deux conseillers d'État, de deux conseillers à la Cour des comptes, du gouverneur de la Banque de France, du président de la Chambre de commerce de Paris et du directeur du Trésor. Cette Commission fait un rapport annuel au Parlement.

C. mon. fin., art. L. 518-1 s., mod. L. 15 mai 2001

Caisse de refinancement hypothécaire *[Bq.]*

Ancienne dénomination de la Caisse de refinancement de l'habitat.

Caisse nationale de crédit agricole (CNCA) *[Bq.]*

Organe central des caisses régionales et locales du Crédit agricole. Établissement public depuis 1920, elle a été transformée en société anonyme par la loi du 18 janvier 1988 et 90 % de son capital ont été cédés aux caisses régionales (les 10 % restant ont été cédés aux salariés et anciens salariés). Cette opération de privatisation a été qualifiée de mutualisation.

➢ *Crédit agricole mutuel.*

Caisse nationale d'épargne *[Bq.]*

Créée en 1881, c'est une caisse d'épargne publique bénéficiant de la garantie de l'État. Gérée par la Poste, elle est placée sous l'autorité du ministre chargé de l'Économie.

C. mon. fin., art. L. 518-26 s.

➢ *Caisse nationale d'épargne et de prévoyance.*

Caisse nationale d'épargne et de prévoyance *[Bq.]*

Établissement de crédit créé sous forme de société anonyme en vertu de la loi du 25 juin 1999 (codifiée depuis), c'est l'organe central du réseau des caisses d'épargne et de prévoyance qui doivent détenir, ensemble, au moins la majorité absolue de son capital social.

C. mon. fin., art. L. 512-94 s.

Caisses de crédit municipal *[Bq.]*

➢ *Crédit municipal.*

Caisses de crédit mutuel *[Bq.]*

➢ *Crédit mutuel.*

Caisses d'épargne Écureuil *[Bq.]*

Nom donné aux caisses d'épargne et de prévoyance pour les distinguer de la Caisse nationale d'épargne.

➢ *Caisse d'épargne, Caisses d'épargne et de prévoyance.*

Caisse d'épargne et de prévoyance *[Bq.]*

Sociétés coopératives dont les sociétaires ne peuvent être que des sociétés locales d'épargne, ce sont des établissements de crédit agréés par le Comité des établissements de crédit et des entreprises d'investissement dans la catégorie banque mutualiste ou coopérative. Outre leurs missions traditionnelles d'intérêt général et de collecte de l'épargne des ménages, elles offrent des produits et services de plus en plus diversifiés. Leur organe central est la Caisse nationale des caisses d'épargne et de prévoyance.

Les fonds qu'elles collectent sont pour la plupart, reversés à la Caisse des dépôts et consignations qui les gère. Le réseau des caisses d'épargne et de prévoyance a connu une importante réforme avec la loi du 25 juin 1999 codifiée depuis.

C. mon. fin., art. L. 512-85 s.

➢ *Banque, Caisses de crédit municipal, Institution financière spécialisée, Société financière.*

C

« Calendar spread » *[M. fin.]*

➢ *Écart horizontal.*

« Call » *[M. fin.]*

Option d'achat.

➢ *Option, Sens de l'option.*

« Call money » *[Bq.]*

➢ *Argent au jour le jour.*

Call synthétique *[M. fin.]*

➢ *Synthétique.*

Cambiaire *[Bq.]*

Qualité de ce qui se rapporte aux effets de commerce.

➢ *Droit cambiaire, Obligation cambiaire, Rapport cambiaire.*

Cambiste *[Bq.]*

Professionnel qui assure la négociation des opérations de change. Les agents de change assuraient traditionnellement cette fonction (d'où leur nom) mais ils l'ont abandonnée au profit des banquiers.

Campagne *[Bq.]*

➢ *Crédit de campagne.*

Cantonnement *[Bq.]*

Réduction judiciaire du montant pour lequel une garantie a été prise afin qu'il corresponde au montant de la dette : on parle ainsi de cantonnement d'hypothèque ou de cantonnement de nantissement.

« Cap » *[Bq. / M. fin.]*

➢ *Future rate agreement.*

Capital *[Bq.]*

Montant d'une dette par opposition aux intérêts qu'elle produit. On parle également de principal. Par extension, le terme désigne tout bien productif d'intérêts.

Capitalisation boursière *[M. fin.]*

Évaluation d'une société sur la base de la valeur de ses actions en bourse. On l'obtient en multipliant le nombre d'actions de la société concernée par leur cours boursier.

Capitalisation des intérêts *[Bq. / M. fin.]*

Incorporation au capital d'une dette ou d'une créance des intérêts qu'elle a produits, afin qu'à leur tour, ils produisent intérêts.

➢ *Anatocisme, Bon de capitalisation, Sicav de capitalisation.*

Capital risque *[Bq.]*

Traduction de *venture capital.*

➢ *Société de « venture capital », « Venture capital ».*

Capital social *[M. fin.]*

Ensemble des apports en numéraire et en nature effectués par les associés d'une société et dont le montant minimum est parfois fixé par la loi.

Capitaux fébriles *[M. fin.]*

Capitaux spéculatifs qui vont d'une place financière à une autre à la recherche de placements à court terme et à forte rentabilité. On parle également de capitaux flottants. Dans la terminologie anglaise : *hot money*.

Capitaux flottants *[M. fin.]*

➢ *Capitaux fébriles.*

Capitaux propres *[Bq.]*

Appelés également fonds propres, sommes investies par les propriétaires d'une entreprise par opposition à ses ressources extérieures. Ils comprennent le capital, les primes d'émission et primes assimilées, les écarts de réévaluation, les réserves, le résultat de l'exercice, les subventions d'investissement et les provisions réglementées.

CAR *[Bq.]*

➢ *Caisse autonome de refinancement.*

Carnet de chèques *[Bq.]*

➢ *Formule de chèque.*

Carte accréditive *[Bq.]*

Carte plastifiée que présente l'adhérent à l'un de ses fournisseurs affilié au réseau de l'émetteur de la carte. Le fournisseur grâce à un procédé manuel, mécanique ou informatique, porte les mentions de la carte sur une facture qu'il fait signer à l'adhérent. Cette facture est ensuite adressée par le fournisseur à l'émetteur qui la lui paie et en demande le remboursement à l'adhérent. L'émetteur garantit ainsi au fournisseur le paiement de la facture, un montant maximum par facture étant souvent convenu. Certaines cartes accréditives doivent être présentées non pas seules, mais en garantie du paiement d'un chèque : ce sont les cartes de garantie de chèque.

Carte à mémoire *[Bq.]*

Carte plastifiée munie d'un microprocesseur (une puce de silicium) chargé d'une certaine somme et qui remise par son titulaire à un créancier, sera déchargée instantanément de la somme due grâce à un lecteur.

➢ *Monnaie électronique.*

Carte bancaire (CB) *[Bq.]*

Nom d'une carte interbancaire de paiement et/ou de retrait, nationale et/ou internationale, qui est née de l'accord intervenu en juillet 1984 entre les principaux établissements de crédit français.

Carte de crédit *[Bq.]*

L'expression est employée en pratique pour désigner des cartes ayant des fonctions différentes et impliquant les techniques les plus diverses.

Elle devrait être réservée soit à la carte offrant à son titulaire un délai pour rembourser l'émetteur (carte de crédit réel), soit à la carte permettant le retrait de fonds sur un compte débiteur.

Carte de crédit réel *[Bq.]*

Carte accréditive particulière en ce que l'émetteur accorde à l'adhérent la possibilité de lui rembourser de manière échelonnée les sommes qu'il a payées aux fournisseurs et ceci dans la limite d'un découvert convenu qui se renouvelle automatiquement au fur et à mesure des

remboursements, selon un procédé dit *revolving*.
➢ *Carte accréditive.*

Carte de garantie de chèque *[Bq.]*
Carte accréditive qui doit être présentée lors d'un paiement par chèque, lequel est ainsi garanti jusqu'à concurrence d'un certain montant.
➢ *Carte accréditive.*

Carte de l'« American Express » *[Bq.]*
Nom d'une carte accréditive internationale.
➢ *Carte accréditive.*

C

Carte de paiement *[Bq.]*
On appelle ainsi toute carte dont l'une des fonctions est de permettre le paiement chez des commerçants.

Carte de retrait *[Bq.]*
On appelle ainsi toute carte dont l'une des fonctions est de permettre le retrait de fonds d'un automate (distributeur automatique de billets, guichet automatique de banque).

Carte du « Diners Club » *[Bq.]*
Nom d'une carte accréditive internationale.
➢ *Carte accréditive.*

Carte professionnelle *[M. fin.]*
Carte délivrée par le Conseil des marchés financiers, ou selon le cas, par les employeurs des préposés des entités intervenant sur les marchés et dont doit être titulaire quiconque exerce les fonctions de négociateur d'instruments financiers, de compensateur d'instruments financiers, de responsables du contrôle des services d'investissement, ou de déontologue. Les conditions de délivrance et de retrait de cette carte sont déterminées par le Conseil des marchés financiers qui peut ainsi veiller au respect des règles de bonne conduite qu'il a lui-même édictées.

Carte Proton *[Bq.]*
➢ *Porte-monnaie électronique.*

Case de coffre *[Bq.]*
➢ *Contrat de coffre-fort.*

« Cash and carry » *[M. fin.]*
➢ *Arbitrage comptant-terme.*

CAT *[Bq.]*
➢ *Centralisation automatique de trésorerie.*

Caution (ou fidéjusseur) *[Bq.]*
Celui qui par contrat de cautionnement, s'engage à payer la dette du débiteur principal en cas de défaillance de celui-ci.
➢ *Cautionnement.*

Cautionné *[Bq.]*
Qui est garanti par un cautionnement.

Cautionnement *[Bq.]*
Contrat par lequel une personne, la caution, s'engage à garantir l'exécution de l'obligation d'une autre personne, le débiteur principal, en cas de défaillance de celui-ci. Le contrat de cautionnement est conclu entre la caution et le créancier ; l'obligation de la caution est accessoire à l'obligation principale qu'elle garantit. Si la caution s'engage à exécuter elle-même l'obligation principale, le cautionnement est dit personnel ; si la caution affecte un de ses biens en

garantie de l'exécution de cette obligation, le cautionnement est dit réel.

Le terme de cautionnement est improprement employé en pratique pour désigner le dépôt de fonds ou de valeurs en garantie d'une créance éventuelle. Il s'agit en réalité, d'un gage.

➢ *Bénéfice de discussion, Bénéfice de division, Bénéfice de subrogation.*

Cautionnement bancaire *[Bq.]*

Engagement d'un banquier qui se porte caution d'un client pour lui permettre d'obtenir un crédit auprès d'un tiers. C'est une forme de crédit par signature.

➢ *Acceptation de banque, Crédit par signature, Effet de cautionnement, Effet financier, Obligation cautionnée, Soumission cautionnée.*

Cautionnement hypothécaire *[Bq.]*

Type de cautionnement réel dans lequel la caution consent une hypothèque au profit du créancier en garantie de son engagement.

➢ *Cautionnement.*

Cautionnement judiciaire *[Bq.]*

Cautionnement imposé par le juge. Bien qu'obligatoire, ce cautionnement reste conventionnel car il ne peut résulter que d'un contrat entre le créancier et la caution.

➢ *Comp : Cautionnement légal.*

Cautionnement légal *[Bq.]*

Cautionnement imposé par la loi. Bien qu'obligatoire, ce cautionnement reste conventionnel car il ne peut résulter que d'un contrat entre le créancier et la caution.

➢ *Comp : Cautionnement judiciaire.*

Cautionnement multiple *[Bq.]*

Cautionnement dans lequel plusieurs cautions garantissent la même obligation principale. Ces cautions sont appelées les cofidéjusseurs.

➢ *Bénéfice de division.*

Cautionnement mutuel *[Bq.]*

Cautionnement émanant d'un groupement dont l'objet est précisément de garantir les engagements de ses membres.

➢ *Société de caution mutuelle.*

Cautionnement personnel *[Bq.]*

➢ *Cautionnement, Sûreté personnelle.*

Cautionnement réel *[Bq.]*

➢ *Cautionnement, Sûreté réelle.*

Cautionnement simple *[Bq.]*

Par opposition au cautionnement solidaire, cautionnement dans lequel la caution ne s'est pas obligée à la dette, solidairement avec le débiteur principal.

➢ *Bénéfice de discussion, Bénéfice de division, Cautionnement, Solidarité.*

Cautionnement solidaire *[Bq.]*

Cautionnement dans lequel la caution s'est obligée à la dette, solidairement avec le débiteur principal.

➢ *Contra : Cautionnement simple.*

➢ *Bénéfice de discussion, Bénéfice de division, Cautionnement, Solidarité.*

Cavalerie *[Bq.]*

➢ *Effet de complaisance.*

CBOT (« **Chicago board of trade** ») *[M. fin.]*

L'un des principaux marchés des futurs apparus à Chicago dans les années 70.

➢ *Comp : CME, Eurex, LIFFE, Matif, NYFE, Simex.*

➢ *Marché des futurs.*

C

CBV *[M. fin.]*

➢ *Conseil des bourses de valeurs.*

CCB *[Bq.]*

➢ *Commission de contrôle des banques.*

CCCC *[Bq.]*

➢ *Caisse centrale de crédit coopératif.*

CCHIC *[Bq.]*

Caisse centrale de crédit hôtelier, industriel et commercial. Elle a été supprimée en 1981.

➢ *Crédit d'équipement aux petites et moyennes entreprises.*

CCP *[Bq.]*

Compte courant postal. On dit parfois compte chèque postal.

CD *[Bq. / M. fin.]*

➢ *Certificat de dépôt.*

CDC *[Bq.]*

➢ *Caisse des dépôts et consignations.*

CECEI *[Bq. / M. fin.]*

➢ *Comité des établissements de crédit et des entreprises d'investissement.*

Cédule hypothécaire *[Bq.]*

Dans notre droit révolutionnaire, titre à ordre qui pouvait être délivré par le conservateur des hypothèques indépendamment de toute dette, au propriétaire d'un immeuble, lequel constituait ainsi une hypothèque sur lui-même. Ce titre était transmis si besoin à un prêteur qui pouvait l'endosser à son tour. Ce système de mobilisation du crédit hypothécaire existe encore dans certains pays (Allemagne, Suisse) mais plus en France.

CENCEP *[Bq.]*

➢ *Centre national des caisses d'épargne et de prévoyance.*

Centrale d'effets impayés *[Bq.]*

➢ *Centrale d'incidents de paiement.*

Centrale des bilans de la Banque de France *[Bq.]*

Service créé en 1969, géré par la Banque de France et reposant sur le caractère volontaire de l'adhésion des entreprises. Sa mission est de recueillir et d'analyser les documents comptables des entreprises adhérentes en vue de dégager des informations susceptibles de servir de base à des études économiques et financières qu'il diffuse à ses adhérentes.

Centrale des règlements interbancaires (CRI) *[Bq.]*

Officiellement opérationnelle depuis le 17 février 1997, la CRI est une plate-forme technique unique, dont s'est dotée la France pour le règlement des gros montants entre établissements de crédit. Elle regroupe un système brut irrévocable de règlement sur les comptes ouverts dans les livres de la Banque de France (système TBF) et un système net protégé (système SNP) de compensation multilatérale dont les soldes sont dénoués chaque jour dans ces mêmes comptes.

➢ *Système interbancaire de télécompensation.*

Centrale des risques *[Bq.]*

➢ *Service central des risques.*

Centrale d'incidents de paiement *[Bq.]*

Service créé par la Banque de France dans ses différents comptoirs et dont le rôle est de recenser auprès du secteur bancaire de la place puis de les diffuser, les défauts de paiement d'effets autres que les chèques.

➢ *Comp : Fichier central des chèques.*

Centralisation automatique de trésorerie (CAT) *[Bq.]*

Egalement appelée *Cash pooling*, technique contractuelle de gestion de trésorerie utilisée au sein d'un groupe de sociétés, et prévoyant une remontée à un compte centralisateur unique des soldes des comptes des sociétés concernées.

Cette centralisation peut être nationale ou internationale et impliquer une ou plusieurs banques.

➢ *Comp : « Netting ».*

Centralisation des ordres *[M. fin.]*

➢ *Concentration des ordres.*

Centre d'échange physique des chèques (CEPC) *[Bq.]*

➢ *Chèque circulant.*

Centre de chèques postaux *[Bq.]*

Structure régionale de la Poste qui assure la tenue des comptes courants postaux. Les Centres de chèques postaux sont assimilés aux établissements de crédit pour l'application de la législation relative à la prévention et la répression des infractions en matière de chèque.

➢ *Chèque postal.*

Centre national des caisses d'épargne et de prévoyance (CENCEP) *[Bq.]*

Avant la réforme de 1999, c'était l'organe central du réseau des caisses d'épargne et de prévoyance. Il a été remplacé par la Caisse nationale des caisses d'épargne et de prévoyance.

CEPME *[Bq.]*

➢ *Crédit d'équipement aux petites et moyennes entreprises.*

Cercle restreint d'investisseurs *[M. fin.]*

Aux termes de l'article L. 411-2 al. 3 du Code monétaire et financier (anc. art. 6.II al. 2 ord. 28 sep. 1967), cercle composé de personnes autres que les investisseurs qualifiés, liées aux dirigeants de l'émetteur par des relations personnelles, à caractère professionnel ou familial. Les investisseurs sont présumés appartenir à ce cercle restreint lorsque celui-ci est composé d'un nombre d'investisseurs inférieur à 100. À l'instar de la notion d'investisseurs qualifiés, cette notion vise à définir les contours du placement privé par opposition à l'appel public à l'épargne, dès lors que ces investisseurs agissent pour leur propre compte.

➢ *Investisseurs qualifiés, Placement privé.*

Certain *[Bq.]*

➢ *Coter le certain.*

Certificat de coupon *[M. fin.]*

Document remis par Euroclear France à chaque établissement qui lui est affilié et qui ainsi se chargera d'encaisser les intérêts et dividendes des valeurs mobilières concernées. La délivrance d'un tel certificat a lieu dans le cas où Euroclear France n'a pas perçu directement ces intérêts et dividendes.

Certificat de dépôt (CD) *[Bq. / M. fin.]*

Titre de créance négociable pouvant être émis en euro ou en devises par les

C

établissements de crédit ou la Caisse des dépôts et consignations. Un CD doit avoir une durée inférieure ou au plus égale à un an et un montant unitaire au moins égal à la contre-valeur de 150 000 euro.

➢ *Marché monétaire, Titre de créance négociable.*

Certificat de droit de vote *[M. fin.]*

Créé par la loi du 3 janvier 1983, titre représentatif des droits non pécuniaires d'une action dont les droits pécuniaires sont représentés par un certificat d'investissement. Il ne peut être cédé qu'accompagné d'un certificat d'investissement ou au porteur d'un tel certificat : dans les deux cas, il y a reconstitution de l'action.

Certificat de mutation *[M. fin.]*

Document permettant d'établir la régularité d'une mutation.

➢ *Mutation.*

Certificat de non-paiement *[Bq.]*

Document constatant le non-paiement d'un chèque pour défaut de provision et sa non-régularisation dans le délai légal, et que le banquier tiré établit à la demande du porteur. La signification de ce certificat au tireur, faite par huissier, vaut commandement de payer ; si dans les 15 jours le chèque n'a toujours pas été payé, le porteur obtient de l'huissier un titre exécutoire permettant de faire procéder à une saisie.

C. mon. fin., art. L. 131-73.

➢ *Comp : Protêt.*

➢ *Saisie sur protêt.*

Certificat de valeur garantie (CVG) *[M. fin.]*

Instrument financier, inspiré de la technique américaine du *Contingent Value Right* et émis pour l'essentiel dans le cadre d'une opération d'offre publique d'achat ou d'échange, par l'initiateur de l'offre. Ces certificats sont attribués gratuitement aux actionnaires de la société cible soit pour les inciter à apporter leurs titres à l'offre publique (on parle de CVG attractifs), soit pour les convaincre de conserver leurs titres (on parle de CVG défensifs). L'objet de ces certificats est de garantir, par un mécanisme de couverture, la valeur d'une action sous-jacente à un terme donné.

Certificat d'investissement *[M. fin.]*

Créé par la loi du 3 janvier 1983, titre négociable représentatif des droits pécuniaires d'une action dont les droits non pécuniaires sont alors représentés par un certificat de droit de vote.

Certificateur de caution *[Bq.]*

Celui qui garantit l'engagement d'une caution.

➢ *Cautionnement.*

Certificat indexé *[M. fin.]*

Titre de créance émis par des prestataires de services d'investissement, dont la valeur est égale à tout moment à la valeur d'un actif sous-jacent, généralement un indice ou un panier d'actions, sur lequel il est indexé et dont les modalités de remboursement sont fixées à l'avance par l'émetteur. Les certificats indexés peuvent être admis aux négociations sur un marché réglementé.

➢ *Comp : Euro Medium Term Note (EMTN).*

Certification *[Bq.]*

Apposition par le tiré sur un chèque déjà émis par son client, d'une mention faisant état de l'existence de la provision à la disposition du tireur. La certification emporte pendant le délai de présentation et sous la responsabilité du tiré, blocage de la provision au profit du porteur.

➢ *Chèque certifié, Visa.*

Certificat pétrolier *[Bq. / M. fin.]*

Titre négociable représentatif des droits pécuniaires attachés aux actions émises par certaines sociétés (sociétés de recherches, exploitation et transformation d'hydrocarbures). Les certificats pétroliers sont des valeurs mobilières qui peuvent être cotées en Bourse (Décr. 10 sept. 1957, art. 11).

➢ *Valeurs mobilières.*

Certificat représentatif de titre au porteur *[M. fin.]*

Document que Euroclear France peut créer (ou faire créer) à la demande d'une collectivité émettrice, et représentant une valeur mobilière au porteur dématérialisée, afin d'en faciliter la circulation à l'étranger (et seulement à l'étranger).

➢ *Dématérialisation, Titre au porteur.*

Cessation des paiements *[Bq.]*

Condition du redressement judiciaire ; d'une façon générale, c'est l'état de celui qui ne peut plus faire face à son passif exigible avec son actif disponible. S'il s'agit d'un établissement de crédit, c'est le fait de ne pas être en mesure d'assurer ses paiements immédiatement ou à terme rapproché.

C. mon. fin., art. L. 613-26.

➢ *Comp : Insolvabilité.*

➢ *Déconfiture.*

Cessibilité *[Bq. / M. fin.]*

Qualité de ce qui peut être cédé.

➢ *Négociabilité.*

Cession-bail *[Bq.]*

Variante du crédit-bail dans laquelle le déroulement des opérations n'a pas lieu selon la chronologie habituelle car le client utilisateur est déjà propriétaire du bien (mobilier ou immobilier) lorsqu'il sollicite le concours d'une société de crédit-bail.

L'opération consiste pour le client-utilisateur à vendre le bien à la société de crédit-bail qui le lui loue aussitôt avec promesse de vente. La cession-bail encore appelée *lease-back*, permet soit de faire face à des besoins de trésorerie par voie de mobilisation d'actifs, soit le plus souvent en matière mobilière, de financer l'achat très récent d'un matériel neuf.

Cession d'actions *[Bq.]*

➢ *Bénéfice de subrogation.*

Cession de contrôle *[M. fin.]*

Vente d'une quantité de titres telle qu'elle donne à l'acheteur le contrôle de la société émettrice.

➢ *Bloc de contrôle.*

Cession de créance *[Bq.]*

Convention par laquelle un créancier (cédant) transmet sa créance contre son débiteur (débiteur cédé) à un tiers (cessionnaire).

➢ *Bordereau de cession de créances professionnelles.*

Cession de dette *[Bq.]*

Cession par un débiteur de sa dette à un tiers qui est désormais tenu à l'égard du créancier. Cette opération n'est pas prévue en tant que telle par le droit français, mais par des techniques juridiques voisines, une transmission de dette est parfaitement possible (novation par changement de débiteur par exemple).

Cession directe d'instruments financiers *[M. fin.]*

Transmission portant sur des instruments financiers admis aux négociations sur un marché réglementé et effectuée sans l'intermédiation d'un prestataire de services d'investissement ou d'un membre d'un marché réglementé. Les cessions directes d'instruments financiers ne sont autorisées que sous certaines conditions définies par la loi du 2 juillet 1996 désormais codifiée.

C

CFONB *[Bq.]*

➢ *Comité français d'organisation et de normalisation bancaires.*

CFTC *[M. fin.]*

➢ *« Commodity futures trading commission ».*

CGLS *[Bq.]*

➢ *Caisse de garantie du logement social.*

Chaîne de billets *[Bq.]*

Ensemble des effets (lettres de change ou billets à ordre) qui sont créés en représentation d'une créance dont chacun en représente une partie du montant pour des échéances différentes. On peut parler également de chaîne d'effets.

Chaîne d'effets *[Bq.]*

➢ *Chaîne de billets.*

Chaîne des endossements *[Bq.]*

Ensemble des endossements successifs d'un titre à ordre. Celui qui paie le titre doit vérifier la continuité de cette chaîne.

Chambre de compensation *[Bq.]*

Ensemble des établissements de crédit d'une même place qui se réunissent chaque jour ouvrable (en province à la succursale de la Banque de France et à Paris dans un local indépendant) par l'intermédiaire de leurs employés, afin d'échanger leurs titres de créances réciproques matérialisés sur support papier (chèques, virements) et d'effectuer ainsi une compensation. À la fin de la séance, chaque banquier note le montant des sommes qu'il doit aux autres et le montant des sommes qui lui sont dues ; selon que le solde qu'il obtient est créditeur ou débiteur, son compte à la Banque de France en est crédité ou débité d'autant.

Avec la généralisation de l'échange image chèque, la fermeture des chambres de compensation est prévue durant l'année 2002. Les chèques circulants maintenus pour assurer certains contrôles seront échangés à Paris au centre d'échange physique des chèques.

[M. fin.] Aux termes de l'article L. 442-1 du Code monétaire et financier (issu de la loi du 2 juill. 1996), établissement de crédit ou personne morale gérée par un établissement de crédit dont les règles de fonctionnement ont été approuvées par le Conseil des marchés financiers, chargé d'assurer : la surveillance des positions prises sur le marché ; l'appel de marges ; et, le cas échéant, la liquidation d'office desdites positions. L'étendue de la garantie de bonne fin des négociations apportée par la chambre de compensation dépend de la relation contractuelle de celle-ci avec ses compensateurs.

➢ *Comp : Système interbancaire de télécompensation.*

➢ *Clearnet SA.*

Chambre syndicale des agents de change *[M. fin.]*

Avant la loi du 22 janvier 1988, organisme représentatif des agents de change élu par la Compagnie des agents de change et présidé par un syndic. La Chambre syndicale était essentiellement chargée de contrôler la profession et d'assurer le bon fonctionnement du marché. Elle avait été remplacée par le Conseil des bourses de valeurs jusqu'à la loi du 2 juillet 1996 qui a abrogé la loi du 22 janvier 1988, le Conseil des marchés financiers se substituant au Conseil des bourses de valeurs.

Chambre syndicale des Banques populaires *[Bq.]*

Dissoute en vertu de la loi du 15 mai 2001 (dite loi sur les nouvelles régulations économiques), c'était l'organe central des Banques populaires. Ses biens, droits et obligations ont été transférés à la Banque fédérale des Banques populaires qui lui a été substituée comme organe central.

Chambre syndicale des SACI *[Bq.]*

Organe central créé en 1992 et auquel doivent être affiliées les sociétés anonymes de crédit immobilier.

CCH, art. L. 422-4-1.

Change *[Bq.]*

Conversion d'une monnaie nationale en monnaie d'un autre pays. On distingue le change manuel, le change scriptural et le change tiré. Les opérations de change peuvent avoir lieu au comptant ou à terme.

➢ *Change à terme, Change au comptant.*

Change à terme *[Bq.]*

Achat ou vente de devises au cours du moment où l'opération est effectuée, la livraison et le paiement étant reportés à une date future qui est déterminée lors de la réalisation de l'opération.

➢ *Comp : Change au comptant.*

Change au comptant *[Bq.]*

Achat ou vente de devises au cours du moment où l'opération est effectuée, la livraison et le paiement intervenant sous 48 heures pour le change au comptant dit *spot* et sous 24 heures pour le change au comptant dit *overnight*.

➢ *Comp : Change à terme.*

Change manuel *[Bq.]*

Opération de change réalisée par conversion de billets de banque d'un pays en billets de banque d'un autre pays.

➢ *Comp : Change scriptural, Change tiré.*

➢ *Changeur manuel.*

Change scriptural *[Bq.]*

Opération de change réalisée par inscription de compte à compte entre deux banques correspondantes dont chacune détient les avoirs en devises de l'autre.

➢ *Comp : Change manuel, Change tiré.*

➢ *Compte nostro, Compte vostro.*

Change tiré *[Bq.]*

Opération de change consistant en achat ou vente d'effets de commerce ou de chèques libellés en devises. Le plus souvent, lorsqu'un créancier reçoit un titre ainsi libellé en monnaie étrangère, ce titre est porté à l'encaissement, et le produit fait l'objet d'une opération de change scriptural.

➢ *Comp : Change manuel, Change scriptural.*

Changeur manuel *[Bq.]*

Personne qui fait profession habituelle d'effectuer des opérations de change manuel. Les changeurs manuels exercent leur activité dans des conditions fixées par un règlement du Comité de la réglementation bancaire et financière et sont placés sous le contrôle de la Commission bancaire.

Chartiste *[M. fin.]*

➢ *Méthode chartiste.*

Chef de file *[Bq.]*

Parmi les établissements de crédit constitués en pool, celui qui assume le montage de l'opération concernée.

➢ *Pool bancaire, Syndication.*

C

Chèque *[Bq.]*

Titre par lequel une personne appelée le tireur, donne l'ordre à un banquier (ou à un établissement assimilé) appelé le tiré, de payer à vue une certaine somme à une troisième personne appelée le bénéficiaire ou à son ordre.

➢ *Mots suivants.*

Chèque à porter en compte *[Bq.]*

Parfois appelé chèque de virement, c'est le chèque dont la mention « à porter en compte » apposée au recto, interdit son paiement en espèces. Bien que validé par la Convention de Genève, un tel chèque émis à l'étranger et payable en France est traité par le droit français, comme un chèque barré.

C. mon. fin., art. L. 131-46 (anc. art. 39, Décr.-L. 1935).

➢ *Chèque barré.*

Chèque à soi-même *[Bq.]*

Chèque que le tireur émet à son profit et sur son propre chéquier, lorsqu'il retire des fonds auprès de l'agence où son compte est ouvert.

➢ *Chèque de dépannage, Chèque omnibus.*

Chèque au porteur *[Bq.]*

Chèque ne comportant pas l'indication de la personne à l'ordre de laquelle il doit être payé et pouvant par conséquent, être encaissé par quiconque le présente au paiement. Le chèque au porteur peut être transmis par simple tradition.

➢ *Titre à ordre, Titre au porteur.*

Chèque avisé *[Bq.]*

Chèque en général d'un montant élevé, dont le tireur porte l'émission à la connaissance du banquier tiré.

Chèque bancaire *[Bq.]*

Chèque tiré sur un banquier par opposition au chèque postal tiré sur un centre de chèques postaux.

➢ *Chèque de banque, Chèque postal.*

Chèque barré *[Bq.]*

Chèque comportant au recto, deux barres parallèles. Si aucune mention n'est portée entre ces deux barres, le barrement est dit général; au contraire, si le nom d'un banquier est inscrit entre elles, le barrement est dit spécial. Le chèque comportant un barrement général ne peut être payé qu'à un banquier, à un centre de chèques postaux ou à un client du tiré. Le chèque comportant un barrement spécial ne peut être payé qu'au banquier ou si celui-ci est le tiré, qu'à son client. Depuis 1979, les formules de chèques pouvant être délivrées avec un prébarrement, les chèques non barrés sont devenus l'exception.

➢ *Chèque non endossable.*

Chèque-bénéficiaire *[Bq.]*

➢ *Chèque postal.*

Chèque certifié *[Bq.]*

Chèque sur lequel le tiré a apposé une mention appelée certification, attestant l'existence de la provision qui est ainsi bloquée au profit du porteur pendant le délai de présentation. Dans les cas où un chèque certifié est exigé, il peut être remplacé par un chèque de banque.

➢ *Certification, Chèque de banque, Chèque visé.*

Chèque circulaire *[Bq.]*

Chèque payable dans toutes les agences d'une banque ou chez tous ses correspondants.

Chèque circulant *[Bq.]*

Par opposition au chèque dit non circulant, on appelle ainsi le chèque qui, selon le scénario traditionnel, est physiquement remis par la banque du bénéficiaire à la banque tirée. Malgré la quasi-généralisation de l'échange image chèque à partir de fin 2002, certains chèques garderont cette forme circulante pour permettre un contrôle plus précis, l'échange de ces chèques circulants s'opérant à Paris au Centre d'échange physique des chèques.

➢ *Échange image chèque.*

Chèque d'assignation *[Bq.]*

➢ *Chèque postal.*

Chèque de banque *[Bq.]*

Chèque émis par un banquier soit sur un confrère, soit sur un de ses propres guichets. On parle également de chèque de banque si l'émetteur est un centre de chèques postaux. Un chèque de banque peut être remis dans les cas où un chèque certifié est exigé.

➢ *Chèque bancaire, Chèque certifié.*

Chèque de caisse *[Bq.]*

Chèque à soi-même en vue d'effectuer un retrait de fonds.

➢ *Chèque à soi-même.*

Chèque de casino *[Bq.]*

Chèque émis par un joueur au profit d'un casino qui lui procure des plaques ou des fonds destinés au jeu.

Chèque de caution *[Bq.]*

➢ *Chèque de garantie.*

Chèque de dépannage *[Bq.]*

Chèque que le tireur émet sur son propre chéquier, en vue de retirer des fonds auprès d'une autre agence que celle où son compte est ouvert et qu'il libelle généralement au profit de cette autre agence.

➢ *Chèque à soi-même, Chèque omnibus.*

Chèque de garantie *[Bq.]*

Chèque remis par l'émetteur pour garantir l'exécution d'une obligation à terme ou éventuelle à l'égard du bénéficiaire. En pratique on parle souvent de chèque de caution.

Chèque de retrait *[Bq.]*

➢ *Chèque à soi-même, Chèque de dépannage, Chèque omnibus, Chèque postal.*

Chèque de virement *[Bq.]*

➢ *Chèque à porter en compte, Chèque postal.*

Chèque de voyage *[Bq.]*

Titre endossable par lequel un banquier émetteur s'engage à payer lui-même ou par l'intermédiaire de ses agences ou correspondants, une certaine somme fixe, au bénéficiaire signataire ou à son ordre. On parle également de *traveller's* chèque.

Chèque en blanc *[Bq.]*

Chèque dont le nom du bénéficiaire n'est pas indiqué.

➢ *Endossement en blanc.*

Chèque hors rayon *[Bq.]*

➢ *Hors place.*

Chèque international *[Bq.]*

➢ *Convention de Genève.*

C

Chèque-lettre *[Bq.]*

Formule de chèque imprimée, avec l'accord du banquier tiré, par le client tireur et intégrée à son papier à lettre dont elle est détachable.

➢ *Formule de chèque.*

Chèque magnétique *[Bq.]*

Chèque dont les mentions peuvent être lues directement par une machine ce qui permet une automatisation du traitement.

Chèque non circulant *[Bq.]*

➢ *Échange image chèque.*

Chèque non endossable *[Bq.]*

Chèque comportant une mention expresse selon laquelle il ne pourra pas y avoir transmission par voie d'endossement sauf au profit d'une banque ou d'un établissement assimilé. Depuis 1979, le législateur a prévu dans le but d'éviter certaines fraudes, que cette mention pourra être portée sur les formules de chèques barrées d'avance.

➢ *Comp : Chèque postal.*

➢ *Chèque barré.*

Chèque omnibus *[Bq.]*

Chèque utilisé au guichet lorsque le client qui n'a pas ses propres formules de chèque, veut effectuer un retrait de fonds. On parle également de chèque passe-partout.

➢ *Chèque à soi-même, Chèque de dépannage.*

Chèque passe-partout *[Bq.]*

➢ *Chèque omnibus.*

Chèque postal *[Bq.]*

Titre par lequel le titulaire d'un compte courant postal donne l'ordre au centre de chèques postaux teneur du compte, de verser par le débit de ce compte, une certaine somme à lui-même (chèque de retrait), à un tiers désigné (chèque d'assignation ou chèque-bénéficiaire) ou de créditer un autre compte postal (chèque de virement). Le chèque postal n'est pas endossable. Il a été introduit en France en 1918.

Chèque prébarré *[Bq.]*

➢ *Chèque barré.*

Chèque rejeté *[Bq.]*

Chèque qui est retourné au banquier présentateur par le banquier qui en a refusé le paiement.

Chèque-restaurant *[Bq.]*

➢ *Titre-restaurant.*

Chèque sans provision *[Bq.]*

➢ *Délit d'émission de chèque sans provision, Provision.*

Chèques croisés *[Bq.]*

➢ *Effets croisés.*

Chèque sur rayon *[Bq.]*

➢ *Sur place.*

Chèque visé *[Bq.]*

Chèque sur lequel le tiré a apposé son visa.

➢ *Chèque certifié, Chèque de banque, Visa.*

Chéquier *[Bq.]*

➢ *Formule de chèque.*

Cheval *[M. fin.]*

➢ *Position à cheval.*

Chevalier blanc *[M. fin.]*

Celui qui, à la demande d'une société faisant l'objet d'une offre publique d'achat, lance à son tour sur ladite société une OPA concurrente pour tenter de faire échouer la première et éviter ainsi à la société convoitée de passer sous un contrôle qu'elle ne souhaite pas.

➢ *Comp : Chevalier noir.*

Chevalier noir *[M. fin.]*

Celui qui lance une offre publique d'achat pour prendre le contrôle d'une société contre son accord.

➢ *Comp : Chevalier blanc.*

Chez ma tante *[Bq.]*

Expression populaire désignant les Caisses de Crédit municipal dont serait dit-on à l'origine le Prince de Joinville, fils de Louis Philippe, qui ayant mis sa montre en gage, prétendait pour expliquer sa disparition, qu'il l'avait laissée chez sa tante.

➢ *Crédit municipal.*

Chirographaire *[Bq.]*

Qui n'est garanti par aucune sûreté sur les biens du débiteur. On parle de créancier chirographaire ou de créance chirographaire.

➢ *Contra : Hypothécaire, Nanti, Privilègié.*

Classe d'options négociables *[M. fin.]*

Sur un marché réglementé, et plus particulièrement sur le Monep, ensemble des options négociables portant sur un même produit, le produit sous-jacent : telle valeur mobilière ou tel indice par exemple. Ainsi, toutes les options négociables portant sur les actions Société Générale constituent une classe d'options négociables, de même que toutes celles portant sur les actions BNP-Paribas, etc.

➢ *Comp : Série d'options négociables.*

➢ *Marché des options négociables, Produit sous-jacent.*

Clause à forfait *[Bq.]*

➢ *Clause sans garantie.*

Clause à ordre *[Bq.]*

Clause permettant au créancier de se substituer une personne sans l'accord du débiteur. Le titre comportant une telle clause est un titre à ordre; il est transmissible par voie d'endossement.

➢ *Contra : Clause non à ordre.*

➢ *Endossement.*

Clause contre documents *[Bq.]*

Clause insérée dans une traite documentaire et indiquant que l'acceptation (clause documents contre acceptation) ou le paiement (clause documents contre paiement) est subordonné à la remise des documents qui accompagnent cette lettre de change et qui confèrent au porteur un gage sur les marchandises qu'ils représentent.

➢ *Document, Encaissement documentaire, Traite documentaire.*

C

C

Clause d'arrosage *[Bq.]*

Clause par laquelle le débiteur dont l'engagement est garanti par une sûreté réelle, s'engage à la compléter en cas de baisse de sa valeur initiale.

➢ *Comp : Marge de garantie.*

Clause d'avis *[Bq.]*

➢ *Clause suivant avis.*

Clause de défaut croisé *[Bq.]*

Clause prévoyant la déchéance du terme, c'est-à-dire l'exigibilité immédiate d'une dette, en cas de défaillance du débiteur pour l'une quelconque des autres dettes qu'il aurait envers le même créancier. Dans la terminologie anglo-saxonne, on parle de *cross default clause*.

Clause de domiciliation *[Bq.]*

Mention portée sur un effet de commerce et indiquant que la présentation au paiement devra être faite non pas chez le tiré (lettre de change) ou chez le souscripteur (billet à ordre) mais au domicile d'un tiers, le domiciliataire, qui est en général un banquier, le banquier domiciliataire.

➢ *Domiciliataire, Domiciliation, Domiciliation bancaire.*

Clause de ducroire *[Bq.]*

➢ *Ducroire de banque.*

Clause de garantie de change *[Bq.]*

Clause qui permet à un créancier d'éviter le risque encouru du fait des fluctuations du cours de la monnaie dans laquelle il doit être payé. Plusieurs techniques sont disponibles : notamment, l'option de place ou l'option de change.

➢ *Risque de change.*

Clause de « negative pledge » *[M. fin.]*

Lors d'un emprunt, clause par laquelle l'émetteur promet aux souscripteurs de ne pas accorder ultérieurement à d'autres créanciers des sûretés sur ses biens.

Clause de paiement en monnaie étrangère *[Bq.]*

Clause fixant la devise qui constituera la monnaie de paiement d'une créance.

➢ *Euro-garantie, Option de change.*

Clause de recommandation *[Bq.]*

Clause par laquelle le tireur, un endosseur ou un avaliste indique sur l'effet de commerce la personne (le recommandataire ou besoin) qui acceptera ou payera par intervention si nécessaire. La clause de recommandation résulte en général de la formule « au besoin, chez X ».

➢ *Acceptation par intervention, Avis d'intervention, Intervention, Paiement par intervention, Recommandataire.*

Clause de retrait *[Bq.]*

➢ *Escompte en pension, Retrait.*

Clause de traitement égal *[M. fin.]*

➢ *Clause « pari passu ».*

Clause de voie parée *[Bq.]*

Convention par laquelle le débiteur autorise le créancier gagiste ou hypothécaire, en cas de non-paiement à l'échéance, à vendre en dehors des voies judiciaires, la chose grevée de la sûreté pour se payer sur le prix. À peine de nullité, cette convention ne peut pas être conclue lors de la constitution de la sûreté mais ultérieurement.

➢ *Comp : Pacte commissoire.*

➢ *Réalisation du gage.*

Clause d'indexation *[Bq. / M. fin.]*

Clause fixant la variation d'un revenu ou d'un prix en fonction d'un indice de référence.

➢ *Clause monétaire.*

Clause documents contre acceptation (D/A) *[Bq.]*

➢ *Clause contre documents.*

Clause documents contre paiement (D/P) *[Bq.]*

➢ *Clause contre documents.*

Clause d'unité de compte *[Bq.]*

➢ *Convention d'unité de compte.*

Clause hypothécaire *[Bq.]*

➢ *Hypothèque de la femme mariée.*

Clause Isabel *[Bq.]*

Clause prévue dans une vente internationale, et par laquelle l'acheteur s'engage inconditionnellement à effectuer le paiement des effets qui sont créés en représentation du prix, et s'interdit donc d'invoquer toute exception tirée de l'inexécution du contrat de vente; l'acheteur se réserve, en général, le droit d'agir ensuite directement contre son vendeur, si nécessaire.

Clause monétaire *[Bq. / M. fin.]*

Clause visant à assurer au créancier une protection contre la dépréciation éventuelle de la monnaie.

➢ *Clause de garantie de change, Clause de paiement en monnaie étrangère, Clause d'indexation, Clause-or.*

Clause non à ordre (ou non endossable) *[Bq.]*

Clause interdisant au créancier de se substituer une personne sans le consentement du débiteur. Le titre comportant une telle clause ne peut pas être transmis par voie d'endossement, mais selon les modalités de la cession de créance prévues à l'article 1690 du Code civil.

➢ *Contra : Clause à ordre.*

➢ *Chèque non endossable.*

Clause non endossable *[Bq.]*

➢ *Clause non à ordre.*

Clause-or *[Bq.]*

Clause d'indexation sur le cours de l'or.

Clause « pari passu » *[M. fin.]*

Lors d'un emprunt, clause par laquelle l'émetteur promet aux souscripteurs de ne pas émettre ultérieurement un autre emprunt à des conditions plus favorables sauf à leur accorder les mêmes avantages. Cette clause est aussi appelée clause de traitement égal.

Clause pénale *[Bq.]*

Clause par laquelle le débiteur s'engage en cas de non-exécution de son obligation, à verser au créancier une somme d'argent déterminée.

Clause protêt simple *[Bq.]*

➢ *Clause sans compte de retour.*

Clause retour sans frais *[Bq.]*

➢ *Clause sans protêt.*

Clause sans compte de retour *[Bq.]*

Clause insérée dans une lettre de change interdisant le rechange c'est-à-dire en cas de non-paiement, le tirage d'une nouvelle lettre de change à vue, sur l'un des garants de la première.

C

Cette clause est également appelée clause protêt simple.

Clause sans frais *[Bq.]*

➢ Clause sans protêt.

Clause sans garantie *[Bq.]*

Clause insérée dans un effet de commerce et par laquelle l'endosseur s'exonère de la garantie du paiement. Une telle clause émanant du tireur (lettre de change) ou du souscripteur (billet à ordre) est réputée non écrite. Par une clause sans garantie, l'endosseur d'une lettre de change peut s'exonérer de la garantie de l'acceptation; si elle émane du tireur, elle est également valable. On parle également de clause à forfait.

➢ *Ducroire de banque.*

Clause sans protêt *[Bq.]*

Clause insérée dans un effet de commerce et qui dispense le porteur de faire constater officiellement par huissier (ou notaire) le cas échéant, le non-paiement ou le refus d'acceptation du titre. Cette clause est également appelée clause sans frais, ou clause retour sans frais. Les LCR et les BOR sont toujours stipulés sans protêt.

➢ *Protêt.*

Clause sauf bonne fin (SBF) *[Bq.]*

Clause par laquelle le banquier indique que s'il porte au crédit du compte de son client le montant de l'effet de commerce que celui-ci lui remet, c'est sous la réserve de son encaissement. Dès lors, en cas de non-paiement de l'effet, le banquier pourra effectuer une contre-passation sur le compte de son client. On parle également de clause sauf encaissement ou de clause sous réserve d'encaissement.

Clause sauf encaissement *[Bq.]*

➢ *Clause sauf bonne fin.*

Clause sous réserve d'encaissement *[Bq.]*

➢ *Clause sauf bonne fin.*

Clause suivant avis *[Bq.]*

Également appelée clause d'avis, mention portée sur une lettre de change interdisant au tiré d'accepter ou de payer, avant d'en avoir reçu l'autorisation du tireur.

« Clearing » *[Bq.]*

Opération de compensation.

➢ *Accord de « clearing », Chambre de compensation.*

« Clearing house » *[Bq. / M. fin.]*

Chambre de compensation.

Clearnet SA *[M. fin.]*

Nouvelle dénomination, depuis le 1er juin 1999, de la Banque centrale de compensation, Clearnet SA, filiale à 100 % d'Euronext Paris, est la chambre de compensation des instruments financiers négociés sur les marchés gérés par Euronext Paris. Ses règles de fonctionnement ont été approuvées par le CMF et publiées par avis en 1999, et ont été modifiées, le 24 janvier 2001, dans le cadre de la mise en place du marché européen « intégré » Euronext. Un système de garantie à plusieurs niveaux assure sa sécurité financière. Son activité est contrôlée par la Commission bancaire.

CLF *[Bq.]*

➢ *Crédit local de France.*

« Close out netting » *[M. fin.]*

Technique contractuelle de compensation reconnue par le législateur pour les opérations de marché à terme de gré à gré, les opérations de prêts-emprunts de titres et les opérations de pension livrée ainsi que pour les opérations de crédits et dépôts de fonds, qui permet notamment en cas d'ouverture d'une procédure collective à l'encontre d'un des signataires à une convention-cadre régissant les opérations susvisées, de prononcer l'exigibilité des opérations en cours et de compenser lesdites opérations, afin d'établir après évaluation, un solde net.

Pour les opérations de marché à terme de gré à gré, les opérations de prêts-emprunts de titres et les opérations de pension livrée, le solde peut être compensé avec toute garantie ou tout collatéral éventuellement constitués.

C. mon. fin., art. L. 431-7 s., art. L. 311-4, mod. L. 15 mai 2001.

➢ *Convention-cadre, Convention-cadre de place, « Global netting ».*

Clôture de compte *[Bq.]*

Opération par laquelle il est mis fin à la convention de compte ayant existé entre les parties. Il existe de nombreuses causes de clôture d'un compte : volonté des parties, arrivée du terme prévu lors de l'ouverture du compte, événement affectant la situation juridique d'une des parties (décès, liquidation judiciaire, incapacité etc.), non-respect des clauses insérées dans la convention d'ouverture, notamment.

➢ *Arrêté de compte, Exception de compte arrêté.*

Club d'investissement *[M. fin.]*

Groupement d'épargnants constitué pour créer et gérer en commun, un portefeuille de valeurs mobilières. Juridiquement, un tel groupement prend la forme d'une indivision ou d'une société civile à capital variable.

➢ *Fonds commun de placement, Société d'investissement.*

CMCC *[Bq.]*

➢ *Crédit de mobilisation des créances commerciales.*

CME (« **Chicago mercantile exchange** ») *[M. fin.]*

L'un des principaux marchés des futurs apparus à Chicago dans les années 70.

➢ *Comp : CBOT, Eurex, LIFFE, Matif, NYPE, Simex.*

➢ *Marché des futurs.*

CMF *[Bq. / M. fin.]*

➢ *Conseil des marchés financiers.*

CMT *[Bq.]*

➢ *Crédit à moyen terme.*

[M. fin.]

➢ *Conseil du marché à terme.*

CNCT *[Bq. / M. fin.]*

➢ *Conseil national du crédit et du titre.*

CNCA *[Bq.]*

➢ *Caisse nationale de crédit agricole.*

COB *[M. fin.]*

➢ *Commission des opérations de bourse.*

Codébiteurs *[Bq.]*

Débiteurs tenus d'une même dette. Ils peuvent être solidaires ou non.

➢ *Solidarité.*

Codévi *[Bq.]*

➢ *Compte pour le développement industriel.*

Coefficient de division des risques *[Bq.]*

➢ *Ratio de division des risques.*

Coefficient d'emploi des ressources permanentes *[Bq.]*

➢ *Ratio d'emploi des ressources stables.*

Coefficient de liquidité *[Bq.]*

➢ *Ratio de liquidité.*

Coefficient de solvabilité *[Bq.]*

➢ *Ratio de solvabilité.*

COFACE *[Bq.]*

➢ *Compagnie financière d'assurance pour le commerce extérieur.*

Coffre-fort *[Bq.]*

➢ *Contrat de coffre-fort.*

Cofidéjusseur *[Bq.]*

L'une des cautions lorsqu'elles sont plusieurs à garantir une même obligation principale.

➢ *Bénéfice de division, Cautionnement.*

« **Collar** » *[Bq. / M. fin.]*

➢ *« Future rate agreement ».*

« **Collateral** » *[M. fin.]*

Terme de langue anglaise qui dans le jargon financier désigne les garanties, quelqu'en soit la forme (nantissement, gage, espèces, appels de marges...), attachés à une opération financière. On parle ainsi de collatéral titres ou de collatéral espèces.

➢ *Appel de marge.*

Colportage de valeurs mobilières *[M. fin.]*

Fait de se rendre au domicile ou à la résidence des personnes ou sur leurs lieux de travail ou dans des lieux publics pour offrir ou acquérir des valeurs mobilières, avec livraison immédiate des titres et paiement immédiat total ou partiel, sous quelque forme que ce soit. Le colportage des valeurs mobilières est interdit sauf dans les locaux des établissements de crédit, des entreprises d'investissement ou sur les marchés réglementés.

C. mon. fin., art. L. 342-1 (anc. art. 1, L. 3 janv. 1972 mod.).

➢ *Démarchage de valeurs Mobilières.*

Comité de Bâle *[Bq.]*

Créé en 1974 par les Gouverneurs des banques centrales du groupe des dix, le G10, après la faillite de la banque Herstatt en Allemagne, c'est un forum pour une coopération internationale entre contrôleurs bancaires. Ses recommandations, bien que non contraignantes, font autorité. Son secrétariat qui joue un rôle prépondérant dans la rédaction des documents des différents groupes de travail du Comité, se trouve à Bâle à la Banque des règlements internationaux.

➢ *Fesco, Prudentiel, Ratio Cooke, Ratio Mc Donough, Supervision bancaire.*

Comité de la réglementation bancaire et financière (CRBF) *[Bq. / M. fin.]*

Organe qui a pour mission de fixer les prescriptions d'ordre général applicables aux établissements de crédit et aux entreprises d'investissement.

Il comprend le ministre chargé de l'économie et des finances ou son représentant, président, le gouverneur de la Banque de France, président de la Commission bancaire, ou son représentant à cette commission, et cinq membres nommés pour trois ans : un conseiller d'État, un représentant de l'Association française des établissements de crédit et des entreprises d'investissement, un représentant des organisations syndicales représentatives du personnel des établissements de crédit et des entreprises d'investissement et deux personnes choisies en raison de leur compétence.

C. mon. fin., art. L. 611-1 s. (anc. art. 30, L. 24 janv. 1984 mod.)

➢ *Comité des établissements de crédit et des entreprises d'investissement.*

Comité des bourses de valeurs *[M. fin.]*

Avant 1968, organisme chargé du contrôle du marché boursier. Il fut supprimé par le décret du 3 janvier 1968. La Commission des opérations de bourse lui a été substituée.

➢ *Commission des opérations de bourse.*

Comité consultatif de la gestion financière *[M. fin.]*

Organisme consultatif institué par la loi du 2 juillet 1996 composé de sept membres : un membre de la Commission des opérations de bourse, deux membres du Conseil des marchés financiers et quatre dirigeants de sociétés de gestion. Le comité est chargé d'émettre un avis lors de l'agrément par la Commission des opérations de bourse des sociétés de gestion de portefeuille, ainsi que lors de l'approbation par la Commission des opérations de bourse du programme d'activité de gestion de portefeuilles pour compte de tiers des prestataires de services d'investissement. Il doit par ailleurs être également consulté par la Commission des opérations de bourse lors de l'élaboration de la réglementation relative aux sociétés de gestion de portefeuille ainsi que pour toutes dispositions de caractère réglementaire touchant aux activités de gestion de portefeuille pour compte de tiers.

C. mon. fin., art. L. 621-28 et 621-29.

Comité des établissements de crédit et des entreprises d'investissement (CECEI) *[Bq. / M. fin.]*

Organe dont les membres titulaires sont choisis au sein du Conseil national du crédit et du titre, et qui est chargé de prendre les décisions et d'accorder les autorisations ou dérogations individuelles prévues par les dispositions législatives et réglementaires applicables aux établissements de crédit et aux entreprises d'investissement, à l'exception de celles relevant de la commission bancaire.

Il est présidé par le gouverneur de la Banque de France, président de la Commission bancaire, ou son représentant à cette commission. Il comprend également le directeur du Trésor ou son représentant, les présidents du Conseil des marchés financiers et de la Commission des opérations de bourse ou leur représentant, le président du directoire du fonds de garantie des dépôts ou son représentant, et huit membres nommés pour trois ans : un conseiller d'État, un conseiller à la Cour de cassation, un dirigeant d'établissement de crédit et un dirigeant d'entreprise d'investissement, représentant l'Association française des établissements de crédit et des entreprises d'investissement, deux représentants des organisations syndicales représentatives du personnel des établissements de crédit et des entreprises d'investissement, et deux personnes choisies en raison de leur compétence.

C. mon. fin., art. L. 612-1 s. (anc. art. 31, L. 24 janv. 1984 mod.)

➢ *Comp : Comité de la réglementation bancaire et financière.*

➢ *Agrément.*

C

C

Comité français d'organisation et de normalisation bancaires (CFONB)
[Bq. / M. fin.]

Organe créé par la profession bancaire, composé de représentants de toutes les professions du secteur bancaire et boursier, et dont la mission est d'une part, l'amélioration de l'organisation professionnelle interbancaire entendue dans le sens le plus large, et d'autre part, la normalisation des procédures, procédés, documents et supports d'informations interbancaires.

« Commercial paper » *[Bq. / M. fin.]*

➢ *Billet de trésorerie.*

Commission *[Bq. / M. fin.]*

Somme perçue par l'établissement de crédit ou l'entreprise d'investissement en rémunération des services qu'il rend à son client.

➢ *Comp : Courtage.*

➢ *Commission d'acceptation et mots suivants.*

Commission bancaire *[Bq. / M. fin.]*

Organe chargé de contrôler le respect par les établissements de crédit et les entreprises d'investissement, des dispositions législatives et réglementaires qui leur sont applicables et de sanctionner les manquements constatés. Elle examine les conditions de leur exploitation et veille à la qualité de leur situation financière. Elle veille au respect des règles de bonne conduite de la profession. Elle propose et demande la mise en œuvre du fonds de garantie des dépôts.

C. mon. fin., art. L. 613-1 et L. 613-2.

La commission bancaire comprend le gouverneur de la Banque de France ou son représentant, président, le directeur du Trésor ou son représentant, et quatre membres nommés pour six ans : un conseiller d'État, un conseiller à la Cour de cassation, et deux membres choisis en raison de leur compétence en matière bancaire et financière.

C. mon. fin., art. L. 613-3.

Commission d'acceptation *[Bq.]*

Commission perçue par le banquier qui escompte une lettre de change qu'il doit présenter à l'acceptation. On parle de commission d'acceptation également dans le cas où le banquier accordant un crédit par signature, accepte une lettre de change.

Commission de compte *[Bq.]*

Commission perçue par le banquier à l'occasion de la tenue et du fonctionnement d'un compte. Il en existe de plusieurs sortes selon les opérations effectuées; certaines sont fixes, d'autres sont proportionnelles.

Commission de confirmation *[Bq.]*

➢ *Commission d'engagement.*

Commission de contrôle des banques (CCB) *[Bq.]*

Ancien organe de contrôle de la profession bancaire créé en 1941 et auquel a succédé la Commission bancaire depuis la réforme du 24 janvier 1984.

Commission de découvert *[Bq.]*

Commission perçue par le banquier lorsque le solde provisoire du compte de son client est débiteur. Elle est distincte des intérêts perçus.

Commission de manipulation *[Bq.]*

Commission perçue par le banquier notamment lorsque les espèces (pièces ou billets) remises ou exigées par le client entraînent une importante manipulation.

➢ *Manipulateur.*

Commission de mouvement *[Bq.]*

Commission perçue par le banquier ainsi appelée parce qu'elle est calculée sur le nombre d'opérations effectuées sur le compte. Elle peut avoir un effet dissuasif sur les clients qui ont tendance à payer par chèque de très petites sommes.

Commission d'encaissement *[Bq.]*

Commission perçue par le banquier qui est chargé par son client de présenter au paiement un effet de commerce ou un chèque.

Commission d'engagement *[Bq.]*

Également appelée commission de confirmation, somme perçue par le banquier en rémunération de l'engagement qu'il contracte lorsqu'il consent une ouverture de crédit à son client.

Commission de règlement anticipé *[M. fin.]*

➢ *Négociation à règlement immédiat.*

Commission des opérations de bourse (COB) *[M. fin.]*

Créée par l'ordonnance du 28 septembre 1967 plusieurs fois modifiée, la COB est une autorité administrative indépendante qui a pour mission de veiller à la protection de l'épargne investie dans les instruments financiers et tous autres placements donnant lieu à appel public à l'épargne ainsi qu'à l'information des investisseurs et au bon fonctionnement des marchés d'instruments financiers. Elle a un pouvoir de réglementation, un pouvoir d'enquête et peut prononcer des sanctions, notamment pécuniaires. Elle dispose également d'un bloc de compétence réglementaire et de contrôle sur l'activité de gestion de portefeuille pour le compte de tiers. Le président de la COB a qualité pour agir au nom de l'État devant toute juridiction, à l'exclusion des juridictions pénales.

La COB est composée d'un président et de neuf membres : un conseiller d'État, un conseiller à la Cour de cassation, un conseiller maître à la Cour des comptes, un représentant de la Banque de France, le président du Conseil des marchés financiers ou son représentant, le président du Conseil national de la comptabilité ainsi que trois personnalités qualifiées nommées respectivement par le président du Sénat, de l'Assemblée nationale et du Conseil économique et social. Elle dispose de services importants, ses agents ayant de nombreux moyens d'investigation.

C. mon. fin., art. L. 621-1 s.

➢ *Conseil des marchés financiers.*

Commissionnaire ducroire *[M. fin.]*

Intermédiaire qui agit en son propre nom pour le compte d'autrui, le commettant, à l'égard duquel il se porte garant de l'exécution de l'opération par le tiers avec lequel il traite.

➢ *Comp : Ducroire de banque.*

« Commodity futures trading commission » (CFTC) *[M. fin.]*

Aux États-Unis, organisme fédéral qui assure le contrôle du marché des futurs. Ses membres sont nommés par le Président des États-Unis avec l'approbation du Sénat.

➢ *Comp : Commission des opérations de bourse, « Financial Services Authority (FSA) », « Securities and Exchange commission ».*

C

« Commodity Pool Operator » (CPO) *[M. fin.]*

Gestionnaire pour compte de tiers de droit américain, enregistré auprès de la CFTC et de la NFA, spécialisé dans les interventions sur les marchés à terme réglementés et de gré à gré. Il assure la gestion administrative et financière de fonds de futurs (*commodity pools*) mais peut aussi en déléguer la gestion financière à des *Commodity Trading Advisors* (CTA).

➢ *Commodity Trading Advisor (CTA).*

Commodity Trading Advisor (CTA) *[M. fin.]*

Gestionnaire pour compte de tiers de droit américain, enregistré auprès de la CFTC et de la NFA, et spécialisé dans la gestion financière de produits dérivés, via des mandats de gestion ou des délégations de gestion.

➢ *Commodity Pool Operator (CPO).*

Communication d'information privilégiée *[M. fin.]*

Délit créé par la loi du 2 août 1989 et prévu à l'article L. 465-1 du Code monétaire et financier (anc. art. 10-1, al. 2, ord. 28 sept. 1967 mod.). Il y est défini comme le fait pour quiconque, disposant dans l'exercice de sa profession ou de ses fonctions d'une information privilégiée sur les perspectives ou la situation d'un émetteur dont les titres sont négociés sur un marché réglementé ou sur les perspectives d'évolution d'un instrument financier admis sur un marché réglementé, de la communiquer à un tiers en dehors du cadre normal de sa profession ou de ses fonctions.

➢ *Comp : Délit d'initié, Manipulation de cours.*

Compagnie des agents de change *[M. fin.]*

Avant la loi du 22 janvier 1988 désormais abrogée, organisme doté de la personnalité morale et représentant l'ensemble des agents de change.

Compagnie financière *[Bq.]*

Établissement financier qui a pour filiales, exclusivement ou principalement, un ou plusieurs établissements de crédit ou établissements financiers, l'une au moins de ces filiales étant un établissement de crédit.

C. mon. fin., art. L. 517-1 (anc. art. 72, L. 24 janv. 1984 mod.).

Compagnie française d'assurance pour le commerce extérieur (Coface) *[Bq.]*

Société anonyme créée par décret en 1946 avec un capital souscrit par des organismes publics ou semi-publics, la Coface est aujourd'hui cotée à la Bourse de Paris (l'introduction du titre a eu lieu le 2 février 2000) et fait partie d'un groupe présent partout dans le monde. Ses activités sont essentiellement centrées autour de l'assurance-crédit à l'exportation favorisant ainsi le développement international des entreprises.

Compartiment de coffre *[Bq.]*

➢ *Contrat de coffre-fort.*

Compensateur *[M. fin.]*

Établissement de crédit ou personne morale ayant pour objet principal ou unique l'activité de compensation d'instruments financiers et désigné par une chambre de compensation d'un marché pour participer à la compensation d'opérations sur instruments financiers. Les conditions d'exercice pour la fonction de compensateur sont déterminés par le règlement général du Conseil des marchés financiers, l'exercice de cette fonction étant soumise aux mêmes règles d'agrément, de déclaration de programme d'activité et de contrôle que les entreprises d'investissement. Les relations entre une chambre de compensation et un compensateur sont de nature contractuelle. Une chambre de compensation peut décider que ses compensateurs sont commissionnaires ducroires à l'égard des donneurs d'ordres dont ils tiennent les comptes, l'obligation de ducroire étant nécessaire pour que les marchés d'instruments financiers puissent être reconnus comme marchés réglementés.

➢ *Contra : Négociateur.*

➢ *Adhérent compensateur général, Adhérent compensateur individuel.*

Compensation *[Bq. / M. fin.]*

Extinction de deux dettes réciproques, certaines, liquides et exigibles, à concurrence de la plus faible.

➢ *Accord de « clearing », Chambre de compensation, « Clearing », « Close-out netting », Convention de compensation, Créance certaine, Créance exigible, Créance liquide, Ordinateur de compensation.*

Compensation avec exigibilité anticipée *[Bq. / M. fin.]*

➢ *« Close-out netting ».*

Compensé *[Bq.]*

➢ *Mention « compensé ».*

Complaisance *[Bq.]*

➢ *Effet de complaisance.*

Complaisant *[Bq.]*

Celui qui se prête au tirage d'un effet de complaisance.

➢ *Contra : Complu.*

« **Compliance** » *[M. fin.]*

➢ *Déontologie.*

Complu *[Bq.]*

Celui au profit duquel est créé un effet de complaisance.

➢ *Contra : Complaisant.*

Comptant *[M. fin.]*

➢ *Marché au comptant.*

Compte *[Bq. / M. fin.]*

Pris au sens le plus simple, c'est le tableau où sont retracés des mouvements de débit et de crédit. Il existe plusieurs types de comptes répondant chacun à des caractéristiques propres.

➢ *Mots suivants.*

Compte administré *[M. fin.]*

Compte ouvert à la demande d'un titulaire de titres nominatifs, chez un intermédiaire financier habilité de son choix, et reproduisant les inscriptions figurant dans le compte nécessairement ouvert chez l'émetteur desdits titres.

Les titres nominatifs concernés sont appelés titre nominatifs administrés par opposition aux titres nominatifs purs.

➢ *Titre nominatif.*

C

Compte à préavis *[Bq.]*

Compte matérialisant des dépôts de fonds que le client ne pourra retirer qu'en respectant un délai de préavis préalablement fixé avec le banquier. Une rémunération est servie au client en contrepartie de ce blocage de fonds.

➢ *Contra : Compte à vue.*

➢ *Compte à terme, Compte bloqué.*

Compte arrêté *[Bq.]*

➢ *Arrêté de compte, Clôture de compte, Exception de compte arrêté.*

Compte à terme *[Bq.]*

Compte matérialisant des dépôts de fonds restituables seulement au bout d'une période fixée par le banquier et son client lors de l'ouverture de ce compte. Une rémunération est servie au client en contrepartie de ce blocage de fonds.

➢ *Contra : Compte à vue.*

➢ *Compte à préavis, Compte bloqué.*

Compte à vue *[Bq.]*

Compte dont le solde créditeur peut être retiré par le client à tout moment et sans qu'il ait à avertir le banquier par un quelconque préavis.

➢ *Contra : Compte à préavis, Compte à terme.*

➢ *Compte bloqué.*

Compte bancaire *[Bq.]*

Compte qui retrace les opérations effectuées entre le banquier et son client.

➢ *Compte et mots suivants.*

Compte bloqué *[Bq.]*

Compte dont le solde créditeur est rendu indisponible soit par convention entre le banquier et son client (compte à terme) soit par un autre événement comme la saisie ou l'avis à tiers détenteur.

➢ *Avis à tiers détenteur, Compte, Compte à terme, Compte d'épargne-logement, Plan d'épargne logement, Saisie-arrêt.*

Compte chèque postal *[Bq.]*

➢ *Compte courant postal.*

Compte collectif *[Bq. / M. fin.]*

Compte ouvert au nom de plusieurs titulaires. Il en existe plusieurs types : le compte en usufruit, le compte indivis, le compte joint.

➢ *Compte en usufruit, Compte indivis, Compte joint.*

Compte courant (C/C) *[Bq.]*

Compte ouvert entre deux personnes qui conviennent de faire entrer toutes leurs créances et dettes réciproques dans un mécanisme qui, par fusion, opère règlement instantané, et dégage un solde disponible dans certaines conditions, mais non exigible avant la clôture du compte.

➢ *Différé, Disponible, Généralité du compte courant, Indivisibilité du compte courant, Remise.*

Compte courant d'avances *[Bq.]*

Également appelé compte d'avances et parfois compte garanti, compte ouvert pour réaliser des opérations d'avance sur titres.

➢ *Avance sur titres.*

Compte courant postal (CCP) *[Bq.]*

Compte ouvert auprès de la Poste. On parle parfois de compte chèque postal.

➢ *Centre de chèques postaux, Chèque postal.*

Compte d'attente *[Bq.]*

Compte où sont portées momentanément des opérations dans l'attente de l'accomplissement de formalités, d'une régularisation comptable, etc. ou dans l'intention d'isoler une écriture pour ne pas la porter immédiatement à un compte déterminé. On parle aussi de compte de suspens ou de compte d'ordre, la terminologie variant souvent d'un établissement de crédit à l'autre.

➢ *Compte d'encaissement.*

Compte d'avances *[Bq.]*

➢ *Compte courant d'avances.*

Compte de chèque *[Bq.]*

Compte bancaire ou postal sur lequel le titulaire peut émettre des chèques.

Compte de dépôts *[Bq.]*

Compte dont le titulaire effectue des opérations qui augmentent ou diminuent un dépôt de fonds initial. Il existe de nombreuses variétés de compte de dépôts selon les différentes conditions dans lesquelles ces opérations peuvent être réalisées.

Compte de garantie *[Bq.]*

Compte dont le solde créditeur est affecté en garantie du paiement d'une dette qui le plus souvent, est le solde débiteur d'un autre compte.

➢ *Convention d'affectation en garantie, Convention de compensation, Convention d'unité de compte.*

Compte de marge *[M. fin.]*

Mécanisme issu de la technique américaine du *Margin Account*, par lequel un prestataire de services d'investissement octroie un crédit à un investisseur afin de lui permettre d'acquérir des valeurs mobilières françaises ou étrangères. En contrepartie de ce crédit, une garantie est constituée au profit du prestataire, portant sur les instruments financiers ou sur les comptes d'instruments financiers détenus par cet investisseur.

Compte d'encaissement *[Bq.]*

Compte parfois ouvert par un banquier qui recevant de son client des effets à l'encaissement, veut isoler cette remise du compte courant dudit client en attendant l'encaissement effectif de ces titres.

➢ *Compte d'attente, Différé, Disponible.*

Compte d'épargne à long terme *[Bq.]*

Compte ouvert à un client qui s'engage à effectuer régulièrement des versements affectés à l'acquisition de valeurs mobilières. Le titulaire d'un tel compte bénéficie d'un régime fiscal incitatif. Ce type de compte ayant été supprimé, seuls subsistent ceux qui ne sont pas encore arrivés à échéance.

Compte d'épargne-logement *[Bq.]*

➢ *Épargne-logement.*

Compte de passage *[Bq.]*

Compte ouvert à un client occasionnel, de passage, pour des opérations isolées.

Compte de suspens *[Bq.]*

➢ *Compte d'attente.*

Compte de titres *[M. fin.]*

Compte dans lequel est inscrit un titre, celui-ci pouvant être nominatif (compte ouvert chez l'émetteur), ou au porteur (compte ouvert chez un intermédiaire financier habilité).

➢ *Dématérialisation, Titre, Titre au porteur, Titre nominatif, Titre scriptural.*

C

Compte de titres-restaurant *[Bq.]*

Compte que doit ouvrir auprès d'un établissement de crédit ou d'un centre de chèques postaux, tout émetteur de titres-restaurant. Y sont obligatoirement et exclusivement déposées les sommes nécessaires au paiement des restaurateurs ou assimilés qui ont reçu de tels titres en contrepartie des prestations fournies.

➢ *Titre-restaurant.*

Compte d'ordre *[Bq.]*

➢ *Compte d'attente.*

Compte en usufruit *[Bq. / M. fin.]*

Compte sur lequel s'exercent les droits d'un usufruitier et d'un nu-propriétaire. Pour un compte de titres, conformément au droit commun, l'usufruitier exerce ses droits sur les revenus et le nu-propriétaire sur le titre lui-même. Pour un compte d'espèces, l'usufruitier exerce ses droits sur les intérêts et le nu-propriétaire sur le capital : mais dans ce cas, comme dans tout usufruit portant sur des choses consomptibles (appelé quasi-usufruit), l'usufruitier a la libre disposition des fonds à charge de les restituer au nu-propriétaire à la fin de l'usufruit.

C. civ., art. 587.

➢ *Compte collectif, Consomptibilité, Quasi-usufruit.*

Compte garanti *[Bq.]*

Compte qui enregistre une ouverture de crédit par un nantissement de valeurs mobilières. On parle également de compte courant d'avances ou de compte d'avances.

➢ *Avance sur titres, Compte courant d'avances.*

Compte géré *[M. fin.]*

Compte ouvert auprès d'une entreprise d'investissement ou d'un établissement de crédit qui a reçu de son client, mandat de gérer un portefeuille d'instruments financiers, et, selon l'étendue du mandat, de divers biens.

➢ *Contra : Compte libre.*

Compte indivis *[Bq.]*

Compte ouvert au nom de plusieurs titulaires et ne créant entre eux aucune solidarité active, ce qui exige la signature de chacun d'entre eux pour toutes formes d'opérations de retrait, sauf désignation d'un mandataire commun. La solidarité passive peut exister mais elle ne découle pas de la nature même de ce compte.

➢ *Compte collectif, Compte joint.*

Compte joint *[Bq.]*

Compte ouvert au nom de plusieurs titulaires et créant entre eux une solidarité active ce qui permet à un seul d'entre eux d'effectuer toutes formes d'opérations de retrait. La solidarité passive peut exister mais elle ne découle pas de la nature même de ce compte.

➢ *Compte collectif, Compte indivis.*

Compte libre *[M. fin.]*

Compte ouvert auprès d'une entreprise d'investissement ou d'un établissement de crédit pour enregistrer les opérations transmises par le client. Contrairement au compte géré, le compte libre suppose des ordres d'achat ou de vente passés par le client sans que l'entreprise d'investissement ou l'établissement de crédit ait à apprécier l'opportunité de tels ordres.

Compte loro *[Bq.]*

➢ *Compte vostro.*

Compte nostro *[Bq.]*

Compte ouvert par un établissement de crédit chez un banquier étranger qui est son correspondant, et enregistrant ses avoirs en devises permettant ainsi à ce correspondant d'exécuter sur son ordre, les opérations de change qu'il souhaite effectuer.

➢ *Contra : Compte vostro.*

➢ *Change scriptural.*

Compte postal *[Bq.]*

➢ *Compte courant postal.*

Compte pour le développement industriel (Codévi) *[Bq.]*

Institué en 1983 pour favoriser l'épargne au service de l'industrie, compte dans lequel les sommes déposées (et plafonnées) sont placées (dans des proportions fixées par arrêté) par l'établissement de crédit, en obligations et en titres émis par la Caisse des dépôts et consignations appelés titres pour le développement industriel (TDI). L'établissement de crédit assure, à ses risques, la gestion collective de ces placements. Le déposant reçoit des intérêts fixes (au taux du livret A des caisses d'épargne) exonérés d'impôt, et peut effectuer des retraits à tout moment.

Les fonds déposés dans les Codévi alimentent des prêts à l'industrie attribués par les établissements de crédit.

Compte rouge *[Bq.]*

Expression parfois utilisée en pratique pour indiquer que le compte d'un client présente un solde débiteur.

Compte sur livret *[Bq.]*

Variété de compte de dépôts bénéficiant d'avantages financiers et fiscaux mais soumis à des conditions de fonctionnement strictes, seules certaines opérations pouvant notamment y être effectuées : versement, retrait, virement entre comptes du même titulaire.

Compte vostro *[Bq.]*

Compte tenu par un établissement de crédit pour un banquier étranger dont il est le correspondant et enregistrant ses avoirs en devises, permettant ainsi d'exécuter sur l'ordre de ce banquier étranger les opérations de change qu'il souhaite effectuer. Ce compte est également appelé compte loro.

➢ *Contra : Compte nostro.*

➢ *Change scriptural.*

Concentration des ordres *[M.fin.]*

Principe résultant de la loi du 2 juillet 1996 et figurant désormais à l'article L. 421-12 du Code monétaire et financier, sous l'intitulé de centralisation des ordres, et selon lequel les transactions sur un instrument financier admis aux négociations sur un marché réglementé, réalisées pour le compte d'un investisseur résidant habituellement ou établi en France, doivent être effectuées sur un marché réglementé de l'Espace économique européen (EEE) par un membre de ce marché et ce, à peine de nullité de la transaction.

Une dérogation à ce principe, c'est-à-dire la possibilité pour les membres des marchés réglementés d'effectuer des opérations de gré à gré sur les instruments financiers négociés sur les marchés réglementés, a été accordée par la loi pour toutes les transactions qui, incluses dans une convention autre qu'une vente pure et simple, en constituent un élément nécessaire (convention complexe). Les autres dérogations à ce principe, dont la mise en œuvre peut être demandée par l'investisseur, sont fixés par le règlement général du Conseil des marchés financiers qui en définit les modalités. Toutefois, en période d'offre publique, les transactions sur l'instrument financier concerné doivent obligatoirement s'effectuer sur un marché réglementé de l'EEE ou sur un marché reconnu par le Ministre chargé de l'économie, le non-respect de cette disposition pouvant être sanctionné non seulement par la nullité de la transaction, mais également par la privation du droit de vote pour les détenteurs d'instruments financiers illégalement acquis et ce, pendant un délai de 2 ans suivant la date de l'acquisition.

➢ *Convention complexe, Marché de gré à gré, Marché réglementé, Prestataire de services d'investissement.*

Concert *[M. fin.]*

➢ *Action de concert.*

Concordat *[Bq.]*

Jadis, accord conclu entre le débiteur et ses créanciers pour le règlement de ses dettes. Depuis la loi du 1er mars 1984, il existe (dans certaines conditions) une procédure de règlement amiable sous le contrôle du président du tribunal de commerce (ou du tribunal de grande instance).

➢ *Atermoiement, Règlement amiable.*

Concours (venir en –) *[Bq.]*

➢ *Au marc le franc.*

Conditions de banque *[Bq.]*

Au sens large, conditions qui régissent l'ensemble des opérations effectuées dans les rapports des établissements de crédit et de leurs clients. Au sens plus étroit, règles concernant les rémunérations demandées par les établissements de crédit pour les services qu'ils rendent à leurs clients, ou consenties par les établissements de crédit pour les services que leurs clients leur rendent.

Condor *[M. fin.]*

➢ *Écart en papillon.*

Confédération nationale du crédit mutuel *[Bq.]*

Organe central des caisses de crédit mutuel.

➢ *Crédit mutuel.*

Conférence permanente des caisses de crédit municipal *[Bq.]*

Organisme professionnel qui regroupe les caisses de crédit municipal depuis la suppression par la loi du 15 juin 1992 de leur organe central, l'Union centrale des caisses de crédit municipal.

➢ *Organisme professionnel.*

Conférence de Genève *[Bq.]*

À la suite des travaux des conférences de La Haye, deux conférences internationales se réunirent à Genève pour adopter des conventions portant loi uniforme sur la lettre de change et le billet à ordre (première conférence en 1930) et sur le chèque (seconde conférence en 1931).

Conférences de La Haye *[Bq.]*

Une première conférence fut convoquée en 1910 à la Haye par le gouvernement des Pays-Bas en vue de l'unification du droit du change; 32 pays y participèrent. À l'issue d'une seconde conférence réunie en 1912, un projet de

règlement uniforme pour la lettre de change et le billet à ordre fut approuvé.
➢ *Conférences de Genève.*

Confirmation *[M. fin.]*
Avis adressé par le négociateur membre du marché à son donneur d'ordres, ayant pour objet d'informer ce dernier de l'exécution de son ordre sur un marché réglementé. La confirmation comprend le sens de l'exécution (achat ou vente), le type d'instrument financier sur lequel porte l'ordre, le nombre d'instruments financiers objet de l'ordre, le cours d'exécution et la date d'exécution.
Il s'agit d'une obligation réglementaire qui concerne les seuls marchés réglementés, mais les intermédiaires intervenant en gré à gré adressent également presque toujours cet avis à leurs donneurs d'ordres, dans des termes identiques.
➢ *Comp : Avis d'opéré.*

Confirmation de commande *[Bq.]*
Technique de mobilisation de créances nées sur l'étranger, dans laquelle le banquier s'engage envers son client l'exportateur, à lui payer au comptant les marchandises vendues, en s'interdisant tout recours contre lui en cas de non-paiement de l'acheteur étranger aux échéances prévues.
➢ *Créance née, Crédit fournisseur.*

Confirmé *[Bq.]*
➢ *Crédit confirmé.*

Confusion *[Bq.]*
Situation dans laquelle se trouve celui qui réunit à la fois pour la même dette la qualité de créancier et celle de débiteur. Il y a alors extinction de la dette, le créancier ne pouvant pas agir contre lui-même. Il en est ainsi par exemple, lorsque le créancier hérite de son débiteur.

Connaissement *[Bq.]*
Titre représentatif de marchandises transportées.
➢ *Crédit documentaire, Documents, Traite documentaire.*

Connexité *[Bq.]*
Lien.
➢ *Droit de rétention.*

Conseil de la politique monétaire *[Bq.]*
Créé par la réforme de la Banque de France de 1993, c'était l'organe chargé de définir la politique monétaire française. Depuis le transfert de cette compétence à la Banque centrale européenne au 1er janvier 1999, ce conseil a un rôle d'examen des évolutions monétaires et d'analyse des implications de la politique monétaire unique. Il comprend outre le gouverneur et les deux sous-gouverneurs de la Banque de France, six membres nommés par décret en conseil des ministres.
C. mon. fin., art. L. 142-2 s.

Conseil des bourses de valeurs (CBV) *[M. fin.]*
Organisme professionnel doté de la personnalité morale et institué par la loi du 22 janvier 1988. Le CBV qui était lui-même le successeur de la Chambre syndicale des agents de change, a été remplacé par la loi du 2 juillet 1996 par le Conseil des marchés financiers qui a repris en partie ses pouvoirs.
Il était composé de dix membres élus par les sociétés de bourse, d'un représentant des personnels desdites sociétés, d'un représentant des sociétés émettrices de valeurs mobilières et d'un commissionnaire du Gouvernement.

Le CBV était l'autorité sous laquelle étaient organisés les marchés réglementés de valeurs mobilières et le Monep. Il disposait à ce titre d'un pouvoir de réglementation et d'agrément des sociétés de bourse ainsi que d'un pouvoir disciplinaire sur ces sociétés et leur personnel.

➢ Comp : *Conseil des marchés financiers, Conseil du marché à terme.*

➢ *Association française des sociétés de bourse, Société de bourse, Société des bourses françaises.*

C

Conseil des marchés financiers (CMF)
[Bq. / M. fin.]

Autorité professionnelle dotée de la personnalité morale, instituée par la loi du 2 juillet 1996. Le CMF a remplacé le Conseil des bourses de valeurs et le Conseil du marché à terme.

Il est composé de seize membres : six représentants des intermédiaires de marché (entreprises d'investissement et établissements de crédit); un représentant des marchés de marchandises; trois représentants des sociétés émettrices de titres admis aux négociations sur un marché réglementé; trois représentants des investisseurs; un représentant des personnels des intermédiaires de marché ainsi que deux personnalités qualifiées en matière financière. S'y ajoutent également un représentant de la Banque de France et un commissaire du Gouvernement qui peut assister (s'agissant du premier) ou assiste (s'agissant du second) sans voix délibérative, aux délibérations du CMF. Les membres du CMF élisent un président.

Le CMF dispose d'un pouvoir réglementaire qu'il exerce notamment par l'élaboration de son règlement général, homologué par arrêté du ministre de l'Économie après avis de la Commission des opérations de bourse (COB) et de la Banque de France, qui détermine notamment : les règles de bonne conduite applicables aux prestataires de services d'investissement (sauf pour l'activité de gestion pour compte de tiers qui relève de la COB); les principes généraux applicables aux marchés réglementés ainsi que les règles des chambres de compensation.

C. mon. fin., art. L. 622-1 s.

Conseil du marché à terme (CMT)
[Bq. / M. fin.]

Organisme professionnel doté de la personnalité morale et institué par la loi du 31 décembre 1987. Le CMT qui était lui-même le successeur de la Commission des marchés à terme de marchandises (COMT) créée en 1983 et du Conseil du Matif créé en 1985, a été remplacé par la loi du 2 juillet 1996 par le Conseil des marchés financiers qui a repris en partie ses pouvoirs.

Le CMT était composé de représentants de l'ensemble des professions concernées par le marché à terme et était l'organisme de réglementation des marchés réglementés d'instruments financiers à terme. Il disposait à ce titre d'un pouvoir d'agrément de certains intermédiaires d'opérations à terme sur marchandises et d'un pouvoir disciplinaire sur l'ensemble des membres du Matif du secteur financier ou des marchandises et de leur personnel.

➢ Comp : *Conseil des bourses de valeurs, Conseil des marchés financiers.*

➢ *Matif SA.*

Conseil national du crédit et du titre (CNCT) *[Bq. / M. fin.]*

Organisme créé en 1945 mais dont la composition et la mission ont été redéfinies par la loi bancaire du 24 janvier 1984 modifiée. Il est aujourd'hui visé aux articles L. 614-1 s. du Code monétaire et financier.

Il est présidé par le ministre chargé de l'Économie et des Finances. Le gouverneur de la Banque de France en est le vice-président. Les autres membres sont nommés par le ministre chargé de l'Économie et des Finances selon la répartition suivante : quatre représentants de l'État dont le directeur du Trésor; deux députés et deux sénateurs; un membre du Conseil économique et social; trois élus représentant les régions et les départements et territoires d'outre-mer; dix représentants des organisations syndicales de salariés représentatives au plan national, parmi lesquels des représentants des organisations syndicales représentatives du personnel des établissements de crédit et des entreprises d'investissement; treize représentants des établissements de crédit dont un représentant de l'association française des établissements de crédit et des entreprises d'investissement et un représentant des entreprises d'investissement; six personnalités désignées en raison de leur compétence économique et financière. Les membres du Conseil national du crédit et du titre ne peuvent se faire représenter (art. L. 614-2 C. mon. fin.).

Le Conseil national du crédit et du titre étudie les conditions de fonctionnement du système bancaire et financier. Il peut émettre des avis et faire procéder aux études qu'il estime nécessaires. Il adresse chaque année au Président de la République et au Parlement un rapport relatif au fonctionnement du système bancaire et financier. Ce rapport est publié au *Journal officiel*.

Conservateur de titres *[M. fin.]*

➢ *Teneur de compte-conservateur.*

Conservation de titres *[M. fin.]*

➢ *Tenue de compte-conservation.*

Consolidation d'un crédit *[Bq.]*

Novation d'une créance exigible ou à court terme, en une créance nouvelle à moyen ou long terme dont les conditions peuvent être tout à fait différentes de celles de la créance initiale.

➢ *Comp : Atermoiement.*

Consomptilibité *[Bq.]*

Qualité des choses dont on ne peut faire usage sans les consommer. Ex. : une somme d'argent.

➢ *Compte en usufruit, Quasi-usufruit.*

Consortial *[Bq.]*

➢ *Crédit consortial.*

Consortium *[Bq.]*

➢ *Pool bancaire.*

Contradicteur *[M. fin.]*

Tiers qui se prétend porteur légitime d'un titre frappé d'opposition.

➢ *Opposition sur valeurs mobilières.*

Contradiction *[M. fin.]*

Procédure par laquelle un tiers se prétend porteur légitime de titres frappés d'opposition. La présentation des titres

C

à la société émettrice vaut contradiction formelle à l'opposition.

➢ *Opposition sur valeurs mobilières.*

Contrat à terme négociable *[M. fin.]*

Instrument financier à terme représentant un engagement d'acheter ou de vendre à une certaine échéance (parmi celles fixées par l'entreprise du marché) une quantité minimum (standardisée) ou un multiple de ce minimum, d'un actif (titres, marchandises...) à un cours négocié sur le marché le jour où on prend ledit engagement mais payable à l'échéance.

Cet engagement peut être dénoué à l'échéance convenue par l'exécution de l'engagement d'acheter ou de vendre. Cependant l'opérateur peut, jusqu'à ladite échéance, solder sa position en prenant une position inverse (s'il était acheteur, il se porte vendeur et vice-versa) sur la même échéance et pour la même quantité du même actif à un cours qu'il négocie sur le marché le jour où il prend cette position inverse : il ne paie ou ne reçoit que la différence entre le cours négocié à l'ouverture de sa position et celui négocié lorsqu'il la solde.

En raison de cette possibilité de sortir d'une position en prenant une position inverse, on dit que le contrat est négociable.

Un contrat à terme négociable est parfois qualifié de contrat futur par traduction de la terminologie anglo-saxonne *future contract*. Dès lors, on parle du marché des futurs, des futurs, des futurs financiers, etc.

Contrat-cadre *[M. fin.]*

➢ *Convention-cadre.*

Contrat-cadre de place *[M. fin.]*

➢ *Convention-cadre de place.*

Contrat d'apporteur de liquidités *[M. fin.]*

Contrat conclu entre Euronext Paris et un membre du marché, spécialiste d'une ou plusieurs valeurs mobilières, par lequel ce dernier s'engage à assurer des cotations sur ce ou ces valeurs et d'en régulariser les cours par des opérations de contrepartie.

➢ *Contrepartie, Contrepartie en régularisation de marché.*

Contrat de coffre-fort *[Bq.]*

Contrat par lequel le banquier met à la disposition de son client un coffre-fort ou plus souvent un compartiment (encore appelé case) d'un coffre-fort, situé dans une salle forte c'est-à-dire dotée de certains moyens de surveillance et de sécurité.

Contrat de liquidité *[M. fin.]*

Lors de l'introduction d'une valeur sur le second marché, contrat généralement conclu entre d'une part, la société émettrice et d'autre part, le ou les responsables de l'introduction (entreprise d'investissement et établissement de crédit) et prévoyant notamment que si besoin, ces derniers se porteront contrepartistes pendant les séances de bourse pour assurer un minimum de cotations de cette valeur par semaine. Leur intervention confère ainsi une certaine liquidité au marché de ladite valeur.

Contrat futur *[M. fin.]*

➢ *Contrat à terme négociable.*

Contrat sur indice « CAC 40 » *[M. fin.]*

Également appelé « CAC 40 futur », contrat à terme négociable dont le marché a été ouvert le 8 novembre 1988 sur le Matif.

Il porte sur l'indice « CAC 40 ». L'objet même de ce contrat explique qu'à l'échéance il se dénoue par le règlement en espèces d'une somme correspondant à la différence entre le cours de compensation de la veille et le cours de liquidation du jour de l'échéance, sous la forme du règlement ou d'un encaissement d'un dernier appel de marge.

➢ *Appel de marge, Contrat à terme négociable, Indice « CAC 40 ».*

Contrat sur l'emprunt euro-notionnel *[M. fin.]*

Successeur du contrat à terme sur emprunt notionnel dont le marché avait été ouvert le 20 février 1986 sur le Matif. Il présente cette particularité de porter sur un actif de référence fictif (un emprunt de l'État français ou allemand fictif dit euro-notionnel, d'une durée comprise entre 8 ans et demi et 10 ans et demi, d'une valeur nominale de 100 000 euro, au taux facial de 3,5 %, et amortissable *in fine*). À l'échéance, les titres effectivement livrés par les vendeurs aux acheteurs doivent être choisis sur une liste fixée par Euronext Paris (le gisement).

➢ *Contrat à terme négociable.*

Contrat sur l'Euribor 3 mois *[M. fin.]*

Successeur du contrat à terme sur PIBOR 3 mois dont le marché avait été ouvert le 8 septembre 1988 sur le Matif. Il porte sur un taux, l'Euribor 3 mois. L'objet même de ce contrat explique qu'à l'échéance il n'y ait pas de livraison physique : il y a paiement de la différence entre d'une part l'Euribor 3 mois tel qu'il résulte de la cotation du contrat le jour de l'échéance, et d'autre part ce même Euribor tel que déterminé par la Fédération bancaire de l'Union européenne ce jour là. Le paiement se fait sous forme du règlement d'un dernier appel de marges.

➢ *Appel de marge, Contrat à terme négociable, Déposit, Euribor.*

Contrat sur PIBOR 3 mois *[M. fin.]*

➢ *Contrat sur l'Euribor 3 mois.*

Contrat optionnel *[M. fin.]*

Les règles relatives à la négociation d'Euronext Paris distinguent deux types de contrats optionnels qui doivent l'un comme l'autre faire l'objet d'un dépôt auprès d'Euronext Paris.

Le premier type de contrat réserve à l'une des parties soit la faculté de vendre ou d'acheter une quantité de titres à un cours de bourse coté le jour du contrat ou à un cours de bourse coté le jour de l'échéance ou encore à la moyenne des cours cotés entre ces deux dates, soit renoncer à l'opération sans dédit. Le second type de contrat, qui vise plus particulièrement les reclassements de titres entre actionnaires, doit être obligatoirement conclu à un cours coté le jour de son dépôt auprès d'Euronext Paris et doit préciser un certain nombre de caractéristiques (titres concernes, cours et échéance ultime auxquels le contrat est susceptible d'être levé, identité du vendeur de titres).

L'avantage de ces contrats est le plus souvent de permettre la réalisation de transactions à un cours qui n'est pas celui du cours de bourse du jour, lors de la levée de l'option.

Contre-crédit *[Bq.]*

➢ *Crédit subsidiaire.*

C

Contrefaçon de chèque *[Bq.]*

Imitation d'un chèque ou d'une de ses mentions. Un tel agissement constitue un délit.

➢ *Comp : Falsification de chèque.*

Contrepartie *[M. fin.]*

Opération consistant pour l'intermédiaire membre du marché, à acheter ou vendre des titres pour son propre compte face au marché ou à un donneur d'ordre.

➢ *Mots suivants.*

Contrepartie éligible *[Bq.]*

➢ *Éligibilité.*

Contrepartie en régularisation de marché *[M. fin.]*

Opération de contrepartie dont l'objet est d'assurer la continuité des cotations et la liquidité du marché. Cette contrepartie peut s'effectuer dans le cadre d'un contrat de liquidité.

➢ *Spécialiste.*

Contrepartie ordinaire *[M. fin.]*

Contrepartie qui ne porte pas sur une quantité de titres constituant un bloc de titres.

Cette opération doit, selon les règles d'Euronext Paris, être réalisée à un prix compris entre la meilleure offre ou la meilleure demande du moment sur le marché ou en dehors de la séance de bourse, à un prix compris entre la meilleure offre ou la meilleure demande à la clôture.

Contrepartie sur bloc de titres *[M. fin.]*

Opération portant sur un bloc de titres qui doit s'effectuer dans des conditions (quant à la valeur traitée et à sa quantité) fixées par Euronext Paris.

➢ *Bloc structurant.*

Contrepartiste *[M. fin.]*

Intermédiaire qui achète ou vend des titres pour son propre compte face au marché ou à un donneur d'ordre. On dit qu'il fait la contrepartie ou qu'il se porte contrepartiste.

➢ *Jobber.*

Contre-passation *[Bq.]*

Passation, mais en sens inverse, d'une écriture précédemment portée en compte.

➢ *Clause sauf bonne fin, Extourne.*

Contribution *[Bq.]*

➢ *Contribution à la dette, Distribution par contribution.*

Contribution à la dette *[Bq.]*

Répartition finale de la charge d'une dette qui a été payée. Si le *solvens* est un coobligé, il en demande le remboursement à chacun des autres pour sa part respective; si le *solvens* est un tiers non obligé, il en demande le remboursement intégral au débiteur.

➢ *Contra : Obligation à la dette.*

➢ *Action récursoire.*

Contrôle bancaire *[Bq. / M. fin.]*

➢ *Prudentiel, Supervision bancaire.*

Contrôle des changes *[Bq.]*

Réglementation par laquelle un État assure le contrôle des entrées et des sorties de devises dans le but de défendre les intérêts nationaux.

Contrôle prudentiel *[Bq. / M. fin.]*

➢ *Prudentiel, Supervision bancaire.*

Contrôleur bancaire *[Bq.]*

➢ *Supervision bancaire.*

Convention-cadre *[M. fin.]*

Convention dans laquelle deux intervenants pour leurs opérations sur instruments financiers de gré à gré globalisent leurs opérations de marché et formalisent de ce fait un ensemble de dispositions techniques et juridiques applicables, à l'ensemble de leurs opérations, d'où l'appellation de convention-cadre. L'objectif principal d'une convention-cadre est pour ses signataires de réduire le risque de défaillance d'une des parties à ladite convention-cadre en prévoyant notamment un mécanisme de compensation conventionnelle et, sous certaines conditions prévues par la loi, de compensation avec exigibilité anticipée ou de *close-out netting* .

Les conventions-cadres ont tout d'abord fait leur apparition pour les opérations sur instruments financiers à terme de gré à gré. Cette technique contractuelle s'est par la suite étendue à d'autres opérations de marché de gré à gré telles que les pensions livrées ou les prêts de titres ainsi qu'aux opérations de crédits et dépôts de fonds. Les conventions-cadres les plus utilisées sont les conventions-cadres dites de place.

➢ *Convention-cadre de place.*

Convention-cadre de place *[M. fin.]*

Convention-cadre type, élaborée par des associations professionnelles nationales ou internationales, et qui est de ce fait utilisée par la très grande majorité des intervenants du marché concerné. Elle constitue un cadre technique, juridique et organisationnel de référence du marché dont elle régit les opérations et permet, le plus souvent, sous certaines conditions prévues par la loi, de bénéficier d'un mécanisme de compensation avec exigibilité anticipée ou de *close-out netting*.

Les plus connues sont, en ce qui concerne les instruments financiers à terme de gré à gré, au niveau français, la convention-cadre de la Fédération bancaire française relatives aux opérations de marché à terme et au niveau international, la convention-cadre de l'International Swaps and Derivatives Association (ISDA).

Convention complexe *[M. fin.]*

Dénomination issue de la pratique pour désigner l'opération, autre qu'une vente pure et simple, dans laquelle sont incluses des transactions sur instruments financiers qui sont nécessaires à sa réalisation. L'existence d'une telle convention permet à l'investisseur de bénéficier de plein droit d'une dérogation à l'obligation de concentration des ordres, c'est-à-dire que les transactions pourront être exécutées en dehors du marché réglementé et à un prix librement convenu.

C. mon. fin., art. L. 421-12 in fine (anc. art. 45, al. 2 in fine L. 2 juill. 1996) .

➢ *Concentration des ordres.*

Convention d'affectation en garantie *[Bq.]*

Convention par laquelle le solde créditeur d'un compte est affecté en garantie du paiement d'une dette, laquelle, le plus souvent, est le solde débiteur d'un autre compte. On parle également de lettre d'affectation en garantie.

➢ *Compte de garantie, Convention de compensation, Convention d'unité de compte.*

Convention de compensation *[Bq.]*

Convention par laquelle le client autorise le banquier à compenser à tout moment, les soldes de ses différents comptes. On parle également de lettre de compensation.

➢ *Convention d'affectation en garantie, Convention d'unité de compte.*

[M. fin.] ➢ *Convention-cadre.*

Convention de compte à demi [Bq.]

Convention par laquelle deux banquiers décident de partager les profits et les risques d'une opération de crédit qui dès lors devient un crédit en pool. Cette convention peut être portée ou non à la connaissance du client.

➢ *Crédit en pool.*

C

Convention de crédit [Bq.]

Convention par laquelle, lors de l'octroi d'un crédit, le banquier et son client en définissent la nature, les modalités et les conditions.

➢ *Opération de crédit.*

Convention de fusion [Bq.]

➢ *Convention d'unité de compte.*

Conventions de Genève [Bq.]

➢ *Conférences de Genève.*

Convention de prélèvement [Bq.]

Terme désignant à la fois la demande de prélèvement et l'autorisation de prélèvement. Ce sont pourtant deux conventions distinctes.

➢ *Autorisation de prélèvement. Demande de prélèvement.*

Convention de renouvellement [Bq.]

Convention qui intervient lorsqu'une créance dont l'échéance est très éloignée, doit être matérialisée dans un titre négociable : pour assurer une meilleure mobilisation de cette créance, les parties décident d'émettre un premier effet à court terme en précisant qu'il sera remplacé à son échéance par un autre, et ainsi de suite jusqu'à l'échéance de la créance.

➢ *Effet de renouvellement.*

Convention d'escompte [Bq.]

Convention par laquelle le banquier et son client définissent les conditions de l'opération d'escompte qu'ils effectuent (escompte par caisse) ou de celles qu'ils pourront effectuer sur une période déterminée (crédit d'escompte).

➢ *Escompte.*

Convention d'ouverture de compte [Bq.]

Convention par laquelle, lors de l'ouverture d'un compte, le banquier et son client en définissent la nature et les conditions de fonctionnement.

Convention d'unité de compte [Bq.]

Convention reliant les différents comptes d'une même personne ouverts dans un même établissement de crédit, de sorte qu'ils constituent les éléments d'un compte unique fonctionnant comme tel. On parle également de convention (ou lettre) de fusion ou de lettre d'unité de compte.

➢ *Convention d'affectation en garantie, Convention de compensation.*

Conversion [M. fin.]

En matière d'options, stratégie consistant à acheter un titre et simultanément à vendre l'option d'achat (le *call*) et à acheter l'option de vente (le *put*) au même prix d'exercice et à parité.

➢ Comp : *Conversion inverse.*

Conversion de rentes ou d'emprunts [M. fin.]

Substitution d'un emprunt à un autre, le nouvel emprunt comportant des conditions différentes; très souvent un taux d'intérêt moindre est prévu. Une telle conversion ne s'impose généralement pas au détenteur des titres qui peut alors en demander le remboursement.

Conversion de titre *[M. fin.]*

Changement de la forme d'un titre (un titre au porteur devenant nominatif et inversement).

Conversion inverse *[M. fin.]*

En matière d'options, stratégie consistant à acheter un titre et simultanément à acheter l'option d'achat (le *call*) et à vendre l'option de vente (le *put*) au même prix d'exercice et à parité. Dans la terminologie anglo-saxonne on parle de *reverse*.

➢ *Comp : Conversion.*

Convertibilité *[Bq.]*

Qualité d'une monnaie qui peut être échangée contre de l'or ou contre une autre monnaie.

➢ *Cours forcé.*

Coobligés *[Bq.]*

Débiteurs tenus solidairement d'une même dette ou la garantissant solidairement. Selon une théorie dite « des coobligés », en cas de redressement ou de liquidation judiciaires de plusieurs de ses coobligés, le créancier peut déclarer sa créance dans chacune des procédures pour son montant intégral même s'il a déjà reçu un dividende dans la procédure de l'un d'eux.

➢ *Solidarité.*

Copartageant *[Bq.]*

➢ *Privilège du copartageant.*

Corbeille *[M. fin.]*

Avant 1987, à la Bourse, cercle délimité par une rampe de fer autour de laquelle se formait le groupe de cotation alors réservé exclusivement aux agents de change en personne. La totalité des valeurs cotées sur ce groupe étant désormais cotées par informatique, la corbeille a été démontée.

Par extension et très généralement, la corbeille désignait et peut encore désigner la Bourse.

➢ *Cotation.*

« Corner » *[M. fin.]*

Hausse des valeurs provoquée par des spéculateurs qui peuvent ainsi contraindre les baissiers, vendeurs à découvert, à racheter leurs titres avec perte.

➢ *Baissier, Vente à découvert.*

Corps de titre *[M. fin.]*

S'agissant d'un titre au porteur vif, titre lui-même par opposition à la feuille de coupons.

➢ *Coupon, Feuille de coupons.*

Correspondants *[Bq.]*

Parties entre lesquelles un compte est ouvert.

➢ *Compte.*

Cotation *[M. fin.]*

Établissement d'un cours. Selon les marchés, elle a lieu soit *au fixing*, soit en continu, mais dans les deux cas pendant les heures de séance.

➢ *Cotation « au fixing », Cotation en continu.*

Cotation à la criée *[M. fin.]*

Méthode de cotation qui consistait à établir le cours d'une valeur par la confrontation publique et verbale des offres d'achat (je prends) et des offres de vente (j'ai), jusqu'à ce que le meilleur équili-

C

bre soit atteint. Elle a disparu depuis 1998.

➢ *Cotation, Cotation en continu, Coteur, J'ai, Je prends.*

Cotation assistée en continu (CAC) *[M. fin.]*

➢ *Cotation en continu.*

Cotation au fil de l'eau *[M. fin.]*

➢ *Cotation en continu.*

Cotation au « fixing » *[M. fin.]*

Cotation consistant à confronter les offres et les demandes sur le marché à un moment donné et à fixer le cours du produit concerné au prix d'équilibre entre toutes ces offres et ces demandes.

Si le marché le permet, un même produit peut être coté plusieurs fois pendant la séance, des cours successifs étant alors établis : le premier cours coté est qualifié de cours d'ouverture, le dernier de cours de clôture.

➢ *Contra : Cotation en continu.*

➢ *Cotation à la criée.*

Cotation au pied du coupon et en pourcentage *[M. fin.]*

Expression du cours d'un titre non pas en euro, mais en pourcentage de sa valeur nominale sans tenir compte du coupon couru. Cette technique permet une comparaison de plusieurs emprunts ayant les mêmes caractéristiques, et un meilleur calcul du rendement du titre.

Cotation Banque de France *[Bq.]*

➢ *Fichier bancaire des entreprises.*

Cotation différée *[M. fin.]*

➢ *Cotation réservée.*

Cotation en continu *[M. fin.]*

Cotation qui s'établit au fur et à mesure que se présentent pendant toute la séance les offres et les demandes du produit concerné, sans la recherche d'un prix d'équilibre. On dit que la cotation est au fil de l'eau.

La cotation en continu a lieu par informatique (la cotation à la criée ayant disparu depuis 1998) : c'est la cotation assistée en continu (CAC).

Par hypothèse, une telle cotation fait apparaître de nombreux cours pendant une séance : seront publiés le cours à l'ouverture, le cours à la clôture ainsi que le cours le plus haut et le cours le plus bas de la séance.

➢ *Contra : Cotation au « fixing ».*

➢ *Cotation à la criée, THS.*

Cotation en pourcentage *[M. fin.]*

➢ *Cotation au pied du coupon et en pourcentage.*

Cotation réservée *[M. fin.]*

Cotation d'un titre momentanément suspendue par décision d'Euronext Paris pour éviter un écart de cours trop important par rapport au cours précédemment coté. On parle également de cotation différée.

➢ *Cotation.*

Cote boursière *[M. fin.]*

Cours des valeurs et de tous autres produits négociés en Bourse.

➢ *Bulletin de la cote, Cote officielle.*

Cote des droits *[M. fin.]*

Rubrique du Bulletin de la cote indiquant les cours des droits d'attribution et des droits de souscription.

➢ *Bulletin de la Cote, Droit d'attribution, Droit de souscription.*

Cote officielle *[M. fin.]*

1° Cours officiel de toutes les valeurs et autres produits traités en Bourse publié après chaque séance dans le Bulletin de la cote.

2° Liste des valeurs officielles admises et traitées en Bourse par opposition à celles qui ne sont traitées que sur le marché libre OTC ou le second marché. La loi du 2 juillet 1996 a substitué la notion de marché réglementé à celle de cote officielle. Il faut désormais parler de Premier marché.

➢ *Bulletin de la cote, Marché réglementé, Premier marché, Second marché.*

Coter dans le vide *[M. fin.]*

➢ *Cours indicatif.*

Coter le certain *[Bq.]*

Méthode de cotation des devises consistant à indiquer la quantité variable de monnaie étrangère correspondant à une unité de la monnaie nationale. Ex. à Londres, 1 livre = x dollars, ou à Paris 1 euro = x dollars.

➢ *Contra : Coter l'incertain.*

Coter l'incertain *[Bq.]*

Méthode de cotation des devises consistant à indiquer le prix d'une unité de monnaie étrangère pour une quantité variable de la monnaie nationale. Ex. : à Londres, 1 dollar = x livres, ou à Paris 1 dollar = x euro.

➢ *Contra : Coter le certain.*

Coteur *[M. fin.]*

Nom donné aux employés de la bourse de Paris qui étaient présents sur chaque groupe de cotation à la criée. Ce terme n'a désormais plus qu'un intérêt historique.

➢ *Cotation à la criée.*

Cotitulaires du compte *[Bq.]*

➢ *Compte collectif, Titulaire du compte.*

Coulisse *[M. fin.]*

Marché des coulissiers ou des courtiers en valeurs mobilières avant 1962.

➢ *Coulissier, Courtier en valeurs mobilières, Exception de coulisse.*

Coulissier *[M. fin.]*

Ancien courtier qui au XIXe siècle, opérait en Bourse la négociation des valeurs non admises à la cote officielle des agents de change.

➢ *Courtier en valeurs mobilières.*

Coupon *[M. fin.]*

S'agissant d'un titre au porteur vif, partie détachable du titre qui permettra le paiement des dividendes (actions) ou des intérêts (obligations). En cas d'augmentation de capital, le coupon représente également le droit d'attribution et le droit de souscription. S'agissant d'un titre scriptural, le coupon n'est évidemment pas matériellement représenté, mais les droits qu'il comporte demeurent les mêmes.

➢ *Certificat de coupon, Coupon attaché, Droit d'attribution, Droit de souscription, Ex-coupon, Ex-droit.*

Coupon attaché *[M. fin.]*

Expression qui signifie que la valeur mobilière concernée est traitée avec le coupon annoncé. Son titulaire aura donc tous les droits qui découlent de ce coupon. Ex. : action X vendue coupon n° 4 attaché.

➢ *Contra : Ex-coupon.*

➢ *Coupon, Droit attaché.*

Coupon détaché *[M. fin.]*

➢ *Ex-coupon.*

C

C

Coupure [Bq. / M. fin.]

Fraction ou multiple d'une valeur mobilière ou d'une unité monétaire.

Courrier [Bq.]

➢ *Crédit de courrier.*

Cour ajusté [M. fin.]

Cours de bourse rectifié afin de tenir compte d'une augmentation de capital intervenue dans la société par émission d'actions de numéraire ou distribution d'actions gratuites.

Cours de bourse [M. fin.]

Prix atteint par un produit coté pendant une séance de bourse et publié au Bulletin de la cote après cette séance.

➢ *Bulletin de la cote, Cotation au « fixing », Cotation en continu.*

Cours de clôture [M. fin.]

Dernier cours établi pour un produit pendant une séance de bourse. Si le marché n'appelle pas plusieurs cotations de ce produit pendant la séance, le cours de clôture est aussi le cours d'ouverture.

➢ *Comp : Cours d'ouverture.*

➢ *Cotation au « fixing », Cotation en continu.*

Cours de compensation [M. fin.]

Sur le marché à règlement mensuel, cours sur la base duquel s'effectuait lors de la liquidation, la compensation des opérations d'achat et de vente entre les différents membres du marché. C'était un cours conventionnel fixe pour chaque valeur par Paris Bourse à partir des précédents cours de cette valeur. Sur le Matif, cours déterminé quotidiennement pour chaque contrat et sur chaque échéance en fonction des derniers cours cotés de la séance. C'est sur la base de ce cours que sont calculés les appels de marge.

➢ *Déposit.*

Cours de liquidation [M. fin.]

Synonyme de cours de compensation.

Cours de l'option [M. fin.]

➢ *Prix de l'option.*

Cours d'ouverture [M. fin.]

Premier cours établi pour un produit pendant une séance de bourse. Si ce produit n'est coté qu'une seule fois pendant cette séance, le cours d'ouverture est aussi le cours de clôture.

➢ *Comp : Cours de clôture.*

➢ *Cotation au « fixing », Cotation en continu.*

Cours du change [Bq.]

Valeur d'une monnaie par rapport à une monnaie étrangère.

➢ *Bourse de change, Parité des changes.*

Cours fixé [Bq. / M. fin.]

Se dit d'un cours établis au *fixing*.

➢ *Cotation au fixing.*

Cours forcé [Bq.]

Système dans lequel une monnaie n'est pas convertible en or. C'est le système actuellement en vigueur pour la quasi-totalité des monnaies.

➢ *Convertibilité.*

Cours indicatif [M. fin.]

Cours publié à la cote sur décision d'Euronext Paris lorsqu'un titre n'a pas pu être coté en raison d'une demande ou d'une offre excessive.

➢ *Cote officielle, Cours de bourse, Demande, Offert.*

Cours légal [Bq.]

Système dans lequel la monnaie d'un pays a dans ce pays, un pouvoir libératoire illimité, c'est-à-dire que tout créancier est obligé de l'accepter en paiement. Ainsi les billets en euro ont seuls cours légal en France au 18 février 2002, les billets en francs n'ayant plus cours légal à cette date.

Cours soufflé *[M. fin.]*

Se dit du cours d'un titre qui atteint un montant disproportionné par rapport à certains critères notamment son rendement.

➢ *Bulle spéculative.*

Cours touché *[M. fin.]*

Expression employée lorsque le cours coté est égal à la limité qui avait été fixée par le donneur d'ordre dans un ordre à cours limité.

➢ *Ordre à prix limité.*

Courtage *[M. fin.]*

Rémunération perçue par un prestataire de services d'investissement à l'occasion des opérations qu'elle effectue. Le tarif des droits de courtage est libéré depuis le 1er juillet 1989. Se dit également de l'activité d'un prestataire de services d'investissement offrant à ses clients un service de réception et transmission d'ordres, voire d'exécution d'ordres en bourse.

➢ *Comp : Commission.*

Court terme *[Bq.]*

➢ *Crédit à court terme.*

Courtier de banque *[Bq.]*

➢ *Agent des marchés interbancaires.*

Courtier en ligne *[M. fin.]*

Traduction de *broker on line*, on appelle ainsi d'une façon générale, tout intermédiaire, quel que soit son statut, qui offre aux investisseurs la fourniture d'un service de réception-transmission d'ordres sur instruments financiers en ligne, c'est-à-dire via Internet. Le courtier en ligne peut également, dans un souci d'offrir à ses clients un service plus complet, proposer la fourniture du service connexe de tenue de compte-conservation, sous réserve d'être habilité à cet effet.

Courtier en valeurs mobilières *[M. fin.]*

Intermédiaire de Bourse qui opérait avant 1962 la négociation des valeurs mobilières non admises à la cote officielle des agents de change. Depuis 1962 le marché des courtiers a fusionné avec le marché officiel qui est devenu, depuis 1997, le Premier marché.

➢ *Coulissier.*

Couverture *[M. fin.]*

Fonds ou titres qui, selon la réglementation du marché concerné, doivent être déposés auprès de l'intermédiaire financier, par un donneur d'ordre en garantie de la bonne fin d'une opération.

➢ *Comp : Opération de couverture.*

➢ *Déposit.*

Couverture de change *[Bq.]*

Opération d'achat ou de vente de devises effectuée en vue de réaliser un engagement de change à terme ou de solder une position de change et se prémunir ainsi contre une fluctuation du cours du change. Par exemple, une opération au comptant, peut être effectuée pour le montant de l'engagement à terme.

➢ *Position de change, Risque de change.*

Cox-Ross-Rubinstein *[M. fin.]*

Méthode d'évaluation des opérations négociables élaborée en 1979 par les analystes du même nom. On parle parfois du modèle de Cox et Ross. D'autres modèles ont été proposés, notamment par Black et Scholes.

CPHLM *[Bq.]*

➢ *Caisse de prêts aux organismes d' HLM.*

Créance *[Bq.]*

Lien de droit entre un créancier et son débiteur. Dans un sens plus courant, le mot désigne la somme d'argent due au créancier par le débiteur.

➢ *Comp : Dette.*

➢ *Droit de créance.*

C

Créance certaine *[Bq.]*

Créance qui n'est pas contestée en son principe.

➢ *Contra : Créance incertaine.*

➢ *Créance exigible, Créance liquide.*

Créance de dernier rang *[Bq.]*

Créance primée par toutes les autres créances du même débiteur.

➢ *Prêt participatif.*

Créance douteuse *[Bq.]*

Créance dont le paiement n'est pas certain.

Créance exigible *[Bq.]*

Créance qui n'est pas affectée d'un terme suspensif, c'est-à-dire dont le paiement peut être exigé immédiatement.

➢ *Créance certaine, Créance liquide, Exigibilité, Titre à vue.*

Créance garantie *[Bq.]*

Créance à laquelle est attachée une sûreté.

➢ *Contra : Créance chirographaire.*

Créance hypothécaire *[Bq.]*

Créance garantie par une hypothèque.

➢ *Comp : Créance chirographaire, Créance privilégiée.*

Créance liquide *[Bq.]*

1° Créance dont le montant est évalué en somme d'argent.

➢ *Comp : Créance certaine, Créance exigible.*

2° Créance qui est très rapidement mobilisable.

➢ *Liquidité, Mobilisation.*

Créance née *[Bq.]*

Créance d'un exportateur sur son acheteur étranger et représentant le prix des marchandises livrées. L'expression complète est créance née sur l'étranger mais en pratique on parle de créance née.

➢ *Confirmation de commande, Crédit de mobilisation de créances nées sur l'étranger, Crédit fournisseur.*

Créance née sur l'étranger *[Bq.]*

➢ *Créance née.*

Créance privilégiée *[Bq.]*

Créance garantie par un privilège.

➢ *Comp : Créance chirographaire, Créance hypothécaire.*

Créancier *[Bq.]*

Titulaire d'un droit de créance.

Plus couramment, celui auquel une somme d'argent est due.

Créancier chirographaire *[Bq.]*

Créancier de somme d'argent dont le paiement n'est garanti par aucune sûreté sur les biens de son débiteur. Les différents créanciers chirographaires d'un même débiteur, sont payés au marc le franc.

➢ *Comp : Créancier gagiste, Créancier hypothécaire, Créancier nanti, Créancier privilégié.*

➢ *Au marc le franc, Distribution par contribution.*

Créancier gagiste *[Bq.]*

Créancier de somme d'argent dont le paiement est garanti par un gage.

➢ *Comp : Créancier chirographaire, Créancier hypothécaire, Créancier nanti, Créancier privilégié.*

Créancier hypothécaire *[Bq.]*

Créancier de somme d'argent dont le paiement est garanti par une hypothèque.

➢ *Comp : Créancier chirographaire, Créancier gagiste, Créancier nanti, Créancier privilégié.*

➢ *Droit de préférence, Droit de suite, Procédure d'ordre.*

Créancier nanti *[Bq.]*

Créancier de somme d'argent dont le paiement est garanti par un nantissement.

➢ *Comp : Créancier chirographaire, Créancier gagiste, Créancier hypothécaire, Créancier privilégié.*

Créancier privilégié *[Bq.]*

Créancier de somme d'argent dont le paiement est garanti par un privilège.

➢ *Comp : Créancier chirographaire, Créancier gagiste, Créancier hypothécaire, Créancier nanti.*

➢ *Droit de préférence, Procédure d'ordre.*

Créancier subrogé *[Bq.]*

Celui qui a payé pour un débiteur et qui est substitué dans tous les droits du créancier payé pour agir contre ce débiteur dont il est devenu le créancier. L'action ainsi intentée est appelée action subrogatoire. Par exemple, la caution qui paie, est subrogée dans les droits du créancier contre le débiteur principal. Le banquier qui paie pour le débiteur peut être subrogé par convention, dans les droits du créancier qu'il a payé.

➢ *Bénéfice de subrogation, Quittance subrogative, Subrogation.*

CRBF *[Bq.]*

➢ *Comité de la réglementation bancaire et financière.*

Crédirentier *[Bq.]*

Créancier d'une rente.

➢ *Contra : Débirentier.*

Crédit *[Bq.]*

1° Dans un compte, colonne de droite constatant les créances.

➢ *Comp : Débit.*

2° Acte par lequel une personne agissant à titre onéreux, met ou promet de mettre des fonds à la disposition d'une autre personne ou prend, dans l'intérêt de celle-ci, un engagement par signature tel qu'un aval, un cautionnement, ou une garantie.

C. mon. fin., art. L. 313-1 (anc. art. 3, L. 24 janv. 1984).

➢ *Opération de crédit, et mots suivants.*

3° D'une façon plus générale, faire crédit (du latin « credere » : faire confiance) peut signifier accorder des délais de paiement à son débiteur.

Crédit-acheteur *[Bq.]*

Technique de financement des exportations dans laquelle le banquier consent des crédits à l'acheteur étranger afin qu'il paie son fournisseur, l'exportateur français.

➢ *Comp : Crédit fournisseur.*

Crédit à court terme *[Bq.]*

Crédit dont la durée n'excède pas deux ans. Son renouvellement fréquent au profit d'un même emprunteur, remet en cause sa qualité de crédit à court terme et plus généralement la distinction des crédits selon leur durée.

➢ *Comp : Crédit à long terme, Crédit à moyen terme.*

➢ *Marché des capitaux, Marché monétaire.*

Crédit adossé *[Bq.]*

➢ *Crédit subsidiaire.*

Crédit agricole mutuel *[Bq.]*

Ensemble des établissements de crédit constitués sous forme de coopératives agricoles et agréés en qualité de banque mutualiste ou coopérative par le Comité des établissements de crédit et des entreprises d'investissement. On distingue les caisses locales qui ne sont pas agréées individuellement comme établissement de crédit mais collectivement par l'intermédiaire de la caisse régionale dont elles dépendent, et les caisses régionales qui sont affiliées à la Caisse nationale de crédit agricole. Celle-ci coordonne l'action des caisses régionales, exerce leur gestion financière et leur apporte une assistance technique. Elle en est l'organe central.

➢ *Agrément, Organe central.*

Crédit à l'exportation *[Bq.]*

➢ *Crédit acheteur, Crédit fournisseur, Confirmation de commande.*

Crédit à l'importation *[Bq.]*

➢ *Crédit documentaire.*

Crédit à long terme *[Bq.]*

Crédit dont la durée excède sept ans.

➢ *Comp : Crédit à court terme, Crédit à moyen terme.*

➢ *Marché des capitaux, Marché financier.*

Crédit à moyen terme (CMT) *[Bq.]*

Crédit dont la durée se situe environ entre deux et sept ans.

➢ *Comp : Crédit à court terme, crédit à long terme.*

Crédit-bail *[Bq.]*

Technique de crédit à moyen terme d'origine nord-américaine (*leasing*) apparue en France au début des années 60 et permettant à une entreprise d'acquérir des biens d'équipement à l'issue d'une période de location dans des conditions variant selon que le bien est mobilier ou immobilier.

C. mon. fin., art. L. 313-7 s.

➢ *Cession-bail, Crédit-bail adossé, Crédit-bail immobilier, Crédit-bail mobilier, Société mobilière pour le commerce et l'industrie, Valeur résiduelle.*

Crédit-bail adossé *[Bq.]*

Variante du crédit-bail dans laquelle la société de crédit-bail achète le matériel au fournisseur, puis le lui donne en location avec autorisation de le sous-louer au client utilisateur.

Cette opération est utilisée dans deux hypothèses très différentes :

- le client utilisateur étant peu solvable, il ne peut obtenir directement un crédit-bail : le fournisseur accepte de prendre le risque de l'opération;
- le client utilisateur ne veut traiter qu'avec le fournisseur, mais celui-ci ne pouvant supporter la charge de l'immobilisation du matériel, sollicite le concours d'une société de crédit-bail.

Crédit-bail immobilier *[Bq.]*

Opération par laquelle une entreprise de crédit-bail pouvant être constituée sous forme de SICOMI, donne en location un bien immobilier à usage professionnel acheté par elle ou construit pour son compte, en permettant au locataire d'en devenir propriétaire au plus tard à l'expiration du bail, soit en exécution d'une promesse unilatérale de vente, soit par acquisition de la propriété du terrain sur lequel est édifié l'immeuble loué, soit par transfert de plein droit de la propriété de cet immeuble édifié sur le terrain appartenant audit locataire.

➢ *Comp : Crédit-bail mobilier.*

➢ *Crédit-bail, Société immobilière pour le commerce et l'industrie.*

Crédit-bail mobilier *[Bq.]*

Opération par laquelle une entreprise de crédit-bail qui doit être un établissement de crédit, achète à un fournisseur, un bien d'équipement ou un matériel d'outillage, pour le donner en location à un client, l'utilisateur, qui à l'issue d'une période fixée à l'avance, bénéficie d'une option à trois branches : demander le renouvellement du contrat de location, restituer le bien à l'entreprise de crédit-bail ou l'acquérir moyennant un prix convenu appelé valeur résiduelle, tenant compte des versements effectués à titre de loyers.

➢ *Comp : Crédit-bail immobilier.*

➢ *Crédit-bail.*

Crédit cartellaire *[Bq.]*

➢ *Crédit consortial.*

Crédit commercial *[Bq.]*

Crédit accordé par une entreprise, généralement un fournisseur à son client, à l'occasion d'un marché conclu entre eux.

➢ *Contra : Crédit financier.*

➢ *Crédit face à face, Effet commercial.*

Crédit confirmé *[Bq.]*

Engagement d'un banquier envers une personne (créancière de son client) d'accepter ou de payer une lettre de change tirée sur lui par ce client. C'est un crédit par signature et plus précisément une forme de crédit d'acceptation, le banquier confirmant ici le crédit qu'il accorde à son client. Cette technique est fréquente en matière de crédit documentaire.

Plus généralement, un banquier confirme un crédit lorsqu'il s'engage expressément à laisser à son client pendant une certaine durée, le crédit qu'il lui avait implicitement accordé par découvert.

Crédit consolidé *[Bq.]*

➢ *Consolidation d'un crédit.*

Crédit consortial *[Bq.]*

Catégorie de crédit en pool dans lequel le client a connaissance de la participation de chaque établissement de crédit constituant le pool. Chacun agit pour son compte et en son nom, le banquier chef de file n'ayant qu'un rôle de coordination et de centralisation du courrier. C'est également lui qui assure le montage de l'opération. Le crédit consortial est parfois appelé crédit cartellaire ou encore participation conjointe.

➢ *Comp : Crédit en participation.*

➢ *Crédit en pool, Pool bancaire.*

Crédit coopératif *[Bq.]*

Ensemble des établissements de crédit ayant vocation à financer les organismes de l'économie sociale non agricole : coopératives, mutuelles, associations.

La Caisse centrale de crédit coopératif en est l'organe central.

Crédit d'acceptation *[Bq.]*

➢ *Crédit par signature.*

Crédit d'anticipation *[Bq.]*

Crédit accompagnant souvent un crédit différé pour pallier l'inconvénient du délai d'attente imposé. Un prêteur extérieur consent immédiatement un crédit qui sera remboursé lorsque le crédit différé sera lui-même consenti à l'issue de la période d'attente.

On parle parfois de crédit intercalaire ou d'anticipation de crédit différé ou plus généralement de préfinancement.

➢ *Crédit différé.*

Crédit de calendrier *[Bq.]*

➢ *Facilités de caisse.*

Crédit de campagne *[Bq.]*

Crédit consenti par le banquier pour permettre à l'entreprise de faire face à des besoins de trésorerie qui résultent de son activité saisonnière.

➢ *Crédit de courrier, crédit d'embouche, Crédit de relais, Facilités de caisse.*

Crédit de courrier *[Bq.]*

Crédit de très courte durée consenti par le banquier pour permettre à l'entreprise d'effectuer un paiement avant une rentrée qu'elle attend très prochainement.

➢ *Crédit de campagne, Crédit de relais, Facilités de caisse.*

Crédit de décaissement *[Bq.]*

Crédit qui suppose obligatoirement une remise de fonds par le prêteur à l'emprunteur. On l'oppose au crédit par signature.

➢ *Crédit mobilisable, Crédit par caisse, Crédit par signature.*

Crédit d'embouche *[Bq.]*

Crédit de campagne consenti à un exploitant agricole pour l'élevage de bestiaux.

➢ *Crédit de campagne.*

Crédit de mobilisation de créances nées sur l'étranger *[Bq.]*

Souvent appelé en pratique le MCE ou le MCNE, crédit accordé à un exportateur pour lui permettre de mobiliser ses créances sur son client importateur étranger. Les conditions de ce crédit varient selon que les créances nées sont à court, moyen ou long terme.

➢ *Dispense de référence.*

Crédit de mobilisation des créances commerciales (CMCC) *[Bq.]*

Technique de crédit imaginée en 1967 par un groupe de travail (Commission Gilet), comme substitut à l'escompte. Deux types de CMCC furent proposés :

1° le CMCC non garanti dans lequel le banquier accorde un crédit à son client au vu des créances que celui-ci détient sur des tiers, ces créances n'étant pas transmises au banquier. Le client souscrit un billet dit billet de mobilisation, matérialisant l'avance consentie par le banquier. Il n'y a qu'un découvert non garanti, le banquier ne pouvant pas en cas de défaillance de son client, agir contre les tiers débiteurs contre lesquels il n'a aucun droit;

2° le CMCC garanti dans lequel le banquier reçoit en garantie de son avance une facture protestable et transmissible.

Créé par ordonnance de 1967, ce nouvel effet de commerce a été abrogé, en raison de son peu de succès en pratique, par la loi du 2 janvier 1981.

➢ *Fracture protestable.*

Crédit d'équipement des petites et moyennes entreprises (CEPME) *[Bq.]*

Organisme qui résulte de la fusion de la Caisse nationale des marchés de l'État, de la Caisse centrale de crédit hôtelier, industriel et commercial et du Groupement interprofessionnel des petites et moyennes entreprises. Il fonctionne depuis 1981 et sa mission est de faciliter l'accès des PME au crédit. C'est un établissement de crédit agréé en qualité d'institution financière spécialisée par le Comité des établissements de crédit et des entreprises d'investissement.

Crédit de relais *[Bq.]*

Crédit consenti par le banquier pour permettre à l'entreprise d'attendre une rentrée précise et exceptionnelle.

➢ *Crédit de campagne, Crédit de courrier, Facilités de caisse.*

Crédit d'escompte *[Bq.]*

Parfois appelé fiche d'escompte, engagement du banquier d'escompter les effets remis par son client jusqu'à concurrence d'un certain montant (le plafond d'escompte) et pendant une certaine période.

➢ *Contra : Escompte par caisse.*

Crédit différé *[Bq.]*

Prêt consenti sous réserve d'une remise préalable de fonds en un ou plusieurs versements de la part de l'intéressé auquel est également imposé un délai d'attente. Une période d'épargne précède donc la période de crédit. Le crédit différé n'est en principe autorisé que dans le domaine immobilier. Pour éviter l'inconvénient du délai d'attente, un crédit d'anticipation est souvent prévu.

➢ *Crédit d'anticipation, Épargne-logement.*

Crédit d'impôt *[M. fin.]*

Somme égale à la retenue à la source c'est-à-dire à la retenue fiscale opérée avant le versement des revenus de valeurs mobilières autres que les actions émises par les sociétés ayant leur siège social en France et que le contribuable peut déduire de son impôt sur le revenu s'il est imposable, ou qu'il lui est remboursé dans le cas contraire.

➢ *Comp : Avoir fiscal.*

Crédit documentaire *[Bq.]*

Technique de financement des ventes internationales dans laquelle la réalisation du crédit est subordonnée à la présentation par le vendeur au banquier de l'acheteur, de divers documents constatant la bonne exécution du marché et constituant une garantie sur les marchandises qu'ils représentent (connaissement, titre de douane, police d'assurance…). L'acheteur (donneur d'ordre) demande à son banquier d'informer le vendeur (bénéficiaire) du crédit consenti. L'engagement du banquier est formulé par un écrit appelé accréditif (s'il est souscrit en faveur du seul bénéficiaire) ou lettre commerciale de crédit (s'il est souscrit en faveur de tout porteur des documents). Le banquier réalise le crédit soit en payant le prix des marchandises au vendeur, soit en payant, en acceptant ou en

C

escomptant une lettre de change (traite documentaire) émise par ce dernier.

➢ *Comp : Crédit acheteur, Crédit fournisseur.*

➢ *Mots suivants.*

Crédit documentaire confirmé *[Bq.]*

Crédit documentaire dans lequel un second banquier, celui du vendeur, s'engage également à payer, accepter ou escompter la lettre de change émise par ce dernier qui dès lors bénéficie de deux engagements bancaires : celui de la banque de l'acheteur, la banque apéritrice, et celui de sa propre banque, la banque confirmatrice.

➢ *Contra : Crédit documentaire notifié.*

Crédit documentaire irrévocable *[Bq.]*

Crédit documentaire dans lequel le banquier s'engage envers le bénéficiaire à réaliser le crédit qu'il consent, aucune modification ou annulation ne pouvant intervenir sans l'accord de tous les intéressés.

➢ *Contra : Crédit documentaire révocable.*

Crédit documentaire notifié *[Bq.]*

Crédit documentaire dans lequel le banquier du vendeur intervient, mais seulement comme intermédiaire de l'opération sans s'engager personnellement à l'égard de son client.

➢ *Contra : Crédit documentaire confirmé.*

Crédit documentaire provisionné *[Bq.]*

Crédit documentaire que la banque du vendeur n'accepte de confirmer que si la banque de l'acheteur lui verse les fonds correspondant au crédit consenti. La banque confirmatrice affecte ces fonds dans un compte spécial en attendant de les verser à son propre client le bénéficiaire, sur présentation des documents concernés.

Les banques françaises recourent à cette pratique lorsqu'elles confirment des crédits documentaires irrévocables émis par des banques appartenant à un pays à risque afin de se prémunir contre toute défaillance.

➢ *Crédit documentaire confirmé.*

Crédit documentaire révocable *[Bq.]*

Crédit documentaire dans lequel le banquier ne souscrit aucun engagement à l'égard du bénéficiaire qu'il informe simplement de l'ouverture de crédit qu'il consent à son client l'acheteur.

➢ *Contra : Crédit documentaire irrévocable.*

Crédit documentaire subsidiaire *[Bq.]*

➢ *Crédit subsidiaire.*

Crédit documentaire transférable *[Bq.]*

Crédit documentaire que le bénéficiaire est autorisé à faire utiliser par un tiers généralement son propre fournisseur appelé second bénéficiaire auprès duquel il mobilise ainsi sa créance.

➢ *Comp : Crédit subsidiaire.*

Crédit en blanc *[Bq.]*

Crédit qui n'est assorti d'aucune garantie particulière.

Crédit en participation *[Bq.]*

Catégorie de crédit en pool dans lequel le client n'a pas connaissance de la participation de chaque établissement de crédit constituant le pool. Seul apparaît le banquier chef de file qui consent le

crédit, prend des garanties et exerce des poursuites en son seul nom. Les autres établissements de crédit participent au crédit de façon occulte. On parle parfois de sous-participation occulte.
➢ *Crédit consortial, Crédit en pool, Pool bancaire.*

Crédit en pool *[Bq.]*
Crédit auquel participent volontairement et après concertation entre eux, plusieurs établissements de crédit constituant dès lors un pool bancaire.
On distingue deux sorte de crédit en pool selon que vis-à-vis du client les différents établissements de crédit apparaissent (crédit consortial) ou non (crédit en participation).
➢ *Convention de compte à demi, Crédit consortial, Crédit en participation, Pool bancaire.*

Crédit extra-bancaire *[Bq.]*
➢ *Crédit face à face.*

Crédit face à face *[Bq.]*
Crédit conclu entre deux entreprises hors du circuit bancaire. Un tel crédit peut être accordé dans le cadre des relations d'affaires existant entre les deux entreprises (crédit commercial) ou indépendamment de toutes opérations commerciales entre elles (crédit financier). Il en est ainsi lorsqu'il y a émission de billets de trésorerie ou lorsque des crédits sont consentis entre sociétés d'un même groupe. Le crédit face à face est aussi appelé crédit interentreprises.

Crédit financier *[Bq.]*
Crédit accordé en dehors de toute opération commerciale entre le prêteur et l'emprunteur.
➢ *Contra : Crédit commercial.*
➢ *Effet financier.*

Crédit foncier de France *[Bq.]*
Créé en 1852, organisme longtemps semi-public et sous la tutelle des pouvoirs publics, le Crédit foncier de France a joué un rôle primordial dans la distribution des prêts au logement aidés par l'État (prêts PAP). Aujourd'hui banalisé, c'est un établissement de crédit constitué sous forme de société anonyme cotée à la Bourse de Paris, et agréé comme institution financière spécialisée par le Comité des établissements de crédit et des entreprises d'investissement.
En vertu de la loi du 25 juin 1999 qui a supprimé son droit d'émettre des obligations foncières, des obligations maritimes et des obligations communales, il a dû transférer à une filiale ayant le statut de société de crédit foncier, les contrats relatifs à l'émission de telles obligations. Par ailleurs, depuis cette loi, le Crédit foncier de France n'assume plus la tutelle du marché hypothécaire. Ses activités, désormais classiques, sont principalement l'octroi et le cautionnement de prêts immobiliers aux particuliers.
➢ *Marché hypothécaire, Obligation foncière, SGFGAS, Société de crédit foncier.*

Crédit fournisseur *[Bq.]*
Technique de financement des exportations dans laquelle le banquier consent à l'exportateur français soit des crédits de préfinancement lui permettant de rassembler les marchandises à exporter, soit des crédits lui permettant après livraison, de mobiliser sa créance née sur l'acheteur étranger.
L'expression désigne également le crédit accordé par une entreprise à son

client en lui consentant des délais de paiement.

➢ *Comp : Crédit acheteur.*

➢ *Confirmation de commande.*

Crédit global d'exploitation *[Bq.]*

Type de crédit (sinon pratique financière) préconisé dans le rapport Mayoux en 1979, et consistant pour une établissement de crédit à financer globalement les besoins de l'entreprise cliente, dans la limite d'un plafond (fixé après examen notamment des prévisions de l'exercice), sans aucun escompte de papier commercial, et impliquant simultanément la disparition des délais de paiement accordés par l'entreprise à ses propres clients.

Crédit hypothécaire *[Bq.]*

Crédit garanti par une hypothèque.

➢ *Hypothèque, Marché hypothécaire.*

Crédit interentreprises *[Bq.]*

➢ *Crédit face à face.*

Crédit intercalaire *[Bq.]*

➢ *Crédit d'anticipation.*

Crédit irrévocable *[Bq.]*

Souvent employé comme synonyme de crédit confirmé.

Crédit local de France (CLF) *[Bq.]*

Établissement de crédit agréé en qualité d'institution financière spécialisée, créé le 1er octobre 1987, il a remplacé la Caisse d'aide à l'équipement des collectivités locales. En 1996, il s'allie au Crédit communal de Belgique pour donner naissance au groupe Dexia. Le CLF consent des prêts aux collectivités locales dont il entend être le partenaire financier privilégié.

Crédit maritime mutuel *[Bq.]*

Ensemble des établissements de crédit (caisses régionales et unions) agréés en qualité de banque mutualiste ou coopérative par le Comité des établissements de crédit et des entreprises d'investissement, et constitués pour faciliter le financement des opérations relatives à la pêche et aux cultures marines et des activités s'y rattachant, ainsi que le financement des opérations relatives à l'extraction des sables, graviers et amendements marins et à la récolte des végétaux provenant de la mer ou du domaine maritime. La Caisse centrale de crédit coopératif est l'organe central du crédit maritime mutuel.

C. mon. fin., art. L. 512-68.

➢ *Agrément, Organe central.*

Crédit mobilisable *[Bq.]*

Crédit consenti par le banquier dans des conditions qui lui permettront si besoin, de reconstituer sa trésorerie en se refinançant auprès d'organismes mobilisateurs. Il s'agit essentiellement d'opérations sur effets de commerce.

➢ *Contra : Crédit non mobilisable.*

➢ *Comp : Crédit par caisse, Crédit par signature.*

➢ *Éligibilité, Escompte, Mobilisation.*

Crédit mobilisé *[Bq.]*

Crédit ayant fait l'objet d'un refinancement.

➢ *Bordereau de cession de créances professionnelles, Crédit de mobilisation des créances commerciales, Escompte, Mobilisation.*

Crédit municipal (caisses de) *[Bq.]*

Établissements publics municipaux qui, en 1918, ont remplacé les Monts-de-Piété créés au XVIIIe siècle pour mettre fin aux abus des usuriers, et permettre aux emprunteurs modestes d'obtenir des prêts peu onéreux contre remise en gage de biens mobiliers.

Aux termes de l'article L 514-1 du Code monétaire et financier, ce sont des établissements publics communaux de crédit et d'aide sociale. Aujourd'hui, outre ces prêts sur gage, dont elles ont toujours le monopole lorsqu'ils sont effectués à titre professionnel et sur des meubles corporels, les caisses de Crédit municipal peuvent, le plus souvent, consentir des crédits aux personnes physiques et aux établissements publics locaux ou aux associations dont l'objet présente un intérêt social et culturel. Leurs ressources proviennent notamment d'émissions de bons de caisse et du produit de comptes à vue ou sur livret.

Les caisses de crédit municipal sont des établissements de crédit agréés par le Comité des établissements de crédit et des entreprises d'investissement. Leur organe central, l'Union centrale des caisses de crédit municipal, a été supprimé en 1992. La Conférence permanente des caisses de crédit municipal est, depuis, l'organisme professionnel qui les regroupe.

➢ *Comp : Banque, Banque mutualiste ou coopérative, Institution financière spécialisée, Société financière.*

Crédit mutuel *[Bq.]*

Ensemble des caisses de crédit mutuel à vocation générale. Ce sont des établissements de crédit agréés en qualité de banque mutualiste ou coopérative par le Comité des établissements de crédit et des entreprises d'investissement. On distingue d'une part les caisses locales qui ne sont pas agréées individuellement comme établissement de crédit mais collectivement par l'intermédiaire de la caisse fédérale dont elles dépendent, et d'autre part les caisses fédérales. En outre le Crédit mutuel comprend deux organisations centrales : la Confédération nationale du crédit mutuel qui est l'organe central et la caisse centrale du crédit mutuel qui a une vocation financière.

C. mon. fin., art. L. 512-55 s.

➢ *Agrément, Organe central.*

Crédit mutuel populaire *[Bq.]*

Créé par une loi du 13 mars 1917 pour permettre aux petites et moyennes entreprises d'accéder aux crédits bancaires, il est constitué par les Banques populaires et les Sociétés de cautionnement mutuel. On parle aussi de crédit populaire.

C. mon. fin., art. L. 512-2 s.

➢ *Banques populaires, Société de cautionnement mutuel.*

Crédit national *[Bq.]*

Créé en 1919 pour faciliter le règlement des dommages de guerre, le Crédit national a donné naissance par fusion avec la BFCE, en 1997, à Natexis qui à son tour, en 1999, avec la Caisse centrale des Banques populaires a donné naissance à Natexis Banques Populaires.

Crédit non mobilisable *[Bq.]*

Crédit qui ne peut pas être refinancé.

➢ *Contra : Crédit mobilisable.*

➢ *Mobilisation.*

Crédit par acceptation *[Bq.]*

➢ *Crédit d'acceptation.*

C

C

Crédit par aval *[Bq.]*

➢ *Crédit par signature.*

Crédit par caisse *[Bq.]*

Crédit consenti par le banquier sur sa trésorerie qu'ainsi il immobilise.

➢ *Comp : Crédit mobilisable, Crédit par signature.*

Crédit par cautionnement *[Bq.]*

➢ *Crédit par signature.*

Crédit par signature *[Bq.]*

Engagement d'un banquier qui par sa signature permet à son client d'obtenir un crédit auprès d'un tiers. Le banquier peut ainsi se porter caution (crédit par cautionnement), avaliste (crédit par aval), ou tiré accepteur (crédit d'accepta-ftion). Seule la défaillance de son client l'obligerait à un versement effectif des fonds.

➢ *Comp : Crédit par caisse, Crédit mobilisable.*

➢ *Acceptation de banque, Cautionnement bancaire, Ducroire de banque.*

Crédit populaire *[Bq.]*

➢ *Crédit mutuel populaire.*

Crédit « revolving » *[Bq.]*

Crédit qui se renouvelle automatiquement au fur et à mesure des remboursements de l'emprunteur.

Crédit « roll over » *[Bq.]*

➢ *« Roll over ».*

Crédit « stand by » *[Bq.]*

Autorisation de crédit pour un montant et une période convenus, l'emprunteur ayant la possibilité de ne pas tirer l'intégralité de cette somme. On parle aussi d'accord de confirmation.

Crédit subsidiaire *[Bq.]*

Crédit documentaire qui s'ajoute à un premier crédit documentaire (crédit principal) et qui est consenti par le même banquier mais en faveur d'un autre bénéficiaire désigné par le premier bénéficiaire. Ces deux crédits documentaires sont distincts mais présentent en pratique certains liens, les fonds du crédit principal étant affectés au remboursement du crédit subsidiaire. On parle également de crédit adossé ou de contre-crédit ou de *back to back credit*.

➢ *Comp : Crédit documentaire transférable.*

➢ *Crédit documentaire.*

CRH *[Bq.]*

➢ *Caisse de refinancement de l'habitat.*

CRI *[Bq.]*

➢ *Centrale des règlements interbancaires.*

Criée *[M. fin.]*

➢ *Cotation à la criée.*

« Custody » *[M. fin.]*

➢ *Conservation de titres.*

CVG *[M. fin.]*

➢ *Certificat de valeur garantie.*

D *[M. fin.]*

➢ *Demandé.*

D/A (documents contre acceptation) *[Bq.]*

➢ *Clause contre documents, Encaissement documentaire.*

DAB *[Bq.]*

➢ *Distributeur automatique de billets.*

DAM *[Bq.]*

➢ *Distributeur automatique de monnaie.*

Dailly (Loi Dailly ou Bordereau Dailly) *[Bq.]*

➢ *Bordereau de cession de créances financières, Bordereau de cession de créances professionnelles.*

Date de valeur *[Bq.]*

Date retenue lors d'une opération en compte pour calculer, à partir du solde provisoire ainsi établi, les intérêts éventuellement dus par l'une des parties. La date de valeur peut être différente de la date à laquelle l'opération est inscrite en compte : ainsi lors de la remise d'un chèque à l'encaissement, l'inscription sur le compte a lieu immédiatement mais avec une date de valeur postérieure de quelques jours correspondant au délai nécessaire à l'encaissement.
On parle également de jour de valeur.

Dation en paiement *[Bq.]*

Paiement que le débiteur effectue en accord avec son créancier, par l'exécution d'une obligation différente de celle qui avait été initialement prévue.

DE *[M. fin.]*

➢ *Demandé.*

« Dealer » *[M. fin.]*

D'une façon générale, professionnel qui intervient sur les marchés pour son propre compte. Il est contrepartiste. Plus précisément à New York, professionnel qui exécute pour son propre compte, les ordres que passent ses clients sur le marché appelé *over-the-counter market*, c'est-à-dire le marché des valeurs non cotées sur les marchés officiels que sont le *New York Stock Exchange* et l'*American Stock Exchange*.
➢ *« Broker », « Jobber ».*

Débirentier *[Bq.]*

Débiteur d'une rente.
➢ *Contra : Crédirentier.*

Débit *[Bq.]*

Colonne gauche d'un compte constatant les dettes. Plus généralement, ce qui est dû par quelqu'un.
➢ *Crédit.*

Débiteur *[Bq.]*

Celui qui doit exécuter une prestation au profit d'un autre (le créancier). Plus couramment, celui qui doit une somme d'argent.

D

Débiteur principal *[Bq.]*
➢ *Cautionnement.*

Déchéance du terme *[Bq.]*
Perte pour le débiteur du droit de payer dans le délai initialement prévue. La dette devient donc exigible.

Déclaration de créances *[Bq.]*
➢ *Production de créances.*

Déclaration d'intention *[M. fin.]*
Obligation imposée à toute personne physique ou morale, agissant seule ou de concert, qui vient à acquérir un nombre d'actions représentant plus du dixième ou du cinquième du capital ou des droits de vote d'une société française dont les actions sont admises aux négociations sur un marché réglementé. Cette personne est tenue de déclarer les objectifs qu'elle a l'intention de poursuivre au cours des 12 mois à venir, notamment si elle envisage d'arrêter ou de poursuivre ses achats, si elle compte acquérir le contrôle de la société et si elle souhaite demander sa nomination en qualité de dirigeant de la société. Cette déclaration doit être adressée à la société cible, au CMF et à la COB.

Déconfiture *[Bq.]*
État d'un débiteur non soumis à la procédure de redressement judiciaire et qui ne peut plus faire face à ses échéances.
➢ *Cessation des paiements.*

Décote en bourse *[M. fin.]*
Différence entre la valeur nominale d'un titre et son cours de bourse inférieur à cette valeur.

Découvert en banque *[Bq.]*
Crédit consenti par le banquier à son client en l'autorisant à rendre son compte débiteur dans une certaine limite et pendant une certaine période. Le terme peut également désigner le montant ainsi autorisé du solde débiteur du client.
➢ *Autorisation de découvert.*

Découvert en bourse *[M. fin.]*
Situation d'un opérateur sur le marché à règlement mensuel qui vendait des titres qu'il ne possédait pas encore.
➢ *Vente à découvert.*

Découvert non garanti *[Bq.]*
➢ *Crédit de mobilisation des créances commerciales.*

Défaillance *[Bq.]*
Non-paiement à l'échéance.

« **Defeasance** » *[Bq. / M. fin.]*
Technique d'ingénierie financière qui, selon la définition du Conseil national de la comptabilité (avis du 15 déc. 1988), permet à une entreprise d'atteindre un résultat équivalent à l'extinction d'une dette figurant au passif de son bilan par le transfert de titres à une entité juridique distincte qui sera chargée du service de la dette, cette opération n'ayant pas pour effet de libérer juridiquement l'entreprise de son obligation initiale.
Cette opération de gestion de haut de bilan, souvent utilisée aux États-Unis, a été réalisée en France pour la première fois par Peugeot SA en décembre 1987.
L'expression intégrale est *in substance defeasance* et sa traduction officielle est désendettement de fait (arrêté du 11 janv. 1990).

On a parfois parlé, à tort, de *defeasance* à propos de cessions d'actifs (notamment de créances douteuses).

Dégagement *[M. fin.]*

Vente totale ou partielle de titres que l'on détient.

Délai d'acceptation *[Bq.]*

Délai dans lequel le tiré d'une lettre de change doit répondre positivement ou négativement à une présentation de l'acceptation. Dans le silence des textes, la jurisprudence semble exiger une réponse à bref délai.

Délai de date *[Bq.]*

Délai fixant l'échéance d'un effet de commerce en prenant pour point de départ la date de création du titre. Ex. : 1 mois de date : l'échéance est fixée à 1 mois à compter de la création du titre.

Délai de grâce *[Bq.]*

Délai accordé au débiteur par la loi ou le juge compte tenu de sa situation personnelle et des conditions économiques.

C. civ., art. 1244.

En droit cambiaire, tout délai de grâce est impossible sauf dans le cas de circonstances graves permettant au gouvernement de proroger les échéances et dans le cas de recours intenté avant l'échéance par un garant du titre.

Délai de présentation à l'acceptation *[Bq.]*

Délai parfois porté sur une lettre de change qui comporte une clause de présentation obligatoire à l'acceptation. Le point de départ de ce délai est la date de création de la lettre de change.

Délai de présentation au paiement *[Bq.]*

Délai fixé par le législateur et pendant lequel le porteur d'un effet de commerce ou d'un chèque doit le présenter au paiement pour conserver tous ses recours cambiaires, pouvant être ainsi qualifié de porteur diligent. Le point de départ de ce délai est la date de l'échéance. Ex. : pour le chèque (émis et payable en Métropole) le délai de présentation est de 8 jours.

Délai de vue *[Bq.]*

Délai fixant l'échéance d'un effet de commerce en prenant pour point de départ la date de la présentation du titre à l'acceptation (lettre de change) ou au paiement (billet à ordre). Ex. : 8 jours de vue : l'échéance est fixée à 8 jours à compter de la présentation du titre.

Délégation *[Bq.]*

Opération par laquelle un débiteur, le délégant, donne à son créancier, le délégataire, un autre débiteur, le délégué. La délégation est parfaite si le délégataire a expressément déchargé le délégant de son obligation; elle est imparfaite dans le cas contraire, le créancier ayant alors deux débiteurs ce qui constitue pour lui une garantie du paiement.

➢ *Sûreté personnelle.*

Délégation de marché *[Bq.]*

➢ *Nantissement de marché.*

Délégation imparfaite *[Bq.]*

➢ *Délégation.*

Délégation parfaite *[Bq.]*

➢ *Délégation.*

Délit de communication d'information privilégiée *[M. fin.]*

➢ *Communication d'information privilégiée.*

Délit de contrefaçon de chèque *[Bq.]*

➢ *Contrefaçon de chèque.*

Délit de falsification de chèque *[Bq.]*

➢ *Falsification de chèque.*

Délit de fractionnement des paiements par petits chèques *[Bq.]*

Infraction constituée par celui qui exige ou provoque pour le paiement d'une somme supérieure à 15 €, la remise d'un ou de plusieurs chèques, d'un montant inférieur ou égal à 15 €. Cette infraction à été créée depuis qu'en vertu de la loi du 3 janvier 1975 (désormais art. L. 131-82 C. mon. fin.), le banquier tiré ne peut refuser pour défaut de provision, de payer un chèque d'un montant inférieur ou égal à 15 €.

Délit de manipulation de cours *[M. fin.]*

➢ *Manipulation de cours.*

Délit d'émission de chèque sans provision *[Bq.]*

Avant 1992, délit constitué par celui qui avec l'intention de porter atteinte aux droits d'autrui, émettait un chèque sans provision préalable, suffisante et disponible. La loi du 30 décembre 1991 a supprimé ce délit.

Délit d'entrave au fonctionnement du marché *[M. fin.]*

➢ *Manipulation de cours.*

Délit d'information fausse ou trompeuse *[M. fin.]*

Délit qui vise toute personne qui aurait sciemment répandu dans le public par des voies et des moyens quelconques des informations fausses et trompeuses sur les perspectives ou la situation d'un émetteur dont les titres sont négociés sur un marché réglementé ou sur les perspectives d'évolution d'un instrument financier admis sur un marché réglementé, de nature à agir sur son cours. Contrairement au délit d'initié, l'incrimination de ce délit est plus large car il peut concerner « toute personne ».

➢ *Comp : Manipulation de cours.*

C. mon. fin., art. L. 465. 1 (anc. art. 10-1, Ord. 28 sept. 1967 mod.).

➢ *Délit d'initié.*

Délit d'initié *[M. fin.]*

Délit qui vise les dirigeants de certaines sociétés ainsi que toutes les personnes en relation professionnelle avec la société qui, détenant des informations privilégiées sur les perspectives ou la situation d'une société dont les titres sont négociés sur un marché réglementé ou sur les perspectives d'évolution d'un instrument financier admis sur un marché réglementé, auraient réalisé ou sciemment permis de réaliser, directement ou par personne interposée, une ou plusieurs opérations avant que le public n'en ait eu connaissance.

➢ *Comp : Communication d'information privilégiée, Manipulation de cours.*

C. mon. fin., art. 465-1 (anc. art. 10-1, Ord. 28 sept. 1967 mod.), C. com., art. L. 225-109 (anc. art. 162-1, L. 24 juill. 1966 sur les sociétés commerciales).

➢ *Initié.*

Delta *[M. fin.]*

L'un des paramètres utilisés par les opérateurs sur le marché des options négociables pour évaluer et gérer leur position. Le delta d'une position exprime l'incidence de la variation du cours du produit sous-jacent sur le prix de l'option. D'autres paramètres sont également utilisés comme le gamma qui mesure la variation du delta lorsque le cours du produit sous-jacent varie.

Demandé *[M. fin.]*

Mot indiquant que le titre concerné n'a pas pu être coté en raison de l'excès de demandes. Un cours indicatif est inscrit à la cote avec la mention D ou DE ou DM (la demande est sans contrepartie).

➢ *Contra : Offert.*

➢ *Cote officielle, Cours indicatif.*

Demande de prélèvement *[Bq.]*

Convention portant sur les modalités de paiement de créances à venir et aux termes de laquelle, le créancier est autorisé à en demander le paiement au banquier du débiteur sur présentation d'un document appelé avis de prélèvement. Par ailleurs, par une autorisation de prélèvement, le débiteur donne à son banquier, mandat de payer les avis de prélèvement qui lui seront présentés par ce créancier.

➢ *Avis de prélèvement. Autorisation de prélèvement, Convention de prélèvement.*

Démarchage de valeurs mobilières *[M. fin.]*

Fait de se rendre habituellement au domicile ou à la résidence des personnes ou sur leurs lieux de travail, ou dans des lieux publics, en vue de conseiller la souscription, l'achat, l'échange ou la vente de valeurs mobilières ou une participation à des opérations sur ces valeurs. Le démarchage n'est autorisé que dans certaines limites fixées par la loi.

C. mon. fin., art. 342-2 s.

➢ *Colportage de valeurs mobilières.*

Démarchage financier *[Bq.]*

➢ *Agent des marchés interbancaires, Colportage de valeurs mobilières, Démarchage de valeurs mobilières, Intermédiaire en opérations de banque.*

Dématérialisation *[M. fin.]*

Opération consistant à remplacer la représentation matérielle d'une valeur mobilière ou de tout autre instrument financier par une simple inscription dans un compte ouvert, au nom de son titulaire, chez l'émetteur (titre nominatif) ou chez un intermédiaire financier habilité (titre au porteur).

Depuis novembre 1984, les valeurs mobilières émises en France et soumises à la législation française (à l'exception des obligations et emprunts amortissables par tirage au sort et dont la date d'émission est antérieure à novembre 1984) sont dématérialisées. Les détenteurs de titres au porteur vif avaient jusqu'en mai 1988 pour en demander la dématérialisation.

➢ *Certificat représentatif de titre au porteur, Titre scriptural.*

Démembrement *[M. fin.]*

Technique utilisée sur le marché obligataire, parfois dénommée selon la terminologie anglo-saxonne *stripping*, et consistant à diviser une obligation en autant de titres qu'il y a d'échéance d'intérêts et de remboursement du capital. Les titres nés de ce démembrement correspondant à des obligations à coupon unique et peuvent faire l'objet d'une cotation.

➢ *Obligation à coupon unique.*

Déontologie *[M. fin.]*

Appellation donnée à l'ensemble des règles de bonne conduite prévues par la loi, les réglementations de marché ou

l'usage que doivent respecter les intermédiaires financiers, tant dans leur organisation interne que dans leurs relations avec leurs clients. Dans le jargon financier, on parle de *compliance*, terme anglo-saxon visant ces règles et usages.

Déplacé *[Bq.]*
➢ *Hors place.*

Déport *[M. fin.]*
➢ *Report.*

Déposant *[Bq.]*
Celui qui effectue un dépôt.

Déposit *[M. fin.]*
Expression synonyme de dépôt de garantie. Somme qui, sur un marché réglementé d'instruments financiers à terme, doit être constituée par un opérateur en garantie de la bonne fin de l'opération. Le montant du dépôt de garantie est fixé par la réglementation du marché et est fonction de la position prise par ledit opérateur.
➢ *Appel de marge.*

Dépositaire *[Bq.]*
Celui entre les mains duquel est effectué un dépôt.

Dépositaire central *[M. fin.]*
Société commerciale ayant principalement pour activité :

- d'enregistrer dans un compte spécifique l'intégralité des instruments financiers composant chaque émission admise à ses opérations;
- d'ouvrir des comptes courants aux teneurs de comptes-conservateurs, aux dépositaires centraux et aux établissements français et étrangers dont il a accepté l'adhésion dans les conditions fixées par ses règles de fonctionnement;
- d'assurer la circulation des instruments financiers par virement de compte à compte;
- de vérifier que le montant total de chaque émission admise à ses opérations est égal à la somme des instruments financiers enregistrés aux comptes des ses adhérents;
- de transmettre les informations nominatives relatives aux titulaires d'instruments financiers entre ses adhérents et les émetteurs;
- de vérifier en permanence que la quantité d'instruments financiers déposés chez lui est égale à la somme des instruments financiers enregistrés aux comptes de ses adhérents.

Un dépositaire central peut également gérer un système de règlement-livraison. Les conditions d'habilitation à la fonction de dépositaire central et de son exercice sont fixées par le Conseil des marchés financiers (art. 6-4-2 Régl. gén. CMF).

Dépositaire d'OPCVM *[M. fin.]*
Intermédiaire habilité qui a pour principale fonction de conserver les actifs des OPCVM et de contrôler la régularité des décisions de la SICAV et de la société de gestion FCP. L'arrêté du 6 septembre 1989 fixe une liste des personnes morales habilitées à remplir cette fonction.
➢ *OPCVM.*

Dépôt *[Bq.]*
Contrat par lequel une personne (le dépositaire) reçoit d'une autre personne (le déposant), une chose mobilière à charge de la garder et de la restituer au dépo-

sant ou à la personne désignée par celui-ci. Si la restitution peut avoir lieu à tout moment, sur simple demande de celui à qui elle doit être faite, le dépôt est à vue; si la restitution ne peut pas être demandée avant une certaine date, le dépôt est à terme.

Dépôt à terme *[Bq.]*

➢ *Dépôt.*

Dépôt à toute heure *[Bq.]*

➢ *Trésor de nuit.*

Dépôt à vue *[Bq.]*

➢ *Dépôt.*

Dépôt de bilan *[Bq.]*

Déclaration de cessation des paiements faite par un débiteur et qu'il dépose au greffe du tribunal compétent, avec certaines pièces comptables notamment son bilan (d'où l'expression). Cette déclaration saisit le tribunal en vue de l'ouverture d'une procédure de redressement ou de liquidation judiciaires dont le prononcé interviendra ultérieurement par jugement.

➢ *Cessation des paiements.*

Dépôt de fonds *[Bq.]*

➢ *Fonds reçus du public.*

Dépôt de garantie *[Bq. / M. fin.]*

Remise d'une somme d'argent, d'instruments financiers, d'effets de commerce ou de tout autre bien, pour garantir l'exécution d'une obligation à terme ou même éventuelle.

➢ *Chèque de garantie, Compte de garantie, Couverture, Déposit, Endossement pignoratif, Gage.*

Dérivé de crédit *[M. fin.]*

Instrument financier à terme négocié de gré à gré, généralement un contrat de *swap* ou d'option, permettant à l'une des parties à l'opération (l'acheteur de protection) d'obtenir une protection en cas de survenance de certains risques précisément identifiés (faillite, défaut de paiement, restructuration de la dette, etc.) à l'encontre d'une entité définie.

Dernier cours *[M. fin.]*

➢ *Cours de bourse, Cours de clôture.*

Désencadrement du crédit *[Bq.]*

Suspension des mesures d'encadrement du crédit.

➢ *Encadrement du crédit.*

Détachement du coupon *[M. fin.]*

Opération consistant pour le titulaire d'un instrument financier à exercer les droits qui découlent d'un coupon (distribution d'intérêts, de dividendes, d'actions gratuites, souscription d'actions).

➢ *Coupon, Coupon attaché, Ex-coupon, Feuille de coupons.*

Détenteur *[Bq.]*

Celui qui a une emprise matérielle sur une chose appartenant à son débiteur.

➢ *Comp : Rétenteur.*

➢ *Détention, Droit de rétention.*

Détention *[Bq.]*

Emprise matérielle qu'exerce un créancier sur une chose appartenant à son débiteur. Le droit de rétention suppose une détention.

➢ *Droit de rétention.*

Dette *[Bq.]*

Lien de droit entre un débiteur et son créancier. On parle également d'obligation. Dans un sens plus courant, le mot désigne la somme d'argent due par le débiteur au créancier.

➢ *Créance.*

« **Deutsche Terminbörse** » *[M. fin.]*

➢ *DTB, Eurex.*

Devise *[Bq.]*

Instrument de paiement libellé en monnaie étrangère.

Devise-titre *[M. fin.]*

Devise permettant, dans les pays qui ont adopté le système de la devise-titre, d'acheter les valeurs mobilières étrangères.

En effet, les résidents du pays considéré qui souhaitent acquérir des valeurs mobilières libellées en devise doivent obligatoirement se procurer cette devise auprès de résidents du même pays vendeurs de valeurs mobilières libellées dans la même devise. Le système fonctionnant en circuit fermé et la demande étant généralement plus importante que l'offre, une différence de cours va s'établir entre la devise-titre et la devise cotée sur le marché des changes; l'acheteur accepte par conséquent de payer cette différence appelée prime.

La devise-titre a été instituée en France en octobre 1981 et supprimée en mai 1986.

Différé *[Bq.]*

Partie du compte courant où sont portées les créances ne présentant pas encore les caractères nécessaires à leur paiement; lorsqu'elles réunissent ces caractères, elles sont passées au disponible.

➢ *Compte-courant, Compte d'encaissement, Disponible.*

Différé d'amortissement *[Bq.]*

Lors d'un emprunt dont le remboursement est prévu de façon échelonnée, convention prévoyant que la première échéance n'interviendra qu'après une certaine période.

➢ *Amortissement d'un emprunt.*

Différentiel *[M. fin.]*

➢ *Négociation à règlement immédiat.*

Discussion *[Bq.]*

➢ *Bénéfice de discussion.*

Discuter *[Bq.]*

Faire saisir et vendre les biens du débiteur.

➢ *Bénéfice de discussion.*

Dispense de protêt *[Bq.]*

➢ *Clause sans protêt.*

Dispense de référence *[Bq.]*

Régime qui, en matière de mobilisation de créances nées à court terme sur l'étranger, permet à l'exportateur dans certaines conditions relatives à la nature et la durée de ses créances, de les mobiliser globalement auprès de son banquier, sans avoir à indiquer pour chacune d'entre elles, les mentions qui sont normalement exigées.

➢ *Créance née, Crédit de mobilisation de créances nées sur l'étranger, Effet de mobilisation, Effet secondaire.*

Disponible *[Bq.]*

Partie du compte courant où sont portées les créances présentant les caractères nécessaires à leur paiement. Celles qui ne réunissent pas encore ces caractères, sont inscrites en attendant, au différé.

➢ *Compte-courant, Différé.*

Distributeur automatique de billets (DAB) *[Bq.]*

Ordinateur placé dans un lieu public (souvent en façade d'une banque) et permettant à un client grâce à l'utilisation d'une carte magnétique et d'un code confidentiel individuel, de retirer dans la limite d'un plafond hebdomadaire, des sommes qui seront ensuite portées au débit de son compte. Contrairement au guichet automatique de banque, le DAB est un système qui n'est pas directement relié au compte du client : on dit que c'est un système *off line*.

Distributeur automatique de monnaie (DAM) *[Bq.]*

Ordinateur (généralement complémentaire d'un distributeur automatique de billets ou d'un guichet automatique de banque) permettant à un client, grâce à l'utilisation d'une carte magnétique et d'un code confidentiel, de retirer dans la limite d'un plafond hebdomadaire, des pièces de monnaie (en rouleaux) dont le montant sera porté au débit de son compte.

Distribution par contribution *[Bq.]*

En l'absence de créanciers privilégiés ou hypothécaires, répartition entre les créanciers chirographaires à proportion de leur créance respective, des deniers provenant d'une saisie de biens de leur débiteur, lorsque le montant de ces deniers rend impossible un paiement intégral de chacun.

➢ *Comp : Procédure d'ordre.*

➢ *Au marc le franc.*

Dividende *[M. fin.]*

Part des bénéfices distribuables qu'une société distribue à chacun des actionnaires.

➢ *Coupon, Intérêts.*

Division *[Bq.]*

➢ *Bénéfice de division.*

DM *[M. fin.]*

➢ *Demandé.*

Documents *[Bq.]*

Ensemble des écrits (connaissement, police d'assurance, facture, certificat d'origine…) concernant une marchandise qu'ils représentent et donnant ainsi à leur porteur un droit sur cette marchandise.

➢ *Crédit documentaire, Encaissement documentaire, Escompte documentaire, Traite documentaire.*

Documents contre acceptation (D/A) *[Bq.]*

➢ *Clause contre documents, Encaissement documentaire.*

Documents contre paiement (D/P) *[Bq.]*

➢ *Clause contre documents, Encaissement documentaire.*

Document de référence *[M. fin.]*

Document normalisé élaboré par les émetteurs d'instruments financiers aux fins de respecter leurs obligations d'information vis-à-vis de la COB. Ce document est établi et déposé à la COB tous les ans, dans les deux mois qui suivent l'arrêté des comptes annuels. Il

peut prendre deux formes : un document spécifique ou le rapport annuel. Quelle que soit sa forme, il doit reprendre les principaux renseignements concernant l'émetteur tels qu'ils figurent dans le prospectus.
➢ *Note d'information, Prospectus.*

Documentaire *[Bq.]*
➢ *Clause contre documents, Crédit documentaire, Documents, Encaissement documentaire, Escompte documentaire, Traite documentaire.*

Domiciliataire *[Bq.]*
Personne autre que le tiré (lettre de change) ou que le souscripteur (billet à ordre) au domicile de laquelle l'effet de commerce devra être présenté au paiement. Le domiciliataire agit comme mandataire. C'est généralement un banquier, désigné par le tiré ou le souscripteur, et appelé banquier domiciliataire.
➢ *Clause de domiciliation, Domiciliation.*

Domiciliation *[Bq.]*
Opération consistant par une mention porté sur un effet de commerce, à le rendre payable chez un tiers, le domiciliataire, et non chez le tiré (lettre de change) ou le souscripteur (billet à ordre).
➢ *Clause de domiciliation, Domiciliataire.*

Domiciliation bancaire *[Bq.]*
Domiciliation désignant un établissement de crédit ou assimilé, comme domiciliataire. Une domiciliation est le plus souvent bancaire pour des raisons de commodités évidentes.
➢ *Banquier domiciliataire, Domiciliaire.*

Donneur d'av al *[Bq.]*
➢ *Avaliste.*

Donneur d'ordres *[M. fin.]*
Nom donné au client d'un intermédiaire, membre d'un marché réglementé d'instruments financiers qui donne à cet intermédiaire des ordres de bourse à charge pour ce dernier de les transmettre pour exécution sur le marché.

Double tirage *[Bq.]*
➢ *Ducroire de banque.*

« Dow-Jones » des valeurs industrielles *[M. fin.]*
Indice du *New York Stock Exchange* établi à partir des cours de certaines valeurs. Il existe depuis 1891. D'autres indices sont également utilisés : le *Standard and Poor's* notamment.

DP (Documents contre paiement) *[Bq.]*
➢ *Clause contre documents, Encaissement documentaire.*

Droit attaché *[M. fin.]*
Expression qui signifie que l'action concernée est traitée de telle sorte que son titulaire aura le droit de participer à l'attribution gratuite ou à la souscription annoncée.
➢ *Contra : Ex-droit.*
➢ *Comp : Coupon attaché.*
➢ *Droit d'attribution, Droit de souscription.*

Droit cambiaire *[Bq.]*
Branche du droit relative aux effets de commerce.
➢ *Obligation cambiaire, Rapport cambiaire.*

Droit d'attribution *[M. fin.]*
Droit négociable attaché à chaque action lors d'une attribution gratuite d'actions. Le cours des droits d'attribution des dif-

férentes valeurs cotées est publié, après chaque séance de Bourse, dans le Bulletin de la cote à la rubrique cote des droits.
➢ *Bulletin de la cote, Cote des droits.*

Droit de courtage *[M. fin.]*
➢ *Courtage.*

Droit de créance *[Bq.]*
Droit pour une personne (le créancier) d'exiger d'une autre (le débiteur) l'exécution d'une obligation : prestation de services, livraison de marchandises, versement d'une somme d'argent etc. On oppose le droit de créance appelé également droit personnel, qui est un droit contre une personne, au droit réel qui est un droit sur une chose (du latin *res* : la chose).

Droit de préférence *[Bq.]*
Droit pour un créancier muni d'une sûreté réelle, d'être payé avant les autres, sur le prix de vente du bien garantissant sa créance.
➢ *Comp : Droit de suite.*
➢ *Procédure d'ordre.*

Droit de rétention *[Bq.]*
Droit pour le créancier d'une somme d'argent de refuser de se dessaisir d'une chose mobilière ou immobilière appartenant à son débiteur, tant qu'il n'a pas été intégralement payé. Le droit de rétention est opposable à quiconque, y compris aux autres créanciers même privilégiés de son débiteur et au tiers acquéreur du bien. Le créancier ne peut cependant se prévaloir d'un droit de rétention que s'il existe un lien entre la chose et la créance (connexité objective) ou entre la chose et la détention (connexité subjective). Pour être rétenteur, le créancier doit également être détenteur, c'est-à-dire avoir une emprise matérielle sur la chose.

Droit de souscription *[M. fin.]*
Droit négociable représentant la priorité de souscription de l'actionnaire lors d'une augmentation de capital. On parle également de droit préférentiel de souscription. Le cours des droits de souscription des différentes valeurs cotées, est publié après chaque séance de bourse dans le Bulletin de la cote à la rubrique cote des droits.
➢ *Bulletin de la cote, Cote des droits.*

D

Droit de suite *[Bq.]*
Droit pour un créancier titulaire d'une hypothèque simple ou privilégiée, de saisir et vendre l'immeuble garantissant le paiement de sa créance, en quelque main qu'il se trouve y compris entre les mains d'un tiers acquéreur.
➢ *Droit de préférence.*

Droit détaché *[M. fin.]*
➢ *Ex-droit.*

Droit préférentiel de souscription *[M. fin.]*
➢ *Droit de souscription.*

Droit réel *[Bq.]*
Droit sur une chose (du latin *res* : la chose). Sont notamment des droits réels, le droit de propriété, l'usufruit, la nue-propriété, certaines sûretés.
➢ *Comp : Droit de créance.*

Droits à titre indemnitaire (DTI) *[M. fin.]*
Appellation donnée aux anciennes actions des sociétés nationalisées en

1982 avant d'être échangées contre les obligations indemnitaires.

➢ *Obligations indemnitaires.*

DTB (« **Deutsche Terminbörse** ») *[M. fin.]*

Marché des futurs créé à Francfort en 1990. En mai 1998, il a fusionné avec la Soffex suisse, pour donner naissance au marché à terme Eurex.

➢ *Comp : CBOT, CME, LIFFE, Matif, NYFE, Simex.*

➢ *Marché des futurs.*

DTI *[M. fin.]*

➢ *Droits à titre indemnitaire.*

Ducroire de banque *[Bq.]*

Opération par laquelle un banquier garantit un vendeur contre l'insolvabilité d'un acquéreur par des techniques du droit cambiaire; c'est une des formes du crédit par signature, l'acquéreur pouvant ainsi obtenir un crédit de son vendeur.

Il existe plusieurs variétés de ducroire de banque : par exemple, le banquier escompteur d'une lettre de change se porte avaliste de l'acquéreur qui en est le tiré : le banquier se prive ainsi de tout recours contre le tireur non fautif. Ou encore, le banquier escompteur déclare faire forfait de la signature du tiré. Par ce forfait d'escompte, le banquier renonce à tout recours contre le tireur non fautif. Dans le ducroire par double tirage, le banquier escompteur d'une première lettre de change acceptée par l'acquéreur et créée par le vendeur, en accepte une seconde tirée sur lui et également créée par le vendeur et renonce à tout recours contre ce vendeur.

➢ *Crédit par signature.*

Ducroire par double tirage *[Bq.]*

➢ *Ducroire de banque.*

Duplicata *[Bq. / M. fin.]*

Deuxième exemplaire d'un effet de commerce ou d'une valeur mobilière matérialisée que peut se faire établir dans des conditions fixées par la loi, celui qui en a été dépossédé par perte ou vol.

➢ *Opposition au paiement, Opposition sur valeurs mobilières.*

EASDAQ (« **European Association of Securities Dealers Automated Quotations** ») *[M. fin.]*

Marché réglementé européen de droit belge, créé en 1996 et dont les règles d'organisation s'inspirent de celles du NASDAQ américain. L'EASDAQ s'adresse aux entreprises à forte croissance, positionnées sur des créneaux de haute technologie et qui ont des ambitions internationales. Sur ce marché, les entreprises peuvent être cotées dans la devise de leur choix, y compris le dollar.

➢ *Comp : NASDAQ, Nouveau Marché.*

Écart *[Bq.]*

➢ *Place d'écart.*

[M. fin.] Opération d'arbitrage effectuée sur des contrats à terme ou des options négociables et par laquelle un opérateur achète et vend simultanément la même quantité d'un contrat sur deux échéances différentes ou sur des prix d'exercice différents. On parle également d'opération liée ou jumelée ou, dans la terminologie anglo-saxonne, de *spread*.

Chaque écart correspond à une stratégie précise de l'investisseur.

➢ *Mots suivants.*

Écart calendaire *[M. fin.]*

➢ *Écart horizontal.*

Écart de signature *[Bq.]*

➢ *Signature écartée.*

Écart diagonal *[M. fin.]*

Écart constitué d'options ayant des échéances différentes et des prix d'exercice différents.

Écart en papillon *[M. fin.]*

Écart constitué d'une option dont le prix d'exercice est en dedans, de deux options dont le prix d'exercice est à parité et d'une option dont le prix d'exercice est en dehors. La représentation graphique de cet écart peut faire penser aux ailes d'un papillon. Dans la terminologie anglo-saxonne, on parle de *butterfly*.

Il existe une variante du papillon appelée le condor ; cet écart suppose également quatre option mais les quatre prix d'exercice sont différents. Exemple : deux en dehors (mais pas les mêmes), un à parité et un en dedans.

➢ *Prix d'exercice.*

Écart horizontal *[M. fin.]*

Écart constitué d'options ayant le même prix d'exercice mais des échéances différentes. On parle aussi d'écart calendaire et dans la terminologie anglo-saxonne de *calendar spread*.

Écart vertical *[M. fin.]*

Écart constitué d'options ayant la même échéance mais des prix d'exercice différents.

E

Échange image chèque (EIC) *[Bq.]*

Système de compensation électronique des chèques mis en place en France depuis le 26 mars 2001. Les images-chèques créées par la banque du bénéficiaire (banque remettante), sont adressés pour règlement à la banque tirée par l'intermédiaire du Système interbancaire de télécompensation. Le chèque physique est archivé chez la banque remettante pour le compte de la banque tirée. Ce chèque est dit non circulant. Fin 2002, 98 % des chèques seront ainsi traités.

➢ *Comp : Chèque circulant.*

➢ *Image chèque.*

Échéance *[Bq.]*

Date à laquelle le paiement doit être effectué.

➢ *Créance exigible.*

Échelle d'intérêts *[Bq.]*

Tableau par dates de valeur, des opérations d'un compte portant intérêt, qui permet d'établir le solde créditeur ou débiteur entre ces dates de valeur et de calculer ensuite les intérêts dus.

Échelon de cotation *[M. fin.]*

Souvent appelé *tick* (terminaison anglo-saxonne), c'est l'écart minimum, fixé sur un marché réglementé, pouvant exister entre deux cours. Par exemple, si le *tick* est de 0,01 euro, le cours pourra passer de 50 euro à 50,01 euro, mais s'il est de 0,1 euro, le cours devra passer de 50 euro à 50,1 euro.

Écu (« European currency unit ») *[Bq.]*

Avant 1999, unité monétaire européenne établie quotidiennement à partir des cours des différentes monnaies des États membres de la Communauté européenne. C'était un panier de monnaies. Depuis le 1er janvier 1999, date du passage à la monnaie unique, l'écu n'existe plus et un écu a été remplacé par un euro.

EDR *[M. fin.]*

➢ *« European Depositary Receipt ».*

Effet *[Bq.]*

Effet de commerce ou plus généralement titre constatant une créance.

Effet bancable *[Bq.]*

➢ *Titre bancable.*

Effet brûlant *[Bq.]*

Effet de commerce qui arrive très prochainement à échéance.

Effet commercial *[Bq.]*

Catégorie d'effet de commerce constatant une créance née d'une livraison de marchandises ou d'une prestation de services et qu'on oppose à l'effet financier.

➢ *Effet de commerce, Effet financier, Papier de consommation.*

Effet de cautionnement *[Bq.]*

Effet financier créé dans le but de fournir à un prêteur, la garantie d'un tiers, en général un banquier, qui intervient comme caution en apposant sa signature sur le titre.

➢ *Cautionnement bancaire, Crédit par signature, Effet de commerce, Effet financier.*

Effet de cavalerie *[Bq.]*

➢ *Effet de complaisance.*

Effet de commerce *[Bq.]*

Titre négociable constatant, au profit d'un porteur, une créance de somme d'argent à court terme. La lettre de change, le billet à ordre et le warrant sont des effets de commerce. On distingue les effets commerciaux constatant une créance née d'une livraison de marchandises ou d'une prestation de services, et les effets financiers liés à des opérations bancaires ou financières.

➢ *Billet à ordre, Effet financier, Lettre de change, Warrant.*

Effet de complaisance *[Bq.]*

Effet créé pour réaliser une escroquerie à l'escompte : le complaisant qui s'engage par sa signature à payer l'effet, n'a pas en réalité, l'intention de décaisser effectivement les sommes dues, le complu lui promettant de lui remettre avant l'échéance, les fonds nécessaires pour payer celui qui présentera le titre. Pour cela, le complu est d'ailleurs souvent obligé de créer un nouvel effet dans les mêmes conditions et ainsi de suite : on parle alors d'effets de cavalerie, de traites de cavalerie, de papier de cavalerie et plus généralement de cavalerie.

Par ailleurs, il arrive que plusieurs effets soient créés en sens opposé, chacun des signataires étant respectivement complaisant et complu; on parle alors d'effets croisés.

➢ *Acceptation de complaisance, Effets croisés.*

Effets de mobilisation (ou billet de mobilisation) *[Bq.]*

Effet financier créé lors de la mobilisation d'un crédit, et qui permettra à l'organisme mobilisateur de se refinancer à son tour, si besoin. Un effet représentant plusieurs crédits peut être créé; un tel effet est alors appelée effet global, billet global et parfois effet secondaire s'il représente des créances elles-mêmes déjà constatées par des effets (effets primaires).

➢ *Dispense de référence, Effet de commerce, Effet financier, Mobilisation.*

Effet d'entonnoir *[M. fin.]*

Expression employée dans la pratique boursière lorsque les demandes sont plus importantes que les offres et que dès lors, certaines ne pourront pas être satisfaites ou ne le seront que partiellement. Par exemple, on constate un effet d'entonnoir lors d'une introduction sur le second marché quand le nombre de titres demandés est plus grand que le nombre de titres mis à la disposition du public.

Effet de levier *[M. fin.]*

Mesure du gain espéré d'une opération financière par rapport à l'investissement de base. Dans la pratique, on parle d'opération à effet de levier.

Effet de règlement du compte courant *[Bq.]*

➢ *Effet novatoire du compte courant.*

Effet de renouvellement *[Bq.]*

Effet émis pour remplacer un précédent effet qui est retiré de la circulation conformément à une convention de renouvellement prévue par les parties lorsque la créance portait une échéance trop éloignée. Dans le but d'assurer une meilleure mobilisation de cette créance, des effets successifs à court terme sont ainsi émis.

➢ *Convention de renouvellement.*

E

Effet d'ouverture de crédit *[Bq.]*

Effet financier créé pour représenter le crédit qu'un banquier consent à son client.

➢ *Effet de commerce, Effet de mobilisation, Effet financier.*

Effet en nourrice *[Bq.]*

Titre que le porteur ne négocie pas et qu'il conserve donc jusqu'à l'échéance. On dit qu'il nourrit l'effet.

Effet en pension *[Bq.]*

Titre sur lequel une opération de pension est effectuée.

➢ *Pension.*

Effet en souffrance *[Bq.]*

Nom donné en pratique à l'effet qui ayant été escompté n'a pas été payé à l'échéance, mais que le banquier escompteur n'a pas voulu contre-passer aussitôt sur le compte de son client remettant, afin de conserver l'effet et les garanties qui y sont attachées. Le montant de l'effet en souffrance est inscrit à un compte spécial.

➢ *Compte courant, Contre-passation, Escompte.*

Effet fictif *[Bq.]*

Lettre de change dont le tiré est une personne imaginaire. On dit qu'il y a tirage fictif ou tirage en l'air. On parle également de papier creux.

➢ *Comp : Effet de complaisance.*

Effet financier (ou papier financier) *[Bq.]*

Catégorie d'effet de commerce constatant une créance née à l'occasion d'une opération bancaire ou financière et qu'on oppose à l'effet commercial. Il existe plusieurs types d'effets financiers : effet de cautionnement, effet d'ouverture de crédit, effet de mobilisation notamment.

➢ *Crédit par signature, Effet commercial, Effet de cautionnement, Effet de commerce, Effet de mobilisation, Effet d'ouverture de crédit.*

Effet global *[Bq.]*

➢ *Effet de mobilisation.*

Effet novatoire du compte courant *[Bq.]*

Principe qui, selon la théorie classique, permet d'expliquer l'extinction d'une créance inscrite en compte courant : il y aurait disparition de la créance et apparition d'un article du compte. La créance serait ainsi novée. Dans la doctrine moderne, certains auteurs préfèrent voir dans cette extinction, la fusion d'une créance dans une autre (le solde) : repoussant cette terminologie classique, ils parlent d'effet de règlement du compte courant.

➢ *Compte courant, Généralité du compte courant, Indivisibilité du compte courant, Novation, Réciprocité des remises.*

Effet primaire *[Bq.]*

Dénomination que l'on donne à un effet que l'on veut opposer à un effet secondaire.

➢ *Effet secondaire.*

Effet privé *[Bq. / M. fin.]*

Par opposition à l'effet public, effet qui n'est pas émis par l'État ou une collectivité publique. On distingue traditionnellement :

- les effets privés de première catégorie qui sont éligibles aux opérations de la Banque de France. Il s'agit d'effets financiers répondant à certaines conditions fixées par la Banque de France;

- les effets de seconde catégorie parmi lesquels notamment les effets de commerce.

➢ *Éligibilité.*

Effet public *[Bq. / M. fin.]*

Titre négociable émis par l'État, ou une collectivité publique ou semi-publique.

Effet rejeté *[Bq.]*

Effet qui est retourné au banquier présentateur par le banquier domiciliataire qui en a refusé le paiement.

Effets croisés *[Bq.]*

Effets de complaisance faisant intervenir deux tireurs complices qui émettent respectivement un titre au profit de l'autre dans la seule intention de le faire escompter et d'obtenir ainsi frauduleusement un crédit ne reposant sur aucune opération commerciale ou financière.

➢ *Effet de complaisance.*

Effet secondaire *[Bq.]*

Effet créé lors d'une mobilisation et qui représente plusieurs effets dès lors appelés effets primaires. L'effet secondaire est également appelé effet global.

➢ *Effet de mobilisation, Mobilisation.*

Effritement des cours *[M. fin.]*

➢ *Baisse.*

EIC *[Bq.]*

➢ *Échange image chèque.*

Élasticité *[M. fin.]*

Qualité d'un instrument financier dont les cours subissent des variations fréquentes.

Éligibilité *[Bq.]*

Qualité d'un titre, effet ou créance (actif éligible) ou d'un établissement de crédit (contrepartie éligible) que la Banque centrale européenne admet à ses opérations de politique monétaire lorsqu'elle intervient sur le marché interbancaire.

➢ *Facilité de dépôt, Facilité de prêt marginal, « Open market », Politique monétaire unique.*

Embouche *[Bq.]*

➢ *Crédit d'embouche.*

Émiettage *[M. fin.]*

➢ *Émietter.*

Émietter *[M. fin.]*

Vendre progressivement la quantité importante d'une même valeur que l'on détient et que l'on ne veut plus conserver.

➢ *Contra : Ramasser.*

Émission *[Bq. / M. fin.]*

Création et mise en circulation de monnaie, d'effets de commerce, de chèques, de valeurs mobilières et de tout autre titre.

➢ *Comp : Tirage.*

Émission à warrant *[M. fin.]*

Expression que la pratique emploie pour désigner l'émission d'obligations avec bon de souscription d'action ou d'obligation.

➢ *Obligation avec bon de souscription d'action, Obligation avec bon de souscription d'obligation.*

Émission de chèque sans provision *[Bq.]*

➢ *Délit d'émission de chèque sans provision.*

E

E

Emprunt *[Bq.]*

Dette contractée par un débiteur lorsqu'un prêt lui est consenti.

[M. fin.] Dette contractée par l'État, une collectivité publique ou toute entreprise publique ou privée lors de l'émission de titres (bons du Trésor, obligations…) représentant pour ceux qui les souscrivent, le droit de percevoir des intérêts de la somme qu'ils ont ainsi prêtée et d'en être remboursés.

Emprunt à fenêtres *[M. fin.]*

Emprunt (généralement de longue durée) comportant la possibilité d'un remboursement anticipé soit à la demande du prêteur, soit à la demande de l'emprunteur, à des dates et conditions prédéterminées. On parle également d'emprunt avec sorties optionnelles.

Emprunt avec sorties optionnelles *[M. fin.]*

➢ *Emprunt à fenêtres.*

Emprunt à warrant *[M. fin.]*

➢ *Émission à warrant.*

Emprunt « bull and bear » *[M. fin.]*

Emprunt présentant la caractéristique d'être composé de deux tranches égales d'obligations dont la valeur de remboursement varie en fonction d'une même référence (indice, par exemple), mais en sens opposé : pour l'une, la tranche *bull*, la valeur de remboursement augmente si l'indice de référence augmente; pour l'autre, la tranche *bear*, cette valeur augmente si l'indice de référence diminue. Ce type d'emprunt est également appelé Ésope.

Emprunt euro-notionnel *[M. fin.]*

➢ *Contrat sur l'emprunt euro-notionnel.*

Emprunt livrable *[M. fin.]*

➢ *Gisement.*

Emprunt notionnel *[M. fin.]*

➢ *Contrat sur l'emprunt euro-notionnel.*

Emprunt obligataire *[Bq. / M. fin.]*

Emprunt contracté par l'émission d'obligations.

Emprunt « shushi » *[Bq. / M. fin.]*

Dans le jargon financier, expression désignant sur le marché des emprunts internationaux, l'emprunt destiné à être placé auprès d'investissements japonais, le *shushi* étant un plat de poisson très populaire au Japon.

Emprunt synonyme *[M. fin.]*

➢ *Gisement.*

Encadrement du crédit *[Bq.]*

D'une façon générale, ensemble des mesures prises par les autorités monétaires et financières pour maîtriser le montant des crédits accordés par les établissements de crédit à leur clientèle, notamment en limitant sur une certaine période, la progression de ces crédits. On parle de politique d'encadrement du crédit ou de désencadrement du crédit selon que de telles mesures sont adoptées ou suspendues. Depuis 1987, ce contrôle quantitatif du crédit avait été abandonné en France au profit d'une action sur les taux du marché monétaire que pratique désormais la Banque centrale européenne.

Encaisse *[Bq.]*

Quantité de monnaie prête à être utilisée dont on dispose.

Encaissement *[Bq.]*

➢ *Remise à l'encaissement.*

Encaissement documentaire *[Bq.]*

Opération par laquelle le vendeur, tireur d'une lettre de change (traite documentaire) la remet à son banquier accompagnée de divers documents représentant les marchandises, avec mandat de la présenter au tiré en général un acheteur étranger ou son banquier pour qu'il l'accepte (documents contre acceptation) ou qu'il la paie (documents contre paiement), contre remise de ces documents.

➢ *Comp : Escompte documentaire.*

➢ *Crédit documentaire, Traite documentaire.*

Encours bancaires *[Bq.]*

Volume total des crédits accordés par les établissements de crédit à un moment donné.

En dedans *[M. fin.]*

➢ *Prix d'exercice.*

En dehors *[M. fin.]*

➢ *Prix d'exercice.*

Endos *[Bq.]*

Signature apposée au dos d'un titre à ordre par son porteur qui ainsi en réalise l'endossement.

➢ *Endossataire, Endossement, Endosseur, Titre à ordre.*

Endossataire *[Bq.]*

Celui au profit duquel un endossement est effectué.

➢ *Endossement, Endossement au porteur, Endossement en blanc, Endosseur.*

Endossement *[Bq.]*

Mode de transmission des titres à ordre. Il est réalisé par une signature apposée au dos du titre, par le porteur appelé endosseur. L'endossataire, bénéficiaire de l'endossement, peut être désigné ; s'il ne l'est pas, l'endossement peut être au porteur ou en blanc. Les effets de l'endossement varient selon la nature de l'endossement : endossement translatif, endossement de procuration, endossement pignoratif.

➢ *Endos, Endossement de procuration, Endossement pignoratif, Endossement translatif, Titre à ordre.*

E

Endossement au porteur *[Bq.]*

Endossement fait au profit de toute personne qui sera porteur du titre.

➢ *Endossement.*

Endossement biffé *[Bq.]*

Endossement raturé. L'endossement biffé est réputé non écrit.

C. com., art. 511-11 (anc. art. 120).

Endossement de procuration *[Bq.]*

Endossement qui emporte pour l'endossataire l'obligation de présenter le titre au paiement pour le compte de l'endosseur qui lui en a donné mandat.

➢ *Comp : Endossement pignoratif, Endossement translatif.*

➢ *Endossement, Valeur pour encaissement.*

Endossement en blanc *[Bq.]*

Endossement fait sans désignation du bénéficiaire. Le porteur en est donc endossataire.

➢ *Endossement.*

E

Endossement pignoratif *[Bq.]*

Endossement qui confère à l'endossataire un droit de gage sur le titre remis par l'endosseur.

➢ *Comp : Endossement de procuration, Endossement translatif.*

➢ *Endossement, Valeur en gage.*

Endossement translatif *[Bq.]*

Endossement qui transfert à l'endossataire tous les droits résultant du titre endossé.

➢ *Comp : Endossement de procuration, Endossement pignoratif.*

➢ *Endossement.*

Endosseur *[Bq.]*

Celui qui effectue un endossement.

➢ *Endos, Endossataire, Endossement.*

Engagement abstrait *[Bq.]*

Engagement détaché de toute idée de cause et qui découle de la seule signature de l'obligé. Le tiré accepteur d'une lettre de change contracte un engagement abstrait envers le porteur de bonne foi.

➢ *Papier-valeur.*

Engagement cambiaire *[Bq.]*

Engagement qui résulte d'un effet de commerce.

➢ *Rapport cambiaire.*

Engagement conditionnel *[M. fin.]*

Toute opération à terme qui comporte un choix à l'échéance.

➢ *Marché à terme conditionnel.*

Engagement de garantie *[Bq.]*

Gage sans dépossession que peut constituer sur ses récoltes, un producteur de vin auquel un prêt est accordé. Ce gage fait l'objet d'une inscription auprès de l'administration des contributions indirectes.

➢ *Gage sans dépossession.*

Engagement d'épargne *[Bq.]*

Engagement par lequel on s'oblige à effectuer en une ou plusieurs fois, un versement d'un montant déterminé qui est affecté à la constitution d'un portefeuille de valeurs mobilières.

Engagement par signature *[Bq.]*

➢ *Crédit par signature.*

Entiercement *[Bq.]*

➢ *Gage par entiercement.*

Entrave au fonctionnement du marché *[M. fin.]*

➢ *Manipulation de cours.*

Entreprise de marché *[M. fin.]*

Appellation donnée par la loi du 2 juillet 1996 (maintenant codifiée dans le code monétaire et financier), aux sociétés commerciales, comme par exemple Euronext Paris, dont l'activité principale est d'assurer le fonctionnement d'un marché réglementé d'instruments financiers (C. mon. fin., art. L. 441-1).

Une entreprise de marché peut gérer une ou plusieurs chambres de compensation et doit alors avoir, selon la législation française, le statut d'établissement de crédit : c'est ainsi qu'Euronext Paris a été agréée dans la catégorie des institutions financières spécialisées par le CECEI. (C. mon. fin., art. L. 442-1).

L'entreprise de marché établit les règles du marché concerné, celles-ci devant être approuvées par le Conseil des marchés financiers (conditions d'accès au marché et d'admission à la cotation, organisation des transactions ou encore enregistrement et publicité des négociations).

➢ *Euronext Paris, ParisBourse SA, Société des bourses françaises.*

Entreprise d'investissement *[M. fin.]*

Aux termes de la loi du 2 juillet 1996 (maintenant codifiée dans le Code monétaire et financier), personne morale, autre qu'un établissement de crédit, agréée par le Comité des établissements de crédit et des entreprises d'investissement et qui en fonction de l'approbation de son ou ses programmes d'activité délivrée par le Conseil des marchés financiers peut fournir, à titre de profession habituelle, un ou plusieurs services d'investissement et un ou plusieurs services connexes. Les sociétés de gestion de portefeuilles sont des entreprises d'investissement agréées par la Commission des opérations de bourse (COB). Le programme d'activité de gestion de portefeuilles pour compte de tiers de tout prestataire de services d'investissement est approuvé par la COB.

➢ *Prestataire de services d'investissements, Service d'investissement.*

Eonia (« **Euro Overnight Index Average** ») *[Bq.]*

Également appelé en français Tempé (Taux moyen pondéré en euro), taux résultant de la moyenne des taux sur le marché interbancaire de l'euro, avec une pondération par les volumes traités. Calculé quotidiennement par la Banque centrale européenne à partir d'un échanillon d'établissements de crédit les plus actifs, il est diffusé par la Fédération bancaire de l'Union européenne.

Depuis le 4 janvier 1999, il a remplacé en France le taux moyen pondéré (TMP) (arr. 10 nov. 1998).

➢ *Marché interbancaire.*

Épargne *[Bq.]*

Fraction du revenu qui n'est pas affecté à la consommation immédiate.

➢ *Caisse d'épargne, Engagement d'épargne, Épargne logement, Livret d'épargne, Livret d'épargne populaire.*

Épargne-logement *[Bq.]*

Technique voisine de celle du crédit différé et tendant à encourager l'épargne en faveur de la construction, l'épargnant pouvant bénéficier de prêts, destinés à l'habitat, à des taux et conditions privilégiés, à l'issue d'une période contractuelle pendant laquelle il effectue des versements à un compte ouvert à cet effet et appelé compte d'épargne-logement ou plan d'épargne-logement, selon ses différentes modalités.

Escompte *[Bq.]*

Opération de crédit à court terme par laquelle un banquier appelé banquier escompteur, paie le montant d'un effet de commerce à son client qui en est porteur et qui le lui remet en contrepartie. Le banquier prélève sur ce montant, une somme elle-même appelée escompte, correspondant aux intérêts à courir jusqu'à l'échéance et certaines commissions. L'ensemble de ces intérêts et commissions est appelé agio d'escompte.

➢ *Convention d'escompte.*

Escompte à forfait *[Bq.]*

Opération d'escompte dans laquelle le banquier escompteur renonce à tout recours contre le remettant en cas de défaillance du tiers débiteur de l'effet. On parle également de forfaitage.

➢ *Clause sans garantie, Ducroire de banque.*

Escompte de coupons *[Bq. / M. fin.]*

Opération par laquelle le banquier paie le montant des coupons d'une valeur mobilière avant leur échéance et sous réserve d'une commission.

Escompte documentaire *[Bq.]*

Escompte d'une traite documentaire.

➢ *Comp : Encaissement documentaire.*

➢ *Crédit documentaire.*

Escompte en compte *[Bq.]*

Expression désignant couramment la pratique par laquelle le banquier qui a reçu des titres à l'encaissement (effets de commerce ou chèques), autorise son client remettant, à disposer de leur montant sans attendre leur échéance. Il y a découvert garanti par des effets pris à l'encaissement.

➢ *Comp : Avance sur effet à encaisser.*

Escompte en pension *[Bq.]*

Escompte comportant une clause (clause de retrait) autorisant le remettant à demander à l'escompteur la restitution des effets escomptés si au terme fixé, il les lui rembourse.

Escompte fournisseur *[Bq.]*

➢ *Escompte indirect.*

Escompte indirect *[Bq.]*

Escompte d'un effet de commerce réalisé par l'intermédiaire du tiré pour le compte du tireur. Cette forme d'escompte appelée en pratique escompte fournisseur, est utile dans le cas ou le tiré peut obtenir du banquier escompteur de meilleures conditions que le tireur. L'effet ainsi escompté est alors appelé papier fournisseur.

Escompte par caisse *[Bq.]*

Opération d'escompte ponctuelle par opposition au crédit d'escompte.

➢ *Crédit d'escompte, Escompte.*

Ésope *[M. fin.]*

➢ *Emprunt « bull and bear ».*

Espèces *[Bq.]*

Terme souvent utilisé en pratique pour désigner la monnaie fiduciaire et la monnaie de billon par opposition à la monnaie scripturale.

Établissement de crédit *[Bq.]*

Selon la définition du droit français, un établissement de crédit est une personne morale qui effectue à titre de profession habituelle des opérations de banque, peu important qu'il s'agisse du même type d'opérations. À cet égard, cette définition diffère de celle prévue, dès 1977, par le droit communautaire selon lequel un établissement de crédit est l'entreprise dont l'activité consiste cumulativement à recevoir du public des dépôts et à octroyer des crédits pour son propre compte. Cependant, depuis une directive du 18 septembre 2000, la définition communautaire s'est enrichie d'une nouvelle catégorie d'établissement de crédit : l'établissement de monnaie électronique qui n'effectue que l'émission de monnaie électronique. Sur ce point, la conception communautaire s'est rapprochée de la conception française.

C. mon. fin., art. L. 511-1 (codifiant l'art. 1er, L. 24 janv. 1984).

➢ *Banque, Banque mutualiste ou coopérative, Caisses de crédit municipal, Institution financière spécialisée, Société financière.*

Établissement de monnaie électronique *[Bq.]*

Catégorie d'établissement de crédit prévue par une directive européenne du 18 septembre 2000, et dont l'activité est l'émission de moyens de paiement sous la forme de monnaie électronique.

➢ *Établissement de crédit, Monnaie électronique.*

Établissement financier *[Bq.]*

Établissement autre qu'un établissement de crédit, qui à titre principal, cumulativement ou non, soit exerce une activité connexe aux opérations de banque (change, certaines opérations sur valeurs mobilières, conseil en gestion de patrimoine, ingénierie financière…), soit prend des participations dans des établissements de crédit ou des établissements financiers. Cette définition concernant les établissements français diffère à certains égards de celle prévue par les directives européennes pour lesquelles, par exemple, les prises de participation dans les entreprises de n'importe quel secteur économique sont admises pour qualifier un établissement financier.

C. mon. fin., art. L. 511-21-4.

Étalon de change-or *[Bq.]*

Système qui dans les relations monétaires internationales, définit la valeur d'une monnaie par rapport à une autre monnaie prise comme étalon et elle-même définie par rapport à l'or.

➢ *Comp : Étalon-or.*

Étalon-or *[Bq.]*

Système qui dans les relations monétaires internationales, définit la valeur d'une monnaie par rapport à l'or.

➢ *Comp : Étalon de change-or.*

État membre d'accueil *[Bq. / M. fin.]*

On désigne ainsi un État de l'Union européenne (ou de l'Espace économique européen, EEE) dans lequel un établissement de crédit ou une entreprise d'investissement exerce son activité par voie de succursale ou en libre prestation de services sans y avoir été agréé, mais grâce à l'agrément unique délivré dans son État d'origine conformément aux directives européennes.

➢ *Comp : État membre d'origine.*

➢ *Agrément.*

État membre d'origine *[Bq. / M. fin.]*

On désigne ainsi l'État de l'Union européenne (ou de l'Espace économique européen, EEE), dont les autorités compétentes ont délivré l'agrément à un établissement de crédit ou à une entreprise d'investissement conformément aux directives européennes, lui donnant ainsi, dans certaines conditions, le droit d'exercer son activité dans les autres États membres. L'établissement de crédit ou l'entreprise d'investissement concerné demeure sous le contrôle prudentiel des autorités de l'État d'origine : c'est le principe du contrôle par l'État membre d'origine (*home country control*).

➢ *Comp : État membre d'accueil.*

➢ *Agrément.*

Étroit *[M. fin.]*

➢ *Marché étroit.*

Eurex *[M. fin.]*

Marché à terme électronique qui résulte de la fusion, en mai 1998, de la *Deutsche TerminBörse* (DTB) et de la Soffex suisse. Sont négociés sur EUREX l'ensemble des contrats qui étaient négociés sur chacune de ces deux bourses, à savoir divers contrats à terme et divers contrats d'options.

Euribor (European Interbank Offered Rate) *[Bq. / M. fin.]*

Dénommé en français Tibeur (Taux interbancaire offert en euro), taux déclaratif (et non de marché), ayant remplacé le Pibor depuis le 4 janvier 1999, qui résulte de la moyenne arithmétique des taux offerts par un panel de banques de référence pour des dépôts en euro sur une période déterminée (allant de 1 à 12 mois). L'Euribor est calculé sur la base d'une année de 360 jours et il est publié quotidiennement à 11 heures, par la Fédération bancaire de l'Union européenne.

➢ *TARGET.*

Euro *[Bq.]*

Monnaie de la France (art. L. 111-1 C. mon. fin.) depuis le 1er janvier 1999 et de tous les autres États participant à l'Union économique et monétaire (depuis le 1er janvier 2001 pour la Grèce). L'euro est divisé en cent.

Le nom de cette monnaie unique européenne a été décidé, lors du Sommet de Madrid des 15 et 16 décembre 1995 par le Conseil européen qui a estimé que ce terme devait être le même dans toutes les langues de l'Union européenne en tenant compte des différents alphabets. Euro doit donc rester invariable (les Italiens ne disent pas des euri, mais des euro). Les États l'ont presque tous compris (les anglais eux-mêmes écrivent 100 euro sans s), n'en déplaise à la Commission de terminologie française qui a considéré qu'il convenait de mettre un s au pluriel. Dans le présent lexique, nous ne le mettrons jamais.

L'abréviation officielle dans toutes les langues est EUR. Quant au symbole €, il représente l'epsilon grec ou le e d'Europe avec deux barres horizontales pour exprimer la stabilité (qui est l'objectif de la politique monétaire unique du Système européen de banques centrales).

➢ *Monnaie unique, Politique monétaire unique, Système européen de banques centrales, Union économique et monétaire.*

Euro-banque *[Bq.]*

Banque qui effectue des opérations en euro-devises, c'est-à-dire dans une monnaie qui n'est pas celle du pays où elle est installée. Le terme *euro* n'apporte aucune indication utile quant au lieu d'installation d'une euro-banque. Ainsi est une euro-banque, la banque située au Japon et qui effectue des opérations sur des dollars, comme la banque située aux États-Unis et qui effectue des opérations sur des euro ou la banque située en France et qui effectue des opérations sur des livres sterling.

➢ *Euro-crédits, Euro-devises, Euro-obligations.*

Euro-bonds *[Bq.]*

➢ *Euro-obligations.*

Eurochèque *[Bq.]*

Nom d'une carte de garantie de chèque supprimée au 1er janvier 2002.

Euroclear *[M. fin.]*

Dépositaire central international organisé autour d'Euroclear Plc, société holding de droit anglais et de Euroclear Bank, sa filiale de droit belge, et qui assure le règlement-livraison des instruments financiers par virement de compte à compte entre ses participants.

➢ *Dépositaire central.*

Euroclear France *[M. fin.]*

Dénomination de Sicovam SA depuis le 10 janvier 2001. Euroclear France est le dépositaire central français d'instruments financiers, filiale à 100 % d'Euroclear Bank.

➢ *Dépositaire central, Euroclear, Sicovam SA.*

Euro-crédits *[Bq.]*

Opérations de crédit portant sur des euro-devises.

Euro-devises *[Bq.]*

Avoirs détenus dans une banque installée dans un autre pays que le pays d'émission de cette devise. Ainsi, les euro-dollars sont les avoirs en dollars dans des banques situées hors des États-Unis, les euro-sterling, les avoirs en livres sterling dans des banques situées hors du Royaume-Uni…

Euro-dollars *[Bq.]*

➢ *Euro-devises.*

Euro-émission *[Bq.]*

Émission d'euro-obligations.

Euro-garantie *[Bq.]*

Garantie d'un crédit que le garant s'engage à exécuter dans une euro-devise, c'est-à-dire dans une monnaie qui n'est pas celle du pays où il est installé.

Euro-marché *[Bq.]*

Ensemble des transactions effectuées sur les euro-devises. Ainsi, l'euro-marché du dollar est constitué par les transactions sur l'euro-dollar, etc.

➢ *Euro-crédits, Euro-devises, Euro-obligations.*

Euro Medium Term Note (EMTN) *[M. fin.]*

Titre de créance et instrument financier émis par des établissements de crédits le plus souvent sur le fondement de droits étrangers. Les conditions de sa rémunération, de son éventuelle indexation sur un actif sous-jacent (indice, panier d'actions,etc.) ainsi que ses modalités de remboursement sont fixées à l'avance par l'émetteur. Les EMTN peuvent être admis aux négociations sur un marché réglementé.

➢ *Comp : Bon à moyen terme négociable (BMTN), Certificat indexé.*

Euronext *[M. fin.]*

Marché européen « intégré », pour les produits actions et dérivés libellés en euro, qui résulte du rapprochement des bourses de Paris (ParisBourse), d'Amsterdam (AEX) et de Bruxelles (BXS), réalisé le 22 septembre 2000.

Euronext a pour objet de proposer aux sociétés cotées, aux intermédiaires et aux investisseurs, un système intégré de négociation, de compensation et de règlement/livraison comprenant (I) une plate-forme unique de négociation pour les actions, obligations et produits dérivés, (II) un système unifié de compensation, (III) une contrepartie centrale pour toutes les négociations et (IV) une plate-forme unique de règlement/livraison et de conservation. Euronext opère par l'intermédiaire de trois entreprises de marché, Euronext Paris, Euronext Amsterdam et Euronext Bruxelles, qui sont devenues, depuis le 22 septembre 2000, des filiales à 100 % de Euronext NV, holding néerlandaise du groupe Euronext. Ces trois entreprises, ainsi que leurs marchés, restent soumis à leur réglementation locale. Toutefois, les statuts des membres des marchés et les conditions d'accès de ces membres sur les différents marchés sont harmonisés.

➢ *Euronext Amsterdam, Euronext Bruxelles, Euronext Paris.*

E

Euronext Amsterdam *[M. fin.]*

Dénomination sociale de l'entreprise de marché de la bourse d'Amsterdam. Cette nouvelle dénomination sociale résulte du rapprochement des bourses de Paris, d'Amsterdam et de Bruxelles, le 22 septembre 2000.

➢ *Euronext, Euronext Bruxelles, Euronext Paris.*

Euronext Bruxelles *[M. fin.]*

Dénomination sociale de l'entreprise de marché de la bourse de Bruxelles. Cette nouvelle dénomination sociale résulte du rapprochement des bourses de Paris, d'Amsterdam et de Bruxelles, le 22 septembre 2000.

➢ *Euronext, Euronext Amsterdam, Euronext Paris.*

Euronext Paris *[M. fin.]*

Dénomination sociale de l'entreprise de marché de la bourse de Paris pour le premier marché, le second marché et le nouveau marché. Cette nouvelle dénomination sociale résulte du rapprochement des bourses de Paris, d'Amsterdam et de Bruxelles, le 22 septembre 2000. La dénomination sociale Euronext Paris a été substituée à celle de Société des bourses françaises le 27 octobre 2000. Conformément à la législation française, Euronext Paris a été agréé comme établissement de crédit : il figure dans la catégorie des institutions financières spécialisées.

➢ *Entreprise de marché, Euronext, Euronext Amsterdam, Euronext Bruxelles, ParisBourse SA, Société des bourses françaises.*

Euro-obligations *[Bq.]*

Obligations libellées en une autre monnaie que celle du pays où elles sont placées. On parle également d'eurobonds.

➢ *Euro-devises, Euro-émission, Euro-marché.*

« European Depositary Receipt » (EDR) *[M. fin.]*

Créés par ParisBourse en 1999 sous forme d'un nouveau compartiment de marché, pour faire face à l'introduction de l'euro, les EDR sont des instruments financiers nominatifs, matérialisés, cotés en euro et représentatifs du capital d'une société étrangère à la zone euro. Conçu sur le modèle du marché des ADR (*American Depositary Receipt*), le marché des EDR a pour objet d'offrir aux sociétés non européennes une opportunité d'accès au marché européen des capitaux.

Eurosystème *[Bq.]*

Au sein du Système européen de banques centrales (SEBC), on désigne ainsi l'ensemble constitué de la Banque centrale européenne et des banques centrales nationales des seuls États membres ayant adopté la monnaie unique. Toutes les missions du SEBC ayant un lien avec l'euro sont exercées dans le cadre de l'eurosystème.

Cette distinction qui s'est imposée en fait, sera nécessaire tant que tous les États de l'UE ne seront pas dans l'Union économique et monétaire, ce qui risque de durer dans la perspective d'un élargissement de l'Union européenne.

➢ *Politique monétaire unique, Système européen de banques centrales.*

Eurotower *[Bq.]*

Nom donné à l'immeuble, situé à Francfort, dans lequel est installée la Banque centrale européenne. Dans le jargon journalistique, on parle parfois de l'eurotower pour désigner la BCE.

Exception de compte arrêté *[Bq.]*

Moyen qui en cas de contestation, par l'une des parties, du solde d'un compte clos définitivement, permet à l'autre de lui opposer l'arrêter intervenu entre elles et rendant impossible toute révision dudit compte sauf le cas d'erreur.

➢ *Arrêté de compte.*

Exception de coulisse *[M. fin.]*

Nom donné autrefois à l'exception soulevée par un client invoquant la nullité d'une opération sur valeurs mobilières effectuée par un coulissier qui ne pouvait justifier d'avoir traité par l'intermédiaire d'un agent de change, comme le monopole l'y obligeait. Aujourd'hui, si un intermédiaire sans qualité accepte de traiter une opération, le client peut également en opposer la nullité.

➢ *Coulissier, Société de bourse.*

Exception de subrogation *[Bq.]*

➢ *Bénéfice de subrogation.*

Exceptions *[Bq.]*

➢ *Inopposabilité des exceptions.*

« Exchange Traded Fund » (ETF) *[M. fin.]*

Expression désignant un OPCVM indiciel dont les actions ou parts sont négociables à la bourse de Paris et dont l'objectif de gestion est de reproduire à tout moment la performance d'un indice ou d'un panier d'actions. Il s'agit de permettre à des investisseurs de diversifier leur portefeuille en investissant en une seule transaction sur un ensemble de valeurs.

On parle également de *tracker.*

Apparus en 1993 aux États-Unis où ils ont obtenu un grand succès, les ETF ont été adoptés par le marché Euronext qui a créé, en janvier 2001, le segment de marché *Next Track* dédié à ce nouveau type de fonds.

➢ *OPCVM indiciel.*

Ex-coupon *[M. fin.]*

Expression qui signifie que la valeur mobilière concernée est traitée sans le coupon annoncé. Son titulaire n'aura donc aucun des droits qui découlent de ce coupon. Ex. : action X vendue Ex-coupon n° 4.

➢ *Contra : Coupon attaché.*

➢ *Coupon, Ex-droit.*

Exécution d'ordres pour compte de tiers *[M. fin.]*

Service d'investissement prévu par l'article L. 321-1 du Code monétaire et financier et l'article 2-1-4 du Règlement général du CMF. Il consiste, pour le prestataire de services d'investissement, à agir en qualité de courtier, mandataire ou commissionnaire, pour le compte d'un donneur d'ordres (simple investisseur ou prestataire de services d'investissement) en vue de réaliser une transaction sur instruments financiers. Le prestataire qui exécute les ordres peut être différent de celui qui compense et dénoue les opérations.

➢ *Comp : Négociation pour compte propre.*

➢ *Réception et transmission d'ordre pour compte de tiers, Service d'investissement.*

Ex-droit *[M. fin.]*

Expression qui signifie que l'action concernée est traitée de telle sorte que son titulaire n'aura pas le droit de participer à l'attribution gratuite ou à la souscription annoncée.

➢ *Contra : Droit attaché.*

➢ *Comp : Ex-coupon.*

➢ *Droit d'attribution, Droit de souscription.*

Exercer l'option *[M. fin.]*

Synonyme de lever l'option.

Exigibilité *[Bq.]*

Qualité qui s'attache à une créance (ou une dette) dont le paiement peut être exigée immédiatement c'est-à-dire qui n'est pas affectée d'un terme suspensif.

Exigibilités *[Bq.]*

Ensemble des dettes d'une entreprise qu'elles soient à court, moyen ou long terme.

Exigible *[Bq.]*

➢ *Créance exigible.*

Extourne *[Bq.]*

Mot parfois employé pour désigner une contre-passation.

Facilité d'émission garantie *[Bq.]*

Traduction de *issuance facility*. Engagement pris par un banquier (ou un syndicat de banquiers) d'assurer à une entreprise les liquidités qu'elle espère trouver en émettant des titres, dans le cas où ces titres ne trouveraient pas preneur sur le marché. Les modalités de ce crédit par signature varient selon les établissements de crédit de même que sa dénomination; on parle par exemple de RUF, de NIF, etc.

➢ *RUF, NIF.*

Facilités de caisse *[Bq.]*

Crédit à court terme consenti par le banquier pour permettre à l'entreprise de faire face à ses besoins de trésorerie notamment au moment des échéances de fin de mois. On les appelle parfois crédit de calendrier.

➢ *Crédit de campagne, Crédit de courrier, Crédit de relais.*

Facilité de dépôt *[Bq.]*

Dans le cadre de la politique monétaire unique de la Banque centrale européenne, technique de dépôt à 24 h effectué auprès des banques centrales nationales de l'Eurosystème, par les établissements de crédit répondant à certains critères (contreparties éligibles) leur permettant d'obtenir une rémunération pour leurs excédents de trésorerie. Le taux de la facilité de dépôt est fixé à l'avance par la Banque centrale européenne dont il constitue l'un des trois taux directeurs.

➢ *Comp : Facilité de prêt marginal.*

➢ *Facilités permanentes, Politique monétaire unique, Taux directeurs.*

Facilité de prêt marginal *[Bq.]*

Dans le cadre de la politique monétaire unique de la Banque centrale européenne, technique de prêt à 24 h consenti, par l'intermédiaire des banques centrales nationales de l'Eurosystème, aux établissements de crédit répondant à certains critères (contreparties éligibles), leur permettant de satisfaire des besoins temporaires de liquidités contre la cession temporaire de titres ou de créances ayant certaines caractéristiques (actifs éligibles). Le taux d'intérêt de la facilité de prêt marginal est fixé à l'avance par la Banque centrale européenne dont il constitue l'un des trois taux directeurs.

➢ *Comp : Facilité de dépôt.*

➢ *Facilités permanentes, Politique monétaire unique, Taux directeurs.*

Facilités permanentes *[Bq.]*

Instruments de la politique monétaire unique de la Banque centrale européenne, les facilités permanentes permettent soit de fournir des liquidités au jour le jour aux établissements de crédit qui ont des besoins de trésorerie (c'est la facilité de prêt marginal), soit de retirer des liquidités au jour le jour en cas d'excédents (c'est la facilité de dépôt). Ces facilités sont offertes à la discrétion des établissements de crédit de l'Union économique et monétaire, mais à des taux fixés à l'avance par la Banque centrale européenne. Ces taux constituent ainsi respectivement un plafond (facilité de prêt marginal) et un plancher (facilité de dépôt) délimitant « un corridor » de fluctuation du loyer de l'argent au jour le jour sur le marché interbancaire de l'euro. Ce sont deux des trois taux directeurs de la Banque centrale européenne.

➢ *« Open-market », Politique monétaire unique, Réserves obligatoires, Taux directeurs.*

Facteur de concordance *[M. fin.]*

S'agissant d'un contrat à terme négociable portant sur un actif de référence fictif, coefficient corrigeant à l'échéance la somme due par l'acheteur compte tenu du fait qu'il reçoit des titres d'un emprunt réel n'ayant pas exactement les caractères de l'emprunt fictif qu'il a acheté. Ainsi, pour le contrat sur l'emprunt euro-notionnel, il a par hypothèse acheté un emprunt à 3,5 % : or s'il reçoit des titres du gisement dont le taux est de 3 % par exemple, il faut tenir compte de cette différence. Aussi, pour chaque emprunt du gisement et pour chaque échéance, la chambre de compensation compétente calcule et publie le facteur de concordance.

➢ *Cours de réponse, Contrat sur l'emprunt euro-notionnel, Gisement.*

« Factor » *[Bq.]*

➢ *Affacturage.*

« Factoring » *[Bq.]*

➢ *Affacturage.*

Facture protestable *[Bq.]*

Créée par ordonnance du 28 septembre 1967 en vue de réaliser comme substitut à l'escompte, un crédit de mobilisation de créances commerciales garanti, elle a été supprimée en raison de son peu de succès en pratique, par la loi du 2 janvier 1981 (instituant par ailleurs, le bordereau de cession ou de nantissement de créances professionnelles). Elle consistait en une facture conférant au fournisseur le droit de faire constater par protêt le cas échéant, la défaillance du débiteur.

➢ *Crédit de mobilisation des créances commerciales.*

Faillite personnelle *[Bq.]*

Situation découlant soit d'une décision judiciaire prise dans le cadre d'une procédure de redressement ou de liquidation judiciaires, soit éventuellement d'un jugement de condamnation pour banqueroute, et dans laquelle se trouve la personne physique – commerçant, artisan ou dirigeant d'une personne morale ayant une activité économique – frappée, en raison de ses agissements malhonnêtes ou très imprudents, de déchéances et interdictions, notamment celle de diriger, gérer, administrer ou contrôler toute entreprise commerciale.

Faire crédit *[Bq.]*

➢ *Crédit.*

Faire forfait de la signature du tiré *[Bq.]*

➢ *Ducroire de banque.*

Faire opposition *[Bq.]*

➢ *Opposition au paiement.*

Falsification de chèque *[Bq.]*

Modification apportée sans l'accord des intéressés, à une mention déjà portée sur un chèque. Un tel agissement constitue un délit.

➢ *Comp : Contrefaçon de chèque.*

FCC *[Bq. / M. fin.]*

➢ *Fichier central des chèques, Fonds commun de créances.*

FCP *[M. fin.]*

➢ *Fonds commun de placement.*

FED (« **Federal Reserve** ») *[Bq. / M. fin.]*

➢ *Réserve Fédérale.*

Fédération bancaire de l'Union européenne *[Bq.]*

Organisme créé dès 1960 et groupant les associations professionnelles des banques des États membres de l'Union européenne, pour favoriser la réalisation des objectifs fixés par le Traité de Rome dans le domaine de l'activité bancaire.

Fédération bancaire française (FBF) *[Bq.]*

Créée le 27 novembre 2000 en vertu de statuts signés par huit membres fondateurs (l'AFB, BNP Paribas, la Caisse nationale des Caisses d'Épargne et de Prévoyance, la Caisse Nationale de Crédit Agricole, la Chambre Syndicale des Banques Populaires, la Confédération Nationale du Crédit Mutuel, le Crédit Lyonnais et la Société Générale), la FBF est l'organisme professionnel qui, depuis le 1er février 2001, représente et défend les intérêts de l'ensemble de la profession bancaire.

Elle regroupe les organes centraux des banques coopératives ou mutualistes, les établissements de crédit agréées en qualité de banque par le Comité des établissements de crédit et des entreprises d'investissement, et les succursales d'établissements de crédit agréés dans un État de l'Espace économique européen.

La FBF est affiliée à l'Association française des établissements de crédit et des entreprises d'investissement.

➢ *Comp : Association française des banques.*

➢ *Organes centraux, Organisme professionnel.*

Fédération nationale des caisses d'épargne et de prévoyance *[Bq.]*

Créée en vertu de la loi du 25 juin 1999 (codifiée), sous forme d'une association de la loi de 1901, elle regroupe l'ensemble des caisses d'épargne et de prévoyance. Elle a diverses missions notamment, de coordination, de consultation ou encore de participation aux orientations stratégiques du réseau.

➢ *Comp : Caisse nationale des caisses d'épargne et de prévoyance.*

C. mon. fin., art. L. 512-99.

Fenêtre *[M. fin.]*

➢ *Emprunt à fenêtres.*

Ferme *[M. fin.]*

Substantif désignant l'ensemble des valeurs négociées sur le marché à terme ferme.

➢ *Marché à terme ferme.*

FESCO (« **Forum of European Securities Commissions** ») *[M. fin.]*

Entité créée en vertu d'une charte adoptée le 8 décembre 1997 par les autorités de régulation des marchés financiers des États membres de l'Union européen ainsi que de la Norvège et de l'Islande (soit 17 membres auxquels s'ajoute la Commission européenne en qualité d'observateur). Les principaux objectifs de FESCO sont l'élaboration de normes

F

communes de régulation des activités et des marchés financiers dans les domaines non harmonisés par les directives européennes et le renforcement de la coopération transfrontière pour la surveillance des marchés et la répression des fraudes. FESCO à été supprimé le 19 juin 2001 et remplacé par le Comité européen des régulateurs de marchés.

➢ *Comité de Bâle.*

Feuille de coupons *[M. fin.]*

Partie d'une valeur mobilière au porteur vif, comportant les coupons destinés à être détachés lors de l'encaissement des revenus ou de l'exercice des droits de souscription ou d'attribution.

➢ *Corps de titre, Recouponnement.*

Feuille de position *[Bq.]*

Document tenu pour chaque compte et retraçant au fur et à mesure, les opérations effectuées afin d'en connaître à chaque moment la position exacte. La tenue en est aujourd'hui assurée par informatique.

FIBEN *[Bq.]*

➢ *Fichier bancaire des entreprises.*

Fiche d'escompte *[Bq.]*

➢ *Crédit d'escompte.*

Fichier bancaire des entreprises (FIBEN) *[Bq.]*

Centrale de renseignements mise en place par la Banque de France initialement pour sa propre information sur la situation des entreprises (dont elle devait réescompter les effets) et qui est désormais un outil au service de la profession bancaire. Au vu des éléments qu'elle recueille sur les entreprises et leurs dirigeants, la Banque de France porte une appréciation qu'elle exprime par une cotation : c'est la cotation Banque de France.

Fichier central des chèques (FCC) *[Bq.]*

Fichier géré par la Banque de France et qui d'une part, centralise les interdictions bancaires, les interdictions judiciaires et les infractions à ces interdictions et d'autre part, diffuse ces informations aux établissements de crédit et aux autorités judiciaires, après avoir consulté le FICOBA et identifié ainsi tous les comptes de l'interdit. De plus, en accord avec le GIE des cartes bancaires, ce fichier centralise les retraits de cartes bancaires effectués par les établissements de crédit pour usage abusif.

➢ *Comp : Centrale d'incidents de paiement.*

Fichier national des chèques irréguliers (FNCI) *[Bq.]*

Fichier géré par la Banque de France et qui centralise toutes les informations concernant les oppositions au paiement d'un chèque pour perte ou vol, les refus de paiement pour défaut de provision et les clôtures de comptes. L'accès au FNCI se fait *via* le service RESIST.

Fichier national des incidents de remboursement des crédits aux particuliers (FICP) *[Bq.]*

Fichier géré par la Banque de France et qui centralise outre les informations relatives aux incidents de paiements caractérisés liés aux crédits consentis aux particuliers, les mesures prises dans le cadre du règlement des situations de surendettement des ménages. Seuls les établissements de crédit et la Poste peuvent le consulter. On dit que c'est un fichier « négatif » en ce qu'il recense les défaillances dans le remboursement des crédits consentis à tel individu et non le total des crédits à sa charge.

FICOBA *[Bq.]*

Fichier des comptes bancaires géré par l'Administration fiscale et qui permet à certaines autorités administratives de connaître l'ensemble des comptes ouverts à un même individu. La Banque de France l'interroge quotidiennement afin de compléter les informations qu'elle diffuse sur les interdictions bancaires et judiciaires.

➢ *Fichier central des chèques.*

FICP *[Bq.]*

➢ *Fichier national des incidents de remboursement des crédits aux particuliers.*

Fidéjusseur *[Bq.]*

Synonyme de caution.

➢ *Cautionnement.*

Fiducie *[Bq.]*

Garantie conventionnelle consistant pour un débiteur à transférer à son créancier la propriété d'une chose, à charge de la lui restituer au complet paiement.

➢ *Comp : Gage.*

Film cinématographique *[Bq.]*

➢ *Nantissement de film cinématographique.*

Filtrage des ordres *[M. fin.]*

Nom donné à l'ensemble des traitements d'enregistrement et de contrôle permettant aux membres du marché de s'assurer notamment que l'ordre en cause est conforme tant à la volonté du donneur d'ordres qu'aux capacités de traitement par le marché, et qu'il n'est pas susceptible de porter atteinte à la sécurité du membre ni à celle du marché.

« Financial future » *[M. fin.]*

Ou au pluriel *financial futures.*

➢ *Futur financier.*

« Fixing » *[M. fin.]*

➢ *Cotation au « fixing ».*

« Flat » *[Bq.]*

Terme anglais synonyme de *ad valorem.* Il indique que le taux d'intérêt considéré n'est pas calculé en fonction de la durée de l'opération mais seulement en fonction de son montant.

➢ *Contra : Prorata temporis.*

« Floor » *[M. fin.]*

Dans la terminologie anglo-saxonne, synonyme de parquet.

[Bq. / M. fin.] ➢ *« Future rate agreement ».*

FNCI *[Bq.]*

➢ *Fichier national des chèques irréguliers.*

Fonds à capital garanti ou assorti d'une garantie de performance *[M. fin.]*

➢ *OPCVM à capital garanti ou assorti d'une garantie de performance.*

Fonds commun de créances (FCC) *[Bq. / M. fin.]*

Prévu et organisé initialement par la loi du 23 décembre 1988 modifiée et maintenant codifiée, un fonds commun de créances est une copropriété, sans personnalité juridique, dont l'objet exclusif est d'acquérir des créances en vue d'émettre des parts représentatives desdites créances. Les parts d'un FCC sont

F

des valeurs mobilières et des instruments financiers.

C. mon. fin., art. L. 214-43 s.

➢ *Titrisation.*

Fonds commun de placement (FCP)
[M. fin.]

Copropriété de valeurs mobilières, sans personnalité juridique constituée à l'initiative conjointe d'une société de gestion et d'un établissement dépositaire et appartenant à la catégorie des Organismes de Placement Collectif en Valeurs Mobilières (OPCVM). Son régime initialement prévu par le loi du 23 décembre 1988 figure désormais aux articles L. 214-20 du Code monétaire et financier. L'actif d'un FCP est divisé en parts qui sont émises et rachetées à leur valeur liquidative sur simple demande des porteurs de parts. Les parts d'un FCP sont des valeurs mobilières et des instruments financiers.
Il existe différents types de FCP notamment en fonction de la composition de leur actif et de leurs règles d'investissements.

➢ *Mots suivants.*

Fonds commun de placement à risques (FCPR) *[M. fin.]*

Initialement créé par la loi du 3 janvier 1983 (maintenant codifiée), catégorie de fonds commun de placement dont les actifs doivent être constitués pour au moins 50 % de titres non admis à la négociation sur un marché réglementé français ou étranger. Il en existe trois types :

- les FCPR dits « ouverts au public » autorisés à faire l'objet de publicité et de démarchage et dotés de règles spécifiques pour protéger les investisseurs;
- les FCPR dits « fermés » qui bénéficient d'une plus grande latitude d'intervention mais ne peuvent faire l'objet de publicité ni de démarchage;
- et les FCPR bénéficiant d'une procédure allégée.

C. mon. fin., art. L. 214-36 s.

➢ *Fonds commun de placement à risques bénéficiant d'une procédure allégée.*

Fonds commun de placement à risques bénéficiant d'une procédure allégée
[M. fin.]

Aux termes de l'article L. 214-37 du Code monétaire et financier (anc. art. 22-2 L. 23 déc. 1988), fonds commun de placement à risques non soumis à l'agrément préalable de la COB mais à une obligation de déclaration à cette dernière lors de sa constitution, et bénéficiant d'une réglementation plus souple par rapport aux fonds commun de placement à risques de droit commun tant en ce qui concerne ses règles d'investissement que de division des risques.
En contrepartie de ces assouplissements, la souscription et l'acquisition des parts de ce type de FCPR sont réservées aux investisseurs qualifiés, aux dirigeants, salariés ou personnes physiques agissant pour le compte de la société de gestion du fonds et à la société de gestion elle-même, ainsi qu'à toutes personnes physiques ou morales investissant au moins 30 000 euro et qui (I) apportent une assistance dans le domaine technique ou financier aux sociétés non cotées entrant dans l'objet du fonds en vue de leur création ou de leur développement ou, (II) apportent une aide à la société de gestion du FCPR pour rechercher des investisseurs potentiels ou contri-

buer à la recherche, la sélection du suivi, ou la cession des investissements ou, (III) possèdent une connaissance du capital investissement acquise en qualité d'apporteur de fonds propres à des sociétés non cotées. Toute autre personne, physique ou morale, souhaitant souscrire à ce type de fonds doit investir un montant initial supérieur ou égal à 500 000 euro.

➢ *Comp : OPCVM bénéficiant d'une procédure allégée.*

➢ *Fonds commun de placement à risques.*

Fonds commun de placement dans l'innovation (FCPI) *[M. fin.]*

Aux termes de l'article L. 214-41 du Code monétaire et financier (anc. art. 22-1 L. 23 déc. 1988), type de fonds commun de placement à risques dont les actifs sont composés, pour 60 % au moins, de titres non admis à la négociation sur un marché réglementé, français ou étranger, et émis par des sociétés répondant à un certain nombre de caractéristiques fixées par le texte qui leur permet d'être qualifiées d'innovantes. Sont également admises dans les 60 % les avances en compte courant aux sociétés éligibles. Les souscripteurs d'un FCPI bénéficient d'avantages fiscaux.

➢ *Fonds commun de placement à risques.*

Fonds commun de placement d'entreprises (FCPE) *[M. fin.]*

FCP constitué dans le cadre de l'épargne salariale (telle que modifiée par la loi du 19 févr. 2001) et destiné à recevoir des sommes versées par des salariés en vue de constituer et de gérer un portefeuille de titres. La loi distingue trois types de FCPE :

- les FCPE dits « diversifiés » dont l'actif peut être investi, au plus, à la hauteur d'un tiers dans les titres de l'entreprise;

- les FCPE dits « d'actionnariats » dont l'actif est investi à hauteur de plus du tiers en titres de l'entreprise. Si une entreprise propose un fonds d'actionnariat, un fonds diversifié doit également être offert aux salariés;

- les FCPE dits « solidaires » dont l'actif est investi partiellement (de 5 à 10 %) en économie solidaire, c'est-à-dire en titres d'entreprises non cotées, agréés par le ministre de l'Économie et des Finances qui : (i) soit emploient des salariés dont le tiers au moins bénéficie d'un « contrat-jeune » ou d'un contrat d'insertion ou présente un handicap grave; (ii) soit sont constitués sous forme d'associations, de coopératives, de mutuelles, d'institutions de prévoyance ou de sociétés dont les dirigeants sont élus par les salariés, adhérents ou sociétaires, leur rémunération étant inférieure à un plafond annuel prévu par la loi. Les FCPE solidaires peuvent investir en économie solidaire soit en direct, soit *via* un FCPR luimême investi en économie solidaire ou *via* une société de capital risque.

C. mon. fin., art. L. 214-39 et L. 214-40.

➢ *SICAV investie en titres de l'entreprise.*

Fonds commun d'intervention sur les marchés à terme (FCIMT) *[M. fin.]*

FCP dont la vocation est d'intervenir sur les marchés réglementés d'instruments financiers à terme. La loi et la réglementation de la COB soumettent cette catégorie de FCP à des règles spécifiques en matière de composition

F

de leur actif, de gestion et d'information du public.

Fonds de fonds *[M. fin.]*

➢ *OPCVM d'OPCVM.*

Fonds de garantie des dépôts *[Bq.]*

Créé en septembre 1999 en vertu de la loi du 25 juin 1999 (aujourd'hui codifiée) conformément à une directive européenne, le fonds de garantie des dépôts est une personne morale de droit privé dont l'objet est d'indemniser les déposants d'un établissement de crédit français (et de toutes ses succursales de l'Union européenne) lorsque celui-ci n'est plus en mesure de leur restituer leurs dépôts immédiatement ou à terme rapproché. Outre cette mission curative, le fonds peut, sur proposition de la commission bancaire, accepter d'intervenir à titre préventif mais dans des conditions qu'il fixe.

Le fonds est unique en ce que tous les établissements de crédit agréés en France sont tenus d'y adhérer et de lui verser une cotisation annuelle. Il est également unique en ce qu'il gère aussi le mécanisme de garantie des investisseurs et le mécanisme de garantie des cautions. Il est dirigé par un directoire sous le contrôle d'un conseil de surveillance. Il convient de souligner que le président du directoire est membre du CECEI, organe d'agrément en France des établissements de crédit et des entreprises d'investissement.

C. mon. fin., art. 321-4 s.

➢ *Mécanisme de garantie des cautions, Mécanisme de garantie des titres.*

Fonds de pension *[M. fin.]*

Traduction d'un terme anglo-saxon (*Pension Funds*) désignant les fonds d'épargne-retraite de droit étranger qui, en procédant à des investissements à long terme (généralement des actions), ont pour objet d'assurer une retraite future aux salariés qu'ils représentent.

Fonds d'État *[M. fin.]*

Titres émis par l'État à l'occasion d'un emprunt. On parle également de fonds publics.

Fonds éthique *[M. fin.]*

➢ *OPCVM éthique.*

Fonds Indiciel *[M. fin.]*

➢ *OPCVM indiciel.*

Fonds PEA *[M. fin.]*

➢ *OPCVM éligibles aux PEA.*

Fonds profilé *[M. fin.]*

➢ *OPCVM profilé.*

Fonds propres *[Bq.]*

➢ *Capitaux propres.*

Fonds publics *[M. fin.]*

➢ *Fonds d'État.*

Fonds reçus du public *[Bq.]*

Selon l'article 2 de la loi du 24 janvier 1984 devenu l'article L. 312-2 du Code monétaire et financier, ce sont les fonds qu'une personne recueille d'un tiers, notamment sous forme de dépôts, avec le droit d'en disposer pour son propre compte, mais à charge pour elle de les restituer. Toutefois ne sont pas considérés comme fonds reçus du public :

1° les fonds reçus ou laissés en compte par les associés en nom ou les commanditaires d'une société de personnes, les associés ou actionnaires détenant au moins 5 % du capital social, les administrateurs, les membres du directoire et du conseil de surveillance ou les gérants ainsi que les fonds provenant de prêts participatifs;

2° les fonds qu'une entreprise reçoit de ses salariés sous réserve que leur montant n'excède pas 10 % de ses capitaux propres (sans tenir compte des fonds reçus des salariés en vertu de dispositions législatives particulières).

La réception de fonds du public constitue une opération de banque.

➢ *Établissement de crédit, Opération de banque.*

Fonds sectoriel *[M. fin.]*

➢ *OPCVM sectoriel.*

Fongibilité *[Bq.]*

Qualité des choses qui peuvent se remplacer indifféremment les unes par les autres : des pièces de 1 € sont des choses fongibles, des billets de 100 € également, etc.

Forfait *[Bq.]*

➢ *Clause sans garantie, Ducroire de banque, Escompte à forfait.*

Forfaitage *[Bq.]*

➢ *Escompte à forfait.*

Forfait d'escompte *[Bq.]*

➢ *Clause sans garantie, Ducroire de banque, Escompte à forfait.*

Formule de chèque *[Bq.]*

Document normalisé, comportant les mentions obligatoires d'un chèque et que le client devra compléter lors de la création du chèque. Le banquier remet à son client de telles formules reliées en carnet, appelé carnet de chèques ou chéquier.

➢ *Chèque-lettre.*

« **Forward-forward** » *[Bq.]*

➢ *Terme contre terme.*

FRA *[Bq. / M. fin.]*

➢ *« Future rate agreement ».*

Franchise de remboursement *[Bq.]*

Délai parfois fixé dans une opération de crédit et pendant lequel il est prévu qu'aucun remboursement des intérêts ou du capital ou des deux à la fois, n'aura lieu.

Franchissement de seuil *[M. fin.]*

Fait pour toute personne physique ou morale qui, agissant seule ou de concert, vient à détenir un nombre d'actions représentant plus du vingtième, du dixième, du cinquième, du tiers, de la moitié ou des deux-tiers du capital ou des droits de vote d'une société ayant son siège social en France et dont les actions sont admises aux négociations sur un marché réglementé.

Lors du franchissement de chaque seuil (à la hausse ou à la baisse), l'actionnaire concerné doit, dans des délais déterminés et à peine de sanctions civiles et pénales, informer la société et le Conseil des marchés financiers, du nombre total d'actions qu'il possède.

Fruits *[Bq.]*

Revenus d'un capital.

➢ *Arrérages, Dividende, Intérêts.*

FSA (« **Financial Services Authority** ») *[Bq. / M. fin.]*

Organisme de contrôle des marchés financiers britanniques, qui a remplacé le *Securities and Investments Board* (SIB) en 1998. Doté de pouvoirs réglementaires et disciplinaires, le « FSA » regroupe en une seule et même entité les divers organismes de régulation financière britanniques. Sa compétence s'étend également aux domaines de la banque et de l'assurance.

FT *[M. fin.]*

Indice : *Financial Times* composé de valeurs industrielles cotées à la Bourse de Londres.

Fusion *[Bq.]*

➢ *Convention d'unité de compte.*

Futur *[M. fin.]*

Mot parfois employé pour contrat futur. Il s'agit de la traduction littérale de l'anglo-saxon *future*. On l'emploi aussi au pluriel : les futurs, traduction des *futures*.

➢ *Contrat à terme négociable.*

« Future contract » *[M. fin.]*

➢ *Contrat à terme négociable.*

« Futures » *[M. fin.]*

➢ *Futur.*

Futur financier *[M. fin.]*

Par traduction de l'expression anglo-saxonne *financial future*, contrat à terme négociable portant sur un actif financier tel qu'un emprunt, un indice, un taux, une devise, … On l'oppose ainsi à un futur portant sur une matière première ou une marchandise.

➢ *Contrat à terme négociable.*

« Future rate agreement » (FRA) *[Bq. / M. fin.]*

Contrat par lequel l'une des parties (le plus souvent un établissement de crédit) garantit à l'autre (un établissement de crédit ou une entreprise) le montant d'un taux à une date déterminée. Ex. : A garantit à B que dans 3 mois tel taux sera à 10 %.

C'est une technique de couverture contre l'évolution des taux. À l'échéance, il y a paiement de la différence entre le taux garanti et le taux réel ce jour-là.

Des variantes existent. On peut garantir un taux maximum : le contrat est alors un *cap*. Ou un taux minimum : le contrat est un *floor*. La combinaison d'un *cap* et d'un *floor* assurant un taux compris entre un maximum et un minimum est un *collar* ou tunnel.

La traduction officielle de *Future rate agreement* est accord de taux futur (arrêté du 11 janvier 1990).

➢ *Comp : Terme contre terme.*

G

GAB *[Bq.]*

➢ *Guichet automatique de banque.*

Gage *[Bq.]*

Contrat par lequel un débiteur affecte au profit de son créancier, une chose mobilière à la garantie du paiement. Le gage n'emporte pas transfert de propriété de la chose, mais dépossession du débiteur. Il existe cependant des gages sans dépossession.

Le terme de gage désigne également le droit pour le créancier gagiste de se faire payer par préférence à certains autres créanciers, par la réalisation de sa garantie.

Enfin, le mot gage peut désigner la chose remise en garantie.

➢ *Comp : Fiducie.*

➢ *Affectation en garantie, Endossement pignoratif, Gage de compte d'instruments financiers, Gage sans dépossession, Nantissement, Réalisation du gage, Sûreté réelle, Warrant.*

Gage de compte d'instruments financiers *[M. fin.]*

➢ *Nantissement de compte d'instruments financiers.*

Gage de véhicule automobile *[Bq.]*

Gage sans dépossession, que le législateur accorde au vendeur à crédit de tout véhicule automobile, tracteur, remorque, cycle, qui est soumis à déclaration de mise en circulation et à immatriculation, ou au prêteur des fonds qui ont permis son acquisition, dès lors que la vente ou le prêt est constaté par écrit dûment enregistré. La publicité rendant le gage opposable aux tiers a lieu à la préfecture qui a délivré la carte grise. Par une fiction légale, le créancier est censé resté en possession du véhicule.

➢ *Gage sans dépossession.*

Gage par entiercement *[Bq.]*

Gage dans lequel les marchandises gagées sont remises non pas au créancier mais à un tiers qui les détient pour le compte du créancier gagiste. Le warrantage par dépôt des marchandises dans les magasins généraux est un gage par entiercement.

➢ *Magasins généraux, Warrant.*

Gage sans dépossession *[Bq.]*

Gage dans lequel le débiteur n'est pas dépossédé de la chose affectée en garantie, une publicité permettant d'avertir les tiers de l'existence de cette sûreté sur le bien. On parle également de gage sans déplacement.

➢ *Engagement de garantie, Gage de véhicule automobile, Nantissement de fonds de commerce, Nantissement de l'outillage et du matériel d'équipement, Warrant à domicile.*

Gamma *[M. fin.]*

➢ *Delta.*

G

Garant de la lettre de change *[Bq.]*

Celui qui est tenu de payer une lettre de change en cas de non acceptation ou de non paiement du tiré.

➢ *Avaliste, Tiré, Tireur.*

Garantie *[Bq.]*

Technique juridique visant à assurer au créancier une plus grande sécurité du paiement.

➢ *Sûreté.*

Garantie à première demande *[Bq.]*

➢ *Lettre de garantie internationale.*

Garantie autonome *[Bq.]*

Par opposition au cautionnement, engagement de payer qui n'est pas l'accessoire de l'engagement du débiteur garanti envers le créancier mais qui en est indépendant.

Ainsi, le garant à première demande doit payer dès que le bénéficiaire le lui demande et ce, malgré l'existence d'un litige pouvant exister entre ce bénéficiaire et le débiteur garanti.

➢ *Lettre de garantie internationale.*

Garantie de bonne fin *[M. fin.]*

Garantie accordée par la chambre de compensation d'un marché réglementé à ses adhérents et, le cas échéant, à leurs donneurs d'ordres. La garantie porte sur les positions enregistrées et vient pallier indirectement, et directement sur le Matif et sur le Monep pour les contrats à terme, la défaillance de l'un des adhérents à la chambre de compensation. Ce sont les règles de fonctionnement de la chambre de compensation qui précisent la nature et l'étendue de cette garantie qui, depuis la loi du 2 juillet 1996, n'est plus une obligation légale.

Garantie de cours *[M. fin.]*

Procédure visée aux articles 5-4-1 et suivants du Règlement général du CMF, qui doit être mise en œuvre par toute personne physique ou morale, agissant seule ou de concert, qui vient à acquérir un bloc de titres lui conférant la majorité du capital ou des droits de vote d'une société.

En vertu de cette procédure, l'acquéreur du bloc de contrôle s'engage à se porter acquéreur sur le marché, pendant une durée de dix jours de bourse minimum, de tous les titres présentés à la vente au prix auquel la cession des titres a été ou doit être réalisée, et, sauf dérogation, seulement à ce cours ou à ce prix. Depuis 1998, la procédure de garantie de cours est indépendante de celle des offres publiques.

➢ *Bloc de contrôle, Maintien de cours.*

Garantie de l'acceptation *[Bq.]*

Mécanisme cambiaire permettant au porteur d'une lettre de change d'en demander le paiement à l'un des garants du titre, en cas de refus d'acceptation.

➢ *Comp : Garantie du paiement.*

➢ *Acceptation, Garant de la lettre de change.*

Garantie des cautions *[Bq.]*

➢ *Mécanisme de garantie des cautions.*

Garantie des déposants *[Bq.]*

➢ *Fonds de garantie des dépôts.*

Garantie des titres *[Bq. / M. fin.]*

➢ *Mécanisme de garantie des investisseurs.*

Garantie documentaire *[Bq.]*

➢ *Lettre de garantie internationale.*

Garantie du paiement *[Bq.]*

Mécanisme cambiaire permettant au porteur d'un effet de commerce d'en demander le paiement à l'un des garants du titre, en cas de non paiement par le tiré (lettre de change) ou par le souscripteur (billet à ordre).

➢ *Comp : Garantie de l'acceptation.*

Généralité du compte courant *[Bq.]*

Caractéristique du compte courant qui oblige les deux correspondants à passer sur ce compte toutes leurs créances réciproques sauf accord contraire.

➢ *Compte courant, Effet novatoire du compte courant, Indivisibilité du compte courant, Négociation sur place, Réciprocité des remises.*

Gérant de portefeuille *[M. fin.]*

Celui qui au sein d'un établissement de crédit, d'une entreprise d'investissement ou d'une société de gestion de portefeuille, fournit le service d'investissement de gestion de portefeuille d'instruments financiers et de biens divers pour le compte de tiers.

➢ *Remisier.*

Gestion alternative *[M. fin.]*

Type de gestion, d'origine nord-américaine, dont l'objectif principal est la recherche d'une performance absolue, c'est-à-dire sans corrélation avec l'évolution, à la hausse ou à la baisse, des actifs financiers traditionnels (indices boursiers, indices ou valeurs de référence monétaires ou obligataires).

Par rapport à d'autres types de gestion, la gestion alternative peut, par le recours à des techniques de gestion utilisant une très large palette d'instruments financiers, prendre des décisions d'investissements/désinvestissements ou d'arbitrages, à effet de levier ou non, fondées sur l'analyse de nombreux paramètres économiques, financiers ou techniques tels que par exemple : la volatilité d'un marché, sa liquidité, ses tendances, l'écart relatif d'un paramètre de marché par rapport à un autre paramètre de marché, la qualité de crédit des émetteurs de titres ou la probabilité de réalisation d'un événement.

➢ *Fonds Commun de Placement à Risques (FCPR), Fonds Commun d'Intervention sur les Marchés à Terme (FCIMT), « Hedge Fund ».*

Gestion de portefeuille *[M. fin.]*

➢ *Compte géré, Gérant de portefeuille.*

Gestion de portefeuille pour le compte de tiers *[M. fin.]*

Service d'investissement visé à l'article L. 321-1 du Code monétaire et financier (anc. art. 4 L. 2 juill. 1996). Depuis la loi du 2 juillet 1996, la surveillance et le contrôle de cette activité, qu'elle s'exerce sur une base individuelle (mandat de gestion) ou collective (OPCVM), relèvent de la compétence de la Commission des opérations de bourse.

Gestion indicielle *[M. fin.]*

Type de gestion de portefeuille pour compte de tiers consistant à répliquer la performance d'un indice boursier. On distingue la gestion indicielle dite pure, l'objectif du gérant étant de répliquer la performance d'un indice boursier de référence, dividendes réinvestis et frais de gestion compris, de la gestion indicielle dite tiltée qui vise à une performance supérieure à un indice boursier de référence.

➢ *Certificat indexé, OPCVM indiciel.*

G

G

Gestion quantitative *[M. fin.]*

Type de gestion de portefeuille pour compte de tiers fondée sur l'utilisation de modèles mathématiques et dont l'objectif est de parvenir à une progression régulière du portefeuille géré par rapport à un indice de référence. Ce type de gestion s'oppose à la gestion traditionnelle et qualitative fondée sur l'analyse empirique des marchés et des entreprises.

GIFS *[Bq.]*

➢ *Groupement des institutions financières spécialisées.*

Gisement *[M. fin.]*

Liste comprenant les emprunts réels dont les titres peuvent être livrés à l'échéance d'un contrat à terme négociable portant sur un actif de référence fictif, comme par exemple le contrat sur l'emprunt euro-notionnel du Matif.

Les emprunts composant un gisement sont appelés les emprunts livrables, ou encore les emprunts synonymes. Les titres correspondant sont les titres livrables ou encore les titres synonymes. On parle aussi de l'actif livrable ou encore de l'actif synonyme.

➢ *Contrat à terme négociable, Contrat sur l'emprunt euro-notionnel, Facteur de concordance.*

« **Global custody** » *[M. fin.]*

➢ *Conservation de titres.*

« **Global netting** » *[M. fin.]*

Technique contractuelle de compensation reconnue par la loi du 15 mai 2001, selon laquelle les établissements de crédit, les entreprises d'investissement, les institutions visées à l'article L. 518-1 du Code monétaire et financier ou les établissements non-résidents ayant un statut comparable, peuvent convenir de lier deux ou plusieurs conventions-cadres d'opérations de marché à terme de gré à gré, d'opérations de prêts-emprunts de titres et d'opérations de pension livrée, de sorte que les soldes résultant de la compensation qui serait effectuée pour chaque convention-cadre, notamment en cas d'ouverture d'une procédure collective à l'encontre d'un de leurs signataires, fassent à leur tour l'objet d'une compensation.

➢ *« Close-out netting », Convention-cadre, Convention-cadre de place.*

C. mon. fin., art. 431-7 s.

Globex *[M. fin.]*

Système de négociation électronique de contrats à terme qui a démarré aux États-Unis le 25 juin 1992, permettant aux membres des bourses participantes à ce système de négocier des contrats à terme en dehors des heures d'ouvertures des marchés d'origine des contrats. Les règles de négociation et de compensation d'un contrat sont celles de son marché d'origine. L'activité de compensation est toujours assurée par les membres du marché d'origine, la négociation des contrats pouvant, sous certaines conditions, être effectuée par des membres d'autres bourses participantes au système Globex.

Ainsi, en France, peuvent être négociés sur Globex par les membres du Matif, outre une partie des contrats à terme du Matif certains contrats du Chicago Mercantile Exchange (CME).

➢ *Membre associé Globex.*

Gouverneur de la Banque de France *[Bq.]*

Nommé (pour six ans renouvelables une fois) par décret en Conseil des ministres, il assure la direction de la Banque de France et préside le Conseil de la politique monétaire et le Conseil général. Il est assisté de deux sous-gouverneurs nommés de la même façon que lui et qui exercent les fonctions qu'il leur délègue. Il est membre du Conseil des gouverneurs de la Banque centrale européenne et de son Conseil général.

Gré à gré *[M. fin.]*

➢ *Marché de gré à gré.*

Grever *[Bq.]*

On dit d'une sûreté qu'elle grève le bien sur lequel elle porte. Ainsi un privilège général mobilier grève les biens meubles du débiteur.

« **Grey market** » *[M. fin.]*

➢ *Marché gris.*

Griffe *[Bq.]*

Signature par un procédé non manuscrit. En matière cambiaire, la signature à la griffe est autorisée pour les tireurs et les endosseurs. En matière de chèque, elle n'est autorisée que pour les endosseurs.

Grosse hypothécaire *[Bq.]*

Ancien terme qui est parfois encore employé en pratique pour désigner la copie exécutoire à ordre.

Groupement des institutions financières spécialisées (GIFS) *[Bq.]*

Organisme professionnel qui regroupe les institutions financières spécialisées.

➢ *Organisme professionnel.*

Guichet automatique de banques (GAB) *[Bq.]*

Ordinateur placé dans un lieu public (souvent en façade d'un établissement de crédit) et permettant à un client grâce à l'utilisation d'une carte magnétique et d'un code confidentiel individuel, d'effectuer un certain nombre d'opérations sur son compte. Contrairement au distributeur automatique de billets, le GAB est un système directement relié aux différents comptes concernés : on dit que c'est un système *on line.*

H

Hausse *[M. fin.]*

Dans le langage boursier, on parle le plus souvent :

- de bonne tenu ou de bonne orientation, lorsque la majorité des valeurs gagnent quelques points;
- de hausse, lorsqu'un progression de 2 à 3 % est enregistrée sur les cours en général;
- de vive hausse, en cas de progression supérieure.

➢ *Contra : Baisse.*

➢ *Marché en reprise.*

Hausses intercalaires *[M. fin.]*

Mouvements de hausse des cours des valeurs entre des baisses importantes.

➢ *Contra : Baisses intercalaires.*

➢ *Réactions intercalaires.*

Haussier *[M. fin.]*

Spéculateur qui croit à une hausse des cours ou des taux. Dans la terminologie anglo-saxonne, *bull*.

➢ *Contra : Baissier.*

Haute banque *[Bq.]*

Avant la réforme bancaire de 1984, nom parfois donné aux banques d'affaires parisiennes.

➢ *Banque d'affaires.*

« Hedge Fund » *[M. fin.]*

Littéralement, fonds de couverture. Terme générique pouvant désigner tout organisme de placement collectif qui intervient notamment sur des valeurs mobilières et sur des produits dérivés, en se réservant la possibilité de réaliser des opérations à effet de levier. Les *hedge funds* sont généralement vendus auprès d'une clientèle d'investisseurs institutionnels ou spécialisés.

➢ *Gestion alternative.*

« Hedger » *[M. fin.]*

➢ *Opération de couverture.*

« Hedging » *[M. fin.]*

➢ *Opération de couverture.*

« Holding » *[M. fin.]*

➢ *Société de portefeuille.*

Home country control *[Bq. / M. fin.]*

Contrôle par l'État membre d'origine.

➢ *État membre d'origine.*

Hors cote *[M. fin.]*

➢ *Marché hors cote.*

Hors place (ou déplacé) *[Bq.]*

Dans une autre localité. Ainsi un chèque est payable hors place lorsque le banquier tiré est établi dans une autre localité que le banquier présentateur;

ou encore, un virement est hors place ou déplacé lorsque le compte débité et le compté crédité sont tenus par des banquiers établis dans deux localités différentes.

On dit aussi hors rayon.

➢ *Contra : Sur place.*

Hors rayon *[Bq.]*

Synonyme de hors place.

« Hot money » *[Bq.]*

➢ *Capitaux fébriles.*

Hypothécaire *[Bq.]*

Qui est garanti par une hypothèque. On parle de créancier hypothécaire ou de créance hypothécaire.

➢ *Comp : Chirographaire, Nanti, Privilégié.*

Hypothèque *[Bq.]*

Sûreté réelle portant sur un immeuble dont le propriétaire n'est pas dessaisi, et donnant à son titulaire, le créancier hypothécaire, le droit de faire saisir et vendre le bien grevé, en quelques mains qu'il se trouve (droit de suite), et de se faire payer sur le prix par préférence aux créanciers chirographaires de son débiteur (droit de préférence). Elle doit être inscrite à la Conservation des hypothèques, et prend rang au jour de son inscription sauf s'il s'agit d'une hypothèque privilégiée. Certaines hypothèques sont mobilières (aérienne, fluviale, maritime).

➢ *Comp : Antichrèse.*

➢ *Mots suivants.*

Hypothèque aérienne *[Bq.]*

Hypothèque mobilière conventionnelle portant sur un aéronef, et qui doit être inscrite sur le registre d'immatriculation tenu par le ministère de tutelle de l'aviation civile.

➢ *Comp : Hypothèque fluviale, Hypothèque maritime.*

➢ *Hypothèque mobilière.*

Hypothèque conservatoire *[Bq.]*

➢ *Hypothèque judiciaire.*

Hypothèque conventionnelle *[Bq.]*

Hypothèque constituée par contrat conclu entre un constituant (celui qui consent l'hypothèque sur l'un de ses biens) et un stipulant (le créancier). Ce contrat doit être passé par acte notarié.

➢ *Comp : Hypothèque judiciaire, Hypothèque légale.*

Hypothèque de la femme mariée *[Bq.]*

Hypothèque légale grevant les immeubles du mari, au profit de la femme, quel que soit le régime matrimonial, à la condition que le contrat de mariage contienne une clause (la clause hypothécaire) prévoyant la faculté pour la femme d'inscrire son hypothèque sans intervention du juge. Cette forme d'hypothèque a été supprimée par la loi du 23 décembre 1985.

➢ *Hypothèque des époux, Hypothèque générale, Hypothèque légale.*

Hypothèque de la masse *[Bq.]*

Avant la loi du 25 janvier 1985 relative au redressement et à la liquidation judiciaires, hypothèque légale grevant les immeubles du débiteur en règlement judiciaire ou en liquidation des biens au profit de la masse de ses créanciers. Désormais la notion de masse ayant disparu, cette hypothèque n'existe plus.

Hypothèque de l'État *[Bq.]*

De nombreux textes accordent à l'État et aux collectivités locales des hypothè-

H

ques sur les immeubles de leurs différents débiteurs. Ces hypothèques légales sont générales quant à leur assiette. À titre d'exemple, on citera : l'hypothèque sur les biens des receveurs et administrateurs comptables, l'hypothèque sur les biens des bénéficiaires de l'Aide sociale revenus à meilleure fortune, l'hypothèque sur les biens des organismes d'habitation à loyer modéré.

➢ *Hypothèque générale, Hypothèque légale.*

Hypothèque de l'incapable majeur *[Bq.]*

Hypothèque légale grevant les biens immeubles du tuteur d'un majeur en tutelle et garantissant toutes les créances de celui-ci contre son tuteur du fait de la gestion de ses biens. L'inscription est prise par le greffier du juge des tutelles à la demande du conseil de famille. Le majeur redevenu capable, peut inscrire son hypothèque sans autorisation.

➢ *Comp : Hypothèque du mineur.*

➢ *Hypothèque générale, Hypothèque légale.*

Hypothèque des époux *[Bq.]*

Hypothèque légale grevant les immeubles d'un époux, au profit de l'autre, pour garantir les créances qui pourraient naître entre eux es-qualité. Comme toute hypothèque, elle doit être inscrite.

Elle existe dans trois cas :

1° les époux sont mariés sous le régime de la participation aux acquêts; elle peut être inscrite par l'un des époux pour garantir sa créance de participation;

2° une demande en justice a été introduite par un des époux pour faire constater sa créance contre son conjoint; l'époux demandeur peut faire inscrire son hypothèque;

3° le transfert de l'administration de certains biens d'un époux à l'autre a été ordonné par le tribunal; dans ce cas, l'époux dessaisi de la gestion de ses biens peut s'il est expressément autorisé par le juge, inscrire son hypothèque sur les biens de l'autre pour en garantir l'administration.

➢ *Hypothèque générale, Hypothèque légale.*

Hypothèque du légataire *[Bq.]*

Hypothèque légale grevant les immeubles de la succession au profit du légataire.

➢ *Privilège de la séparation des patrimoines.*

Hypothèque du mineur *[Bq.]*

Hypothèque légale grevant les biens immeubles du tuteur ou de l'administrateur légal d'un mineur et garantissant toutes les créances de celui-ci contre son tuteur ou son administrateur du fait de la gestion de ses biens. L'inscription est prise par le greffier du juge des tutelles à la demande du conseil de famille (tutelle) ou du juge des tutelles (administration légale). Le mineur, devenu majeur, peut inscrire son hypothèque sans autorisation.

➢ *Comp : Hypothèque de l'incapable majeur.*

➢ *Hypothèque générale, Hypothèque légale.*

Hypothèque du Trésor *[Bq.]*

➢ *Privilèges fiscaux.*

Hypothèque fluviale *[Bq.]*

Hypothèque mobilière conventionnelle portant sur un bateau de navigation intérieure et qui doit être inscrite sur le registre tenu au greffe du tribunal de commerce du lieu d'immatriculation dudit bateau.

➢ Comp : *Hypothèque aérienne, Hypothèque maritime.*

➢ *Hypothèque mobilière.*

Hypothèque générale [Bq.]

Se dit d'une hypothèque qui a vocation à porter sur tous les biens présents et à venir du débiteur (générale quant à l'assiette), et à garantir toutes les créances présentes et à naître entre les intéressés (générale quant aux créances). Cependant, lors de l'inscription, le créancier doit préciser sur quel immeuble il entend faire porter son hypothèque et pour garantir quelle créance. En principe, les hypothèques légales sont générales.

Hypothèque immobilière [Bq.]

Par opposition à l'hypothèque mobilière qui est exceptionnelle, hypothèque qui selon le droit commun, porte sur un bien immeuble.

Hypothèque judiciaire [Bq.]

Hypothèque qui résulte de plein droit des décisions judiciaires de condamnation. Elle prend rang au jour de son inscription. Une hypothèque judiciaire conservatoire peut, sous certaines conditions, être inscrite en cours d'instance (art. 67 s. L. 9 juill. 1991 et art. 250 s. Décr. 31 juill. 1992). Dans ce cas, si l'inscription définitive est faite dans les deux mois du jour où la décision de condamnation a force de chose jugée, l'hypothèque judiciaire prend rang rétroactivement à la date de l'inscription de l'hypothèque conservatoire.

Hypothèque légale [Bq.]

Hypothèque prévue par le législateur.

➢ Comp : *Hypothèque conventionnelle, Hypothèque judiciaire.*

➢ *Hypothèque de la femme mariée, Hypothèque de la masse, Hypothèque de l'État, Hypothèque de l'incapable majeur, Hypothèque des époux, Hypothèque du légataire, Hypothèque du mineur, Privilèges généraux mobiliers, Privilège du syndicat de copropriétaires.*

Hypothèque maritime [Bq.]

Hypothèque mobilière conventionnelle portant sur un bateau affecté à la navigation en mer ou sur tout autre bâtiment de mer et qui doit être inscrite sur le registre tenu auprès de l'Administration des douanes, par le conservateur des hypothèques maritimes.

Hypothèque mobilière [Bq.]

Hypothèque qui contrairement au droit commun, porte sur un bien meuble et non pas sur un bien immeuble. Le législateur en a expressément prévu trois : l'hypothèque aérienne, l'hypothèque fluviale et l'hypothèque maritime.

La nature exacte de cette sûreté est controversée : certains y voient un gage sans dépossession, alors que d'autres au contraire, voient dans les gages sans dépossession, des hypothèques mobilières.

Hypothèque privilégiée [Bq.]

Également appelée privilège spécial immobilier, elle donne à son titulaire le droit d'être payé avant les créanciers du même débiteur qui ont une hypothèque simple sur le même immeuble, même inscrite avant.

➢ Contra : *Hypothèque simple.*

➢ *Privilège de la séparation des patrimoines, Privilège des architectes et entre-*

preneurs, Privilège du copartageant, Privilège du vendeur d'immeuble.

Hypothèque simple *[Bq.]*

Par opposition à l'hypothèque privilégiée, hypothèque qui selon le droit commun prend rang en principe au jour de son inscription.

Hypothèque spéciale *[Bq.]*

Par opposition à l'hypothèque générale, se dit d'une hypothèque qui porte sur un bien déterminé (spéciale quant à l'assiette) et garantit une créance précise (spéciale quant à la créance).

I

Ici *[M. fin.]*

Mot employé à l'époque du marché à règlement mensuel, pour désigner la présente liquidation. Ex. : achetez ici.

➢ *Contra : Là-bas.*

➢ *Liquidation.*

Image-chèque *[Bq.]*

Ensemble des éléments d'un chèque pouvant être transmis au banquier tiré sur support magnétique ou par télétransmission; la mise en place d'un tel système communément appelé « non-échange des chèques », permet d'éviter la circulation matérielle des chèques.

➢ *Échange image chèque.*

Immatricule *[Bq.]*

Intitulé d'un titre nominatif et permettant l'identification de son titulaire.

IME *[Bq.]*

➢ *Institut monétaire européen.*

Impayé *[Bq.]*

Mot couramment employé pour désigner un effet impayé à l'échéance.

« **IMRO** » (« **Investment Management Regulatory Organisation** ») *[M. fin.]*

Autorité de tutelle au Royaume-Uni qui supervise les sociétés de gestion de portefeuille britanniques.

Imputation des paiements *[Bq.]*

En cas de pluralité de dettes, détermination de celle qui est éteinte pour un paiement et en cas de paiement partiel d'une dette, détermination de sa portion ainsi acquittée. Sauf convention contraire, le paiement partiel d'une dette portant intérêts, s'impute d'abord sur les intérêts et ensuite sur le capital.

« **In bonis** » *[Bq.]*

(Du latin) maître de ses biens; l'expression est employée aujourd'hui pour désigner celui qui n'est pas en redressement ou liquidation judiciaires.

Incertain *[Bq.]*

➢ *Coter l'incertain.*

Incident de paiement d'un chèque *[Bq.]*

Refus du tiré de payer en tout ou partie un chèque, en raison du défaut de provision. L'incident donne lieu à l'interdiction pour le tireur d'émettre des chèques sauf chèques de retrait ou chèques certifiés.

➢ *Émission de chèque sans provision, Interdiction bancaire, Interdiction judiciaire, Lettre d'injonction.*

Indexation *[Bq. / M. fin.]*

Technique consistant à faire varier un revenu ou un prix en fonction d'un indice de référence.

Indicateur de séance *[M. fin.]*

➢ *Indicateur de tendance.*

I

Indicateur de tendance *[M. fin.]*

Pourcentages diffusés par Euronext Paris pendant le déroulement même d'une séance afin de permettre aux observateurs de suivre l'évolution de la tendance des cours des actions cotées. Les principaux indicateurs sont les suivants :

1° un indicateur d'ouverture qui mesure la variation entre les premiers cours cotés et les cours de clôture de la séance précédente;

2° un indicateur de séance qui mesure la variation entre les cours cotés les plus récents de la séance et les cours de clôture de la séance précédente.

Indicateur d'ouverture *[M. fin.]*

➢ *Indicateurs de tendance.*

Indice *[Bq. / M. fin.]*

Expression de la variation d'un prix ou d'une quantité par rapport à une période de référence. Il existe de nombreux indices boursiers : par exemple ceux d'Euronext Paris, ceux de l'Agence économique et financière (indices AGEFI), ceux de l'INSEE.

➢ *Dow Jones des valeurs industrielles, FT, Indicateur de tendance.*

Indice « CAC 40 » *[M. fin.]*

Indice calculé et publié par Euronext Paris à partir de 40 valeurs cotées sur le Premier marché choisies pour leur forte capitalisation boursière, leur large diffusion dans le public, leur représentativité sectorielle et l'importance en volume des transactions les concernant. Cet indice exprime la capitalisation boursière instantanée de ces quarante valeurs par rapport à leur capitalisation boursière de référence fixée à 1 000 au 31 décembre 1987.

Depuis novembre 1988, un contrat à terme sur l'indice « CAC 40 » peut être négocié sur le Matif (ce contrat est dénommé « CAC 40 Futur » et des options sur ce même indice peuvent être négociées sur le Monep.

Indice DAX (« Deutscher Aktienindex ») *[M. fin.]*

Sur le marché de Francfort, indice créé le 1er juillet 1988 et composé de 30 valeurs vedettes allemandes.

Indice du Nouveau Marché *[M. fin.]*

Indice calculé et publié par Euronext Paris, à partir des valeurs cotées sur le Nouveau Marché, qui représentent les sociétés considérées comme étant à fort potentiel de croissance.

Indice « Euronext 100 » *[M. fin.]*

Nouvel indice boursier basé sur les valeurs cotées sur le marché Euronext. Il comprend les actions des 100 sociétés les plus importantes cotées sur ce marché intégré, choisies en fonction de leur capitalisation boursière et la liquidité de leurs actions.

Indice « Euronext 150 » *[M. fin.]*

Nouvel indice boursier basé sur les valeurs cotées sur le marché Euronext. Il comprend les actions des 150 sociétés les plus importantes cotées sur ce marché intégré après les 100 sociétés composant l'indice « Euronext 100 ».

Indice « Next Economy » *[M. fin.]*

Indice boursier, dont la création est envisagée, qui sera basé sur le segment

« nouvelle économie » du marché Euronext. Il comprendra les sociétés cotées sur ce marché et opérant dans le domaine des technologies de pointe.

Indice « Next Prime » *[M. fin.]*

Indice boursier, dont la création est envisagée, qui sera basé sur le segment « activité traditionnelle » du marché Euronext. Il comprendra les sociétés cotées sur ce marché et qui sont particulièrement actives dans divers secteurs d'activité traditionnelle.

Indice « SBF 120 » *[M. fin.]*

Indice calculé et publié par Euronext Paris à partir de 120 valeurs cotées au Premier Marché ou au Second Marché, choisies pour leur forte capitalisation boursière et l'importance en volume et en nombre des transactions les concernant. Plus diversifié que l'indice « CAC 40 » par le nombre des valeurs qui le composent, l'indice « SBF 120 » comprend toutes les valeurs incluses dans l'indice « CAC 40 ».

Indice « SBF 250 » *[M. fin.]*

Indice calculé et publié par Euronext Paris à partir de 250 valeurs cotées au Premier Marché ou au Second Marché, choisies pour leur forte capitalisation boursière, leur représentativité sectorielle et l'importance en volume des transactions les concernant. Ayant pour objet de représenter l'évolution du marché dans son ensemble, comme dans ses composantes économiques, l'indice « SBF 250 » comprend toutes les valeurs incluses dans l'indice « SBF 120 ».

Indivis *[Bq.]*

➢ *Compte indivis.*

Indivisibilité *[Bq.]*

Qualité d'une créance dont le paiement partiel est impossible.

Indivisibilité du compte courant *[Bq.]*

Principe qui dans la théorie classique, explique l'impossibilité d'extraire une créance qui a été inscrite en compte courant : les différents articles du compte courant forment un tout qu'il n'est pas possible de décomposer, ni de scinder. Ce principe a subi certains assouplissements, par exemple pour admettre la saisie du solde provisoire du compte courant.

➢ *Compte courant, Effet novatoire du compte courant, Réciprocité des remises, Remise.*

« In fine » *[M. fin.]*

Se dit d'une obligation que l'émetteur ne peut pas rembourser par anticipation (notamment par tirage au sort).

Informations fausses ou trompeuses *[M. fin.]*

➢ *Délit d'information fausse ou trompeuse.*

Informations privilégiées *[M. fin.]*

➢ *Délit d'initié, Communication d'information privilégiée.*

Initié *[M. fin.]*

➢ *Délit d'initié.*

Injonction de payer *[Bq.]*

Procédure simplifiée de recouvrement de certaines créances (parmi lesquelles celles qui sont constatées dans un effet de commerce ou un bordereau de cession de créances professionnelles) et qui tend à obtenir du tribunal d'instance ou du président du tribunal de commerce, une ordonnance qui sauf opposition de la part du débiteur, est exécutoire.

Inopposabilité *[Bq.]*
Qualité qui s'attache à un acte dont les effets ne peuvent pas se produire à l'égard des tiers.

Inopposabilité des exceptions *[Bq.]*
Principe du droit cambiaire selon lequel les personnes actionnées en vertu d'un effet de commerce ne peuvent pas, pour refuser le paiement, opposer au porteur de bonne foi les exceptions fondées sur leurs rapports personnels avec les précédents porteurs. Il y a donc, au profit de chaque nouveau porteur, purge des exceptions qui grevaient l'effet de commerce.
➢ *Comp : Opposabilité des exceptions.*
➢ *Mauvaise foi du porteur.*

Insaisissabilité *[Bq.]*
Qualité qui s'attache à ce qui ne peut pas faire l'objet d'une saisie. Après avoir longtemps considéré comme insaisissable le solde créditeur provisoire d'un compte courant, la jurisprudence avait admis qu'il puisse faire l'objet d'un saisie-arrêt de la part d'un créancier du client. La loi du 9 juillet 1991 a consacré cette saisissabilité.

Inscription d'une banque *[Bq.]*
Avant 1984, opération par laquelle le Conseil national du crédit portait une entreprise sur la liste des banques, lui donnant ainsi l'autorisation d'exercer l'activité bancaire et d'utiliser l'appellation de banque. Aujourd'hui, conformément aux directives européennes, tout établissement de crédit doit obtenir un agrément du Comité des établissements de crédit et des entreprises d'investissement.

Inscription d'une sûreté *[Bq.]*
Publication de cette sûreté. Les formalités d'inscription ont lieu selon des modalités et auprès d'administrations qui diffèrent selon le type de sûreté concerné : Conservations des hypothèques, Greffe du tribunal de commerce…

Inscription en compte d'instruments financiers *[M. fin.]*
Inscription d'instruments financiers dématérialisés dans un compte tenu par un teneur de compte-conservateur, ce qui a pour effet de constater les droits du titulaire du compte sur les instruments concernés.

Inscription nominative *[M. fin.]*
Inscription des instruments financiers nominatifs sur les registres de l'établissement émetteur.

Insolvabilité *[Bq.]*
État de celui dont le passif excède l'actif.
➢ *Contra : Solvabilité.*
➢ *Comp : Cessation des paiements.*

Insolvable *[Bq.]*
Celui dont le passif excède l'actif.
➢ *Contra : Solvable.*

Institut d'émission *[Bq.]*
➢ *Banque de France.*

Institution financière spécialisée *[Bq.]*
Catégorie d'établissement de crédit à laquelle l'État a confié une mission permanente d'intérêt public, et qui ne peut

effectuer d'autres opérations de banque que celles afférentes à cette mission, sauf à titre accessoire.
C. mon. fin., art. L. 516-1 (anc. art. 18, dernier al., L. 24 janv. 1984).
Sont notamment agréés en cette qualité par le CECEI : le Crédit d'équipement des petites et moyennes entreprises, le Crédit foncier de France, les sociétés de développement régional, Sofaris...
L'organisme professionnel qui les regroupe est le Groupement des institutions financières spécialisées (GIFS).
➢ *Comp : Banque, Banque mutualiste ou coopérative, Caisses de crédit municipal, Société financière.*

Instrument financier *[M. fin.]*
D'après la loi du 2 juillet 1966 (maintenant codifiée) les instruments financiers comprennent :
1° les actions et titres donnant ou pouvant donner accés directement ou indirectement au capital ou aux droits de vote (actions, warrants financiers donnant lieu à livraison...);
2° les titres de créances représentant un droit de créance sur l'émetteur, à l'exclusion des effets de commerce et des bons de caisse (obligations, titres de créances négociables, warrants financiers donnant lieu à règlement d'espèces...);
3° les parts ou actions d'organismes de placement collectif (actions de Sicav, parts de FCP, de FCC et SCPI);
4° les instruments financiers à terme : les contrats financiers à terme sur effets, valeurs mobilières, indices ou devises; les contrats à terme sur taux d'intérêt; les contrats d'échange; les contrats à terme sur marchandises; les contrats d'options et tous autres instruments de marché à terme;
5° tous les instruments équivalant à ceux mentionnés ci-dessus émis sur le fondement de droits étrangers.
C. mon. fin., art. L. 211-1.
➢ *Prestataire de services d'investissement, Service d'investissement.*

Institut monétaire européen (IME) *[Bq.]*
Prévu par le Traité de Maastricht et mis en place le 1er janvier 1994, institution temporaire dont la mission a été de préparer le passage à l'euro au 1er janvier 1999. Il a cessé ses fonctions le 1er juin 1998 date à laquelle la Banque centrale européenne a pris les siennes.
Traité CE, art. 117 s.
➢ *Union économique et monétaire.*

Instruments financiers à terme *[M. fin.]*
➢ *Instrument financier.*

Instruments financiers admis aux opérations d'Euroclear France SA *[M. fin.]*
Il s'agit des valeurs mobilières négociées sur un marché réglementé, des actions de Sicav ainsi que de toute autre valeur mobilière admise sur décision individuelle du conseil d'administration d'Euroclear France SA aux fins de circulation entre les intermédiaires habilités titulaires de comptes dans les livres d'Euroclear France SA.
➢ *Contra : Instruments financiers non admis aux opérations d'Euroclear France SA.*
➢ *Titre au porteur, Titre nominatif, Titre essentiellement nominatif.*

Instruments financiers non admis aux opérations d'Euroclear France SA *[M. fin.]*
Il s'agit des valeurs mobilières, hors actions de Sicav, n'étant inscrites ni au

I

premier ni au second marché ou à la cote du nouveau marché des bourses françaises, ainsi que des valeurs mobilières non négociées sur un marché réglementé n'ayant pas fait l'objet d'une décision individuelle d'admission aux opérations d'Euroclear France SA.

➢ Contra : *Instruments financiers admis aux opérations d'Euroclear France SA.*

➢ *Titre nominatif.*

« In substance defeasance » *[Bq. / M. fin.]*

➢ *Defeasance.*

I

Interdiction bancaire *[Bq.]*

Déchéance frappant le tireur d'un chèque dont le tiré a refusé le paiement pour défaut de provision suffisante. Tant qu'il n'a pas régularisé l'incident, le tireur est privé du droit d'émettre des chèques, sauf des chèques de retrait ou certifiés, et ceci pendant 5 ans. L'interdiction bancaire est déclenchée par le banquier tiré qui déclare à la Banque de France, l'incident de paiement.

➢ Comp : *Interdiction judiciaire.*

➢ *Lettre d'injonction, Régularisation.*

Interdiction judiciaire *[Bq.]*

Déchéance frappant l'auteur d'une infraction en matière de chèque et qui le prive pendant une durée de 5 ans au plus du droit d'émettre des chèques sauf de retrait ou certifiés. L'interdiction judiciaire est prononcée par le tribunal au titre des sanctions de ces infractions.

➢ Comp : *Interdiction bancaire.*

Interdit bancaire *[Bq.]*

Celui qui est frappé d'une interdiction bancaire.

Interdit de chéquier *[Bq.]*

Celui qui est frappé d'une interdiction bancaire ou judiciaire d'émettre des chèques sauf de retrait ou certifiés.

Interdit judiciaire *[Bq.]*

Celui qui est frappé d'une interdiction judiciaire.

Intérêts *[Bq.]*

Somme versée par l'emprunteur à son prêteur en rémunération du prêt qui lui est consenti.

➢ *Arrérages, Dividende.*

Intérêts à terme échu *[Bq.]*

Intérêts payables lors du remboursement des fonds empruntés.

➢ Contra : *Intérêts précomptés.*

➢ *Intérêts postcomptés.*

Intérêts composés *[Bq.]*

Intérêts qui s'intègrent au capital pour produire eux-mêmes intérêts. On parle également d'intérêts capitalisés.

➢ *Anatocisme, Bon de capitalisation, Capitalisation des intérêts, Sicav de capitalisation.*

Intérêts conventionnels *[Bq.]*

Intérêts calculés sur la base d'un taux fixé par les parties.

Intérêts courus *[M. fin.]*

Fraction du coupon annuel acquise à une date donnée.

➢ *Coupon.*

Intérêts créditeurs *[Bq.]*

Intérêts payés à celui des correspondants dont le compte présente un solde créditeur.

Intérêts débiteurs *[Bq.]*

Intérêts payés par celui des correspondants dont le compte présente un solde débiteur.

Intérêts légaux *[Bq.]*

Intérêts calculés sur la base du taux légal.

Intérêts moratoires *[Bq.]*

Intérêts dus par le débiteur qui ne paie pas à l'échéance convenue, et qui sont destinés à réparer le préjudice subi par le créancier du fait de ce retard.

Intérêts postcomptés *[Bq.]*

Intérêts payables à terme échu, c'est-à-dire lors du remboursement des fonds, par opposition aux intérêts précomptés qui sont payables lors de la mise à disposition des fonds à l'emprunteur.

Intérêts précomptés *[Bq.]*

Intérêts payables lors de la mise à disposition des fonds à l'emprunteur par opposition aux intérêts postcomptés qui sont payables à terme échu c'est-à-dire lors du remboursement des fonds.

Intermédiaire de bourse *[M. fin.]*

Ce terme désigne à la fois les prestataires de services d'investissement et les membres d'un marché réglementé, seuls qualifiés pour traiter des ordres de bourse, et les autres professionnels (établissements de crédit et gérants de portefeuille) qui leur transmettent des ordres aux fins d'exécution sur un marché.

Intermédiaire en opérations de banque *[Bq.]*

Selon la définition légale, est intermédiaire en opérations de banque toute personne qui, à titre de profession habituelle, met en rapport les parties intéressées à la conclusion d'une opération de banque, sans se porter ducroire (c'est-à-dire sans se porter garante). L'activité d'intermédiaire en opérations de banque ne peut s'exercer qu'entre deux personnes dont l'une au moins est un établissement de crédit.

Il est à noter qu'aucune déclaration d'activité n'est nécessaire pour l'exercice de cette profession, les intermédiaires en opérations de banque devant agir en vertu d'un mandat émanant de l'établissement de crédit concerné.

C. mon. fin., art. L. 519-1 (anc. art. 65, L. 24 janv. 1984).

➢ *Comp : Agent des marchés interbancaires.*

I

Intermédiaire financier habilité *[M. fin.]*

Prestataire de services d'investissement habilité à exercer les fonctions de teneur de compte-conservateur dans les conditions prévues au règlement général du CMF.

➢ *Compte administré, Teneur de compte, Titre au porteur, Titre nominatif.*

Intermédiaire inscrit *[M. fin.]*

Aux termes de l'article L. 228-1 du Code de commerce, il s'agit de tout intermédiaire qui peut être inscrit auprès d'un émetteur de titres ou d'un teneur de compte-conservateur , aux fins de représenter un ou plusieurs propriétaires de titres de capital, à la double condition que les titres soient admis aux négociations sur un marché réglementé et que le ou les propriétaires réels ne soient pas résidents français. L'intermédiaire inscrit est tenu de déclarer, auprès de l'émetteur ou auprès du teneur de compte-conservateur, dans des conditions qui seront fixées par décret, sa qualité d'intermédiaire détenant des titres pour le compte d'autrui.

Intermédiation des ordres *[M. fin.]*

Aux termes de l'article L. 421-6 du Code monétaire et financier (anc. art. 43.I. L. 2 juill. 1996), principe selon lequel les négociations et cessions réalisées en France et portant sur des instruments financiers admis aux négociations sur un marché réglementé, doivent être effectuées par un prestataire de service d'investissement ou par un membre du marché, et ce à peine de nullité de ladite opération et de sanctions pénales. Des exceptions à ce principe sont prévues de manière limitative. Il s'agit notamment des cessions entre deux personnes physiques, lorsqu'elles portent sur des valeurs mobilières, des cessions entre deux sociétés lorsque l'une d'elles possède au moins 20 % du capital de l'autre ou encore des cessions entre deux sociétés contrôlées par une même société-mère.

➢ *Marché de gré à gré, Marché réglementé, Prestataire de service d'investissement.*

Intermédiation financière *[Bq.]*

Expression désignant l'un des rôles essentiels des établissements de crédit et consistant à recueillir l'épargne et à la redistribuer sous forme de crédits.

Intervention *[Bq.]*

Acceptation (acceptation par intervention) ou paiement (paiement par intervention) d'un effet de commerce par un tiers ou un garant du titre, afin d'éviter à celui pour lequel cette intervention est faite, le recours ouvert au porteur. Il y a deux types d'intervention :

1° l'intervention prévue et provoquée par une clause de recommandation insérée sur le titre et désignant la personne qui interviendra au besoin (le recommandataire);

2° l'intervention spontanée en dehors de toute clause.

➢ *Acceptation par intervention, Avis d'intervention, Clause de recommandation, Paiement par intervention.*

« In the money » *[M. fin.]*

➢ *Prix d'exercice.*

Introducteur teneur de marché (ITM) *[M. fin.]*

Établissement de crédit ou entreprise d'investissement, adhérent du nouveau marché qui prend en charge la préparation des introductions des titres de sociétés sur le nouveau marché. Il s'engage notamment à assister la société émettrice dans la préparation des documents d'information requis (dossier d'admission, prospectus...); à publier des analyses financières sur la société émettrice ainsi qu'à assurer la liquidité des titres en assurant une activité de *market maker* ou de teneur de marché entre les deux séances quotidiennes de *fixing* du nouveau marché.

➢ *Cotation au fixing, Market maker, Nouveau marché.*

Introduction en bourse *[M. fin.]*

Synonyme d'admission en bourse.

Investissements institutionnels *[M. fin.]*

Investissements en instruments financiers et autres produits financiers effectués par les investisseurs institutionnels.

Investisseurs institutionnels *[M. fin.]*

Organismes qui institutionnellement sont amenés à placer une grande partie de leurs ressources en instruments financiers et autres produits financiers. Leur rôle est important pour soutenir le fonctionnement des marchés. On peut citer la Caisse des dépôts et consignations, les Sicav, les Compagnies d'assurances... Dans le jargon boursier, on les désigne sous l'appellation de « zin-zin ».

Investisseur qualifié *[M. fin.]*

Aux termes de l'article L. 411-2 alinéa 2 du Code monétaire et financier (anc. art. 6.II al. 1er ord. 28 sept. 1967), personne morale disposant des compétences et des moyens nécessaires pour appréhender les risques inhérents aux opérations sur instruments financiers. La liste des catégories auxquelles doivent appartenir les investisseurs qualifiés est définie par décret. À l'instar de la notion de cercle restreint d'investisseurs, cette notion vise à définir les contours du placement privé par opposition à l'appel public à l'épargne, dès lors que ces investisseurs agissent pour leur propre compte.

➢ *Cercle restreint d'investisseurs, Placement privé.*

Isabel *[Bq.]*

➢ *Clause Isabel.*

« **International Swaps and Derivatives Association** » **(ISDA)** *[M. fin.]*

Association internationale fondée en 1985 composée des principales banques et organismes assimilés actifs sur les instruments financiers à terme négociés de gré à gré. L'ISDA a notamment publié une documentation contractuelle standard qui est utilisée dans la très grande majorité des transactions internationales portant sur ces instruments.

➢ *Instrument financier à terme, Marché de gré à gré.*

« **Issuance facility** » *[Bq.]*

➢ *Facilité d'émission garantie.*

J

J'ai *[M. fin.]*

Expression qu'utilisaient les intervenants lors de la cotation à la criée, pour exprimer une offre de vente.

➢ *Contra : Je prends.*

➢ *Cotation à la criée.*

Je prends *[M. fin.]*

Expression qu'utilisaient les intervenants lors de la cotation à la criée, pour exprimer une offre d'achat.

➢ *Contra : J'ai.*

➢ *Cotation à la criée.*

JJ *[M. fin.]*

➢ *Argent au jour le jour.*

« **Jobber** » *[M. fin.]*

À la Bourse de Londres, intermédiaire qui ne traite jamais avec le public mais seulement avec les *brokers*. Le *jobber* agit pour son propre compte, c'est-à-dire qu'il est contrepartiste.

➢ *Broker, Contrepartiste.*

Jour de valeur *[Bq.]*

➢ *Date de valeur.*

Jours fériés *[Bq. / M. fin.]*

➢ *Jours ouvrables, Jours ouvrés, Target.*

Jours ouvrables *[Bq. / M. fin.]*

Jours pendant lesquels en général, le travail et l'activité professionnelle ont lieu.

➢ *Comp : Jours fériés, Jours ouvrés.*

Jours ouvrés *[Bq.]*

Jours pendant lesquels les établissements de crédit sont ouverts au public.

➢ *Comp : Jours fériés, Jours ouvrables.*

« **Junk bonds** » *[M. fin.]*

Dans le jargon boursier anglo-saxon (obligations pourries), on désigne ainsi les obligations dont la notation par les agences spécialisées est très médiocre. Ce sont des obligations à haut risque mais en contrepartie à taux élevé.

K

Krach *[M. fin.]*

Effondrement des cours. Il y a débâcle boursière et financière. Les plus importants sont sans doute ceux de *Wall Street* de 1929 et du 19 octobre 1987. Ce dernier eut immédiatement des effets sur presque toutes les bourses du monde.

L

Là-bas *[M. fin.]*

Mot qui était employé à l'époque du marché à règlement mensuel, pour désigner la liquidation suivant celle du mois en cours. Ex. : achetez là-bas.

➢ *Contra : Ici.*

➢ *Liquidation.*

Large *[M. fin.]*

➢ *Marché large.*

Lavage de chèque *[Bq.]*

Agissement quelconque ayant pour résultat de faire disparaître une mention portée sur un chèque.

➢ *Contrefaçon de chèque, Falsification de chèque.*

LBO *[M. fin.]*

➢ *Leverage Buy Out.*

LCR *[Bq.]*

➢ *Lettre de change-relevé.*

« Lease-back » *[Bq.]*

➢ *Cession-bail.*

« Leasing » *[Bq.]*

Terme anglo-saxon désignant le crédit-bail.

LEE *[Bq.]*

➢ *Livret d'épargne entreprise.*

LEP *[Bq.]*

➢ *Livret d'épargne populaire.*

LETM *[Bq.]*

➢ *Livret d'épargne des travailleurs manuels.*

Lettre commerciale de crédit *[Bq.]*

En matière de crédit documentaire, lettre par laquelle le banquier émetteur informe le bénéficiaire qu'il réalisera ce crédit au profit de tout porteur des documents exigés.

➢ *Comp : Accréditif.*

➢ *Crédit documentaire.*

Lettre d'accueil *[Bq.]*

Lettre que le banquier envoie à un nouveau client pour l'informer de l'ouverture de son compte. Ce procédé est souvent utilisé pour vérifier l'identité et le domicile déclarés par le client; en effet, si cette lettre ne fait pas retour, le banquier peut, mais dans une certaine mesure seulement, considérer que ces renseignements sont exacts. Pour plus de sécurité, la lettre peut être envoyée avec avis de réception.

Lettre d'affectation en garantie *[Bq.]*

➢ *Convention d'affectation en garantie.*

Lettre d'apaisement *[Bq.]*

➢ *Lettre d'intention.*

Lettre de change *[Bq.]*

Titre par lequel une personne appelée tireur, donne l'ordre à l'un de ses débiteurs, appelé tiré, de payer une certaine somme à une certaine date, à une troisième personne appelée bénéficiaire ou à son ordre.

Lettre de change-relevé *[Bq.]*

Lettre de change qui repose partiellement (lettre de change-relevé papier) ou intégralement (lettre de change-relevé magnétique) sur un support informatique. Dans la LCR papier, la lettre de change est créée sur un document papier comme pour la lettre de change classique, puis transcrite sur support magnétique qui seul circulera. Dans la LCR magnétique, il n'y a aucun recours au papier au moment de la création de la lettre : les informations sont immédiatement transcrites sur support magnétique. Aucune garantie cambiaire n'étant attachée à la LCR magnétique, un bordereau de cession de créances professionnelles l'accompagne si besoin. Pour toute LCR papier ou magnétique, la banque domiciliataire avertie par circuit informatique, adresse au tiré un relevé pour qu'il vérifie l'opération et l'autorise à payer la lettre. Ce système a été créé en juillet 1973. Depuis mai 1994, toutes les présentations au paiement entre établissements de crédit se font obligatoirement par voie informatique. Une technique comparable, existe pour le billet à ordre : le billet à ordre-relevé.

Lettre de change « pro forma » *[Bq.]*

➢ *Traite pro forma.*

Lettre de compensation *[Bq.]*

➢ *Convention de compensation.*

Lettre de confort *[Bq.]*

➢ *Lettre d'intention.*

Lettre de crédit *[Bq.]*

Lettre qu'un banquier remet à son client et dans laquelle il l'accrédite auprès d'un autre établissement de crédit ou d'une autre agence de son propre établissement pour lui permettre, sur présentation de cette lettre, d'y retirer des fonds ou de s'y faire ouvrir un crédit. Si en outre le banquier avise directement son correspondant de l'émission de la lettre, elle est dite lettre de crédit confirmée ou avisée. La lettre de crédit est surtout utilisée dans le commerce international.

Lettre de fusion *[Bq.]*

➢ *Convention d'unité de compte.*

Lettre de garantie internationale *[Bq.]*

Dans le cadre d'un marché international, engagement par lequel un établissement de crédit ou une société d'assurance, garantit à l'acheteur (bénéficiaire) l'exécution des obligations du vendeur (donneur d'ordre). Plusieurs formules sont possibles :

1° dans la garantie à première demande, le garant doit exécuter son engagement, c'est-à-dire verser la somme convenue au bénéficiaire, sur la simple demande de celui-ci indépendamment du contentieux pouvant opposer le vendeur et l'acheteur; on parle de garantie autonome;

2° dans la garantie documentaire, le garant n'exécute son engagement que sur présentation de documents expressément convenus (décision judiciaire, sentence arbitrale) établissant le non-respect par le fournisseur de ses obligations contractuelles.

Lettre de patronage *[Bq.]*

➢ *Lettre d'intention.*

L

Lettre d'injonction *[Bq.]*

Lettre recommandée avec avis de réception que le banquier tiré doit obligatoirement adresser à son client tireur d'un chèque dont il a refusé le paiement pour défaut de provision suffisante. Par cette lettre, le banquier doit enjoindre à son client de restituer à tous les banquiers dont il est client, toutes les formules en sa possession ou en celle de ses mandataires, et de ne plus émettre pendant cinq ans, des chèques autres que des chèques de retrait ou certifiés, sauf régularisation de cet incident.

C. com., art. L. 131-73, L. 131-78 (anc. art. 65-3 et 65-3-4, Décr. -L. 30 oct. 1935).

➢ *Incident de paiement de chèque, Régularisation.*

Lettre d'intention *[Bq.]*

Également appelée lettre de confort, lettre de patronage, et parfois lettre d'apaisement, la lettre d'intention est une garantie. En 1973 un parère de l'Association professionnelle des banques la définissait comme « la lettre par laquelle une société de renom indiscuté... parraine une société qu'elle contrôle pour l'obtention ou le maintien d'un crédit. Elle constitue un engagement moral d'assurer la bonne fin du crédit et est considérée comme présentant en pratique une sécurité comparable à celle d'un engagement de caution ». Dans la pratique actuelle, les lettres d'intention contiennent des formules plus ou moins contraignantes allant de la simple présentation de l'intéressé au futur cocontractant à une obligation très précise dépassant à l'évidence, le simple engagement moral et allant jusqu'à une obligation de résultat. Ex. : la société mère peut s'engager à prendre toutes les mesures nécessaires pour que sa filiale puisse rembourser le prêt qui lui est consenti.

➢ *Comp : Cautionnement.*

Lettre d'unité de compte *[Bq.]*

➢ *Convention d'unité de compte.*

Lever d'option *[M. fin.]*

Pour l'acheteur d'une option, demander l'exécution de la transaction convenue. On dit aussi qu'il exerce l'option.

➢ *Contra : Abandonner l'option.*

➢ *Acheteur de l'option, Marché des options négociables, Option, Prix de l'option.*

Lever un titre *[M. fin.]*

Se disait lorsqu'on prenait livraison d'un titre acheté sur le marché à règlement mensuel.

➢ *Marché à règlement mensuel.*

« Leverage Buy Out » (LBO) *[M. fin.]*

Terme générique utilisé pour toutes les opérations d'acquisitions du capital d'une société qui comportent un effet de levier par l'endettement des acquéreurs, le remboursement de la dette contractée par les acquéreurs s'effectuant par les bénéfices tirés de la société achetée.

« Leverage Management Buy Out » (LMBO) *[M. fin.]*

➢ *Rachat d'entreprise par les salariés.*

Libératoire *[Bq.]*

Se dit d'un paiement qui produit ses effets et qui par conséquent éteint la dette de celui qui y était obligé.

➢ *Pouvoir libératoire.*

Libre établissement *[Bq. / M. fin.]*

Par opposition à la libre prestation de services, modalité d'exercice d'une activité dans un autre État de l'Espace économique européen que celui qui a délivré l'agrément, en implantant une succursale dans cet État membre d'accueil.

➢ *Agrément.*

Libre prestation de services *[Bq. / M. fin.]*

Par opposition au libre établissement, modalité d'exercice d'une activité dans un autre État de l'Espace économique européen que celui qui a délivré l'agrément, sans présence permanente dans cet État membre d'accueil.

➢ *Agrément.*

LIBOR (« **London interbank offered rate** ») *[Bq.]*

Taux d'intérêt pratiqué à Londres pour les opérations à court terme effectuées en euro-devises (généralement sur 6 mois).

➢ *Euro-marché.*

Lien cambiaire *[Bq.]*

➢ *Engagement cambiaire, Rapport cambiaire.*

LIFFE (« **London international financial futures exchange** » *[M. fin.]*

Marché des futurs ouvert à Londres le 30 septembre 1986.

➢ *Comp : CBOM, CME, Eurex, Matif, NYSE, Simex.*

➢ *Marché des futurs.*

Liquidation en bourse *[M. fin.]*

C'était l'échéance mensuelle des opérations à règlement mensuel. Elle était fixée à la cinquième séance de Bourse avant la fin du mois : les opérations de liquidation duraient cinq jours.

➢ *Marché à règlement mensuel.*

Liquidation judiciaire *[Bq.]*

Procédure consistant à réaliser l'actif d'un débiteur pour payer ses dettes, lorsque dans le cadre d'un redressement judiciaire, la continuation ou la cession de son entreprise n'apparaît pas possible.

Liquide *[Bq. / M. fin.]*

➢ *Créance liquide, Marché liquide.*

Liquidité *[Bq.]*

Qualité attachée à un bien rapidement convertible en instruments monétaires. La liquidité d'une créance s'apprécie selon sa possibilité de mobilisation; la liquidité d'un bien, selon sa possibilité de réalisation.

➢ *Créance liquide, Liquidités, Ratio de liquidité.*

[M. fin.] Qualité attachée à un instrument financier ou à tout produit financier négocié sur un marché réglementé ou de gré à gré lorsque les offres et les demandes portant sur cet instrument ou produit financier trouvent rapidement leur contrepartie à un cours ne présentant pas un écart anormal par rapport au dernier cours de transaction; on dit alors que le marché est liquide.

➢ *Contrat de liquidité.*

Liquidités *[Bq.]*

Ensemble des moyens de paiement permettant de faire face immédiatement à des engagements financiers.

Liste des banques *[Bq.]*

➢ *Banque inscrite.*

L

Livret A *[Bq.]*
➢ *Livret d'épargne.*

Livret B *[Bq.]*
➢ *Livret d'épargne.*

Livret bancaire *[Bq.]*
➢ *Compte sur livret.*

Livret bleu *[Bq.]*
Appellation donnée au livret d'épargne remis aux déposants du Crédit mutuel et qui bénéficie des mêmes conditions que le livret A de la Caisse d'épargne.
➢ *Livret d'épargne.*

Livret d'épargne *[Bq.]*
À l'origine, livret remis aux déposants des Caisses d'épargne et portant les mentions des versements et des retraits qu'ils effectuent. Désormais, le livret est le plus souvent remplacé par des relevés de comptes périodiques, mais la terminologie demeure. Un même déposant peut avoir un premier livret dit livret A ou livret d'épargne ordinaire, sur lequel sont enregistrés des dépôts dans la limite d'un certain plafond, et dont les revenus sont exonérés d'impôts, et un ou plusieurs livrets dits livrets B ou livrets d'épargne supplémentaires, dont les dépôts sont illimités, mais dont les revenus sont imposables.

Livret d'épargne des travailleurs manuels (LETM) *[Bq.]*
Type de compte de dépôts créé par la loi de finances pour 1977 afin de permettre aux travailleurs manuels de moins de trente ans qui le souhaitaient de se constituer progressivement le capital nécessaire à la création ou l'acquisition d'entreprises artisanales. Il n'en est plus ouvert depuis 1984, date à laquelle a été créé le livret d'épargne entreprise.

Livret d'épargne entreprise (LEE) *[Bq.]*
Type de compte de dépôts créé par une loi du 9 juillet 1984 pour faciliter le financement de la création ou de la reprise d'entreprises, et sur lequel le titulaire verse des fonds (portant intérêts) indisponibles pendant une période d'épargne au terme de laquelle un prêt, proportionnel aux versements effectués, peut lui être accordé à un taux privilégié, pour financer la création ou la reprise d'une entreprise quels qu'en soient le secteur d'activité et la forme juridique.
Le livret d'épargne entreprise a pris le relais du livret d'épargne des travailleurs manuels.

Livret d'épargne populaire (LEP) *[Bq.]*
Parfois appelé livret rose parce que créé sous le gouvernement socialiste par une loi du 27 avril 1982, compte de dépôts « destiné à aider les personnes à revenus les plus modestes, à placer leurs économies dans des conditions qui en maintiennent le pouvoir d'achat ». Limités à un certain plafond, les dépôts effectués produisent un intérêt fixe calculé sur la totalité de l'épargne et un intérêt complémentaire sur les sommes restées en dépôts pendant 6 mois consécutifs tenant compte de la hausse des prix.

Livret jeune *[Bq.]*
Type de compte sur livret créé par le législateur en 1996, que toute personne physique âgée de 12 à 25 ans peut avoir,

ce qui lui permet d'obtenir la rémunération des fonds qu'elle y dépose dans la limite d'un plafond.

Livret rose *[Bq.]*

➢ *Livret d'épargne populaire.*

« **Local** » *[M. fin.]*

➢ *Négociateur pour compte propre.*

Loi bancaire *[Bq.]*

Nom souvent donné en pratique à la loi du 24 janvier 1984 relative à l'activité et au contrôle des établissements de crédit. On parle également, à propos de cette loi, de réforme bancaire. Elle est désormais intégrée dans le Code monétaire et financier.

Long terme *[Bq.]*

➢ *Crédit à long terme.*

Lots *[M. fin.]*

➢ *Obligations à lots.*

Loyer de l'argent *[Bq.]*

➢ *Taux d'intérêts.*

LPS *[Bq. / M. fin.]*

Abréviation de libre prestation de services.

➢ *Agrément.*

M

MAG *[M. fin.]*

➢ *Membre associé Globex.*

Magasins généraux *[Bq.]*

Établissements à usage d'entrepôts dont la création est subordonnée à autorisation préfectorale et dans lesquels sont déposées des marchandises par des industriels, commerçants, agriculteurs ou artisans. Le magasin général garde ces marchandises pour le compte du déposant ou de celui à qui sera transmis, le cas échéant, le titre constatant le dépôt.

➢ *Récépissé-warrant, Warrant.*

Mainlevée *[Bq.]*

Acte amiable ou judiciaire arrêtant les effets d'une opposition, d'une saisie, d'un avis à tiers détenteur ou d'une hypothèque.

Maintien de cours (procédure de) *[M. fin.]*

Procédure qui fait obligation à l'acquéreur d'un bloc de contrôle d'acheter en bourse, pendant une durée de 10 jours de bourse minimum, toutes les quantités de titres qui lui seront présentées au cours auquel la cession a été ou doit être réalisée. Cette procédure de maintien (ou de garantie) de cours tend à protéger les actionnaires minoritaires.

➢ *Bloc de contrôle, Garantie de cours.*

Maison de réescompte *[Bq.]*

Établissements de crédit agréés en qualité de banque par le Comité des établissements de crédit, les maisons de réescompte ont traditionnellement joué un rôle d'intermédiaire sur le marché monétaire et d'intermédiaire obligé lors des interventions de la Banque de France sur ledit marché avant le 1er décembre 1986. Elles ont ensuite partagé ce rôle avec d'autres établissements de crédit qui, comme elles, ont été admis par la Banque de France comme opérateurs principaux des marchés (OPM).

➢ *Comp : Agent des marchés interbancaires.*

Maison de titres *[Bq. / M. fin.]*

Avant 1998, établissement de crédit agréé comme société financière et ayant pour activité principale de gérer pour le compte de sa clientèle des portefeuilles d'instruments financiers en recevant à cet effet des fonds assortis d'un mandat de gestion ou d'apporter son concours au placement de tels instruments en se portant ducroire (c'est-à-dire garant). Les maisons de titres ont dû opter avant le 1er janvier 1998 pour le statut d'entreprise d'investissement ou pour celui d'établissement de crédit. Cette terminologie devrait disparaître.

➢ *Comp : Gérant de portefeuille, Remisier.*

Mandant *[Bq.]*

Celui qui donne mandat et au nom et pour le compte duquel le mandataire doit agir.

Mandat *[Bq.]*

Acte pour lequel une personne (mandant) en charge une autre (mandataire) de faire quelque chose en son nom et pour son compte.

➢ *Comp : Pouvoir, Procuration.*

➢ *Domiciliation, Endossement de procuration, Ordre de virement.*

Mandataire *[Bq.]*

Celui qui ayant reçu mandat, agit au nom et pour le compte du mandant.

➢ *Comp : Commissionnaire ducroire.*

Mandataire judiciaire à la liquidation des entreprises *[Bq.]*

Mandataire de justice chargé, dans le cadre d'une procédure de redressement judiciaire, de représenter les créanciers et si la liquidation judiciaire est prononcée, de procéder aux opérations de liquidation. Avant la loi du 25 janvier 1985, cette mission était assurée par le syndic qui, en outre, assistait ou représentait le débiteur.

➢ *Comp : Administrateur judiciaire.*

Mandat-carte *[Bq.]*

➢ *Mandat postal.*

Mandat de gestion *[M. fin.]*

Convention par laquelle le titulaire d'un compte de titres confère à son intermédiaire financier le pouvoir de procéder, notamment, à des actes d'administration sur son portefeuille d'instruments financiers et lui verse, à ce titre, une commission. Le contrat doit obligatoirement préciser l'objectif assigné à la gestion, les opérations autorisées au mandataire, les modalités d'information du mandant sur l'évolution de son portefeuille, le mode de rémunération de l'activité du mandataire et les conditions de résiliation du mandat.

Mandat d'encaissement *[Bq.]*

Ordre donné par une personne (le mandant) à une autre (le mandataire) de recouvrer une créance pour le compte du mandant. On parle également de mandat de recouvrement.

➢ *Banquier présentateur, Endossement de procuration.*

Mandat de paiement *[Bq.]*

Ordre donné par une personne (le mandant) à une autre (le mandataire) de payer une dette pour le compte du mandant.

➢ *Banquier domiciliataire.*

Mandat de recouvrement *[Bq.]*

➢ *Mandat d'encaissement.*

Mandat de virement *[Bq.]*

➢ *Ordre de virement.*

Mandat-lettre *[Bq.]*

➢ *Mandat postal.*

Mandat postal *[Bq.]*

Titre émis par la Poste qui se charge de son acheminement, et constatant le versement de fonds effectués par l'expéditeur au profit du bénéficiaire. Si le mandat est transmis par l'expéditeur au bénéficiaire, c'est un mandat-lettre; si le mandat est acheminé directement du bureau de poste d'émission au bureau chargé du paiement, c'est un mandat-carte.

Manipulation de cours *[M. fin.]*

Délit visant toute personne qui, directement ou par personne interposée, aurait exercé ou tenté d'exercer sur un marché d'instruments financiers, une manœuvre ayant pour objet d'entraver le fonctionnement régulier du marché en induisant autrui en erreur.

On parle également d'altération de cours.

C. mon. fin., art. L. 465-2 (anc. art. 10-3, Ord. 28 sept. 1967 modifiée).

➢ *Comp : Délit d'information fausse et trompeuse.*

Manuel *[Bq.]*

➢ *Change manuel.*

M

Manipulateur *[Bq.]*

Caissier.

➢ *Commission de manipulation.*

Manquement à l'établissement des cours *[M. fin.]*

Infraction prévue par les dispositions du règlement COB n° 90-04. Elle vise la transmission par un opérateur d'ordres sur le marché ayant pour objet d'entraver l'établissement du prix sur le marché ou d'induire autrui en erreur. Elle vise également l'intervention d'un émetteur sur ses propres titres, en période d'émission ou en dehors d'une période d'émission, ayant pour objet d'entraver le libre établissement du cours du titre de l'émetteur et d'induire autrui en erreur.

➢ *Manipulation de cours.*

Manquement à l'obligation d'information du public *[M. fin.]*

Infraction prévue par les dispositions du règlement COB n° 98-07. Elle vise la communication, par toute personne tenue d'informer le marché, d'une information inexacte, imprécise, trompeuse ou tardive, ou encore l'absence de communication de toute information au public. L'infraction est réalisée dès lors que l'information est susceptible d'avoir une incidence significative, au moment de l'information défectueuse du marché, sur le cours d'un instrument financier ou d'un contrat à terme négociable.

Manquement d'utilisation d'une information privilégiée *[M. fin.]*

Infraction prévue par les dispositions du règlement COB n° 90-08. Elle vise toute personne qui, détenant, dans le cadre de ses fonctions, une information privilégiée concernant un émetteur, un instrument financier ou un produit financier, réalise ou permet à un tiers de réaliser des opérations sur le marché boursier sur la base de cette information. Elle vise également la communication d'une information privilégiée en dehors d'un cadre strictement professionnel. Elle vise enfin toute personne qui, détenant, en dehors de tout rapport professionnel, et en connaissance de cause, une information privilégiée, réalise ou permet à un tiers de réaliser une opération sur le marché boursier sur la base de cette information.

➢ *Délit d'initié.*

Marchandises *[Bq.]*

➢ *Avance sur marchandises.*

Marchandises warrantées *[Bq.]*

Marchandises qui font l'objet d'un gage constaté par un warrant.

➢ *Magasins généraux, Récépissé-warrant.*

Marché à règlement mensuel (ou marché RM) *[M. fin.]*

Appelé marché à terme jusqu'en octobre 1983, marché réglementé de valeurs mobilières sur lequel le dénouement intervenait sauf stipulation contraire du donneur d'ordres, à une date postérieure au jour de la négociation. Cette date était appelée jour de liquidation. Il a été supprimé le 22 septembre 2000 et remplacé, à cette date, par le mécanisme de l'OSRD.

➢ Contra : *Marché au comptant.*

Marché à terme *[M. fin.]*

D'une façon générale, par opposition à un marché au comptant, marché sur lequel le dénouement des opérations n'a pas lieu immédiatement, mais à une certaine échéance.

Divers marchés à terme sont ou ont été organisés pour la négociation de différents produits. Ainsi : le marché à règlement mensuel (RM) pour les valeurs mobilières, supprimé depuis le 22 septembre 2000, le Monep pour certaines options négociables, le Matif pour les marchandises et les instruments financiers tels que les contrats à terme négociables ou les options négociables.

Marché à terme conditionnel *[M. fin.]*

Marché réglementé sur lequel sont négociés des contrats d'options négociables.

➢ *Matif, Monep.*

Marché à terme d'instruments financiers *[M. fin.]*

➢ *Marché des futurs, Matif.*

Marché à terme ferme *[M. fin.]*

Marché réglementé sur lequel sont négociés des contrats à terme négociables.

➢ *Matif.*

Marché à terme sur indice *[M. fin.]*

Marché réglementé sur lequel sont négociés des contrats à terme négociables et/ou des contrats d'options négociables portant sur des indices.

➢ *Contrat sur indice « CAC 40 ».*

Marché à terme sur marchandises *[M. fin.]*

➢ *Bourse de commerce, Matif.*

Marché à terme sur taux *[M. fin.]*

Marché réglementé sur lequel sont négociés des contrats à terme négociables portant sur des emprunts (comme le contrat sur l'emprunt euro-notionnel) ou sur des taux (comme le contrat sur Euribor 3 mois).

M

Marché au comptant *[M. fin.]*

D'une façon générale, par opposition à un marché à terme, marché réglementé sur lequel les opérations sont dénouées immédiatement. Depuis la suppression du marché à règlement mensuel, le marché au comptant est devenu la règle pour les transactions effectuées sur les marchés réglementés de la Bourse de Paris.

➢ Contra : *Marché à terme.*

Marché conditionnel *[M. fin.]*

➢ *Marché à terme conditionnel.*

Marché de gré à gré *[M. fin.]*

Marché dont les règles sont librement fixées par les parties au moment de leur opération.

Dans la terminologie anglo-saxonne, on parle d'*over-counter market* (OTC).

Marché de l'argent à court terme *[Bq.]*

➢ *Marché monétaire.*

Marché de l'argent au jour le jour *[Bq.]*

➢ *Marché interbancaire.*

M

Marché dérivé *[M. fin.]*

On appelle ainsi un marché où l'on négocie des produits créés à partir d'autres produits qui sont eux-mêmes traités sur un autre marché qu'il soit réglementé ou de gré à gré. Ainsi, le Monep est un marché dérivé, car on y traite des options sur actions, ces actions étant elles-mêmes traitées sur le marché des valeurs mobilières. On dit que les options sur actions sont des produits dérivés des actions.

Marché des capitaux *[Bq. / M. fin.]*

Traditionnellement on distinguait le marché des capitaux à court terme appelé marché monétaire et le marché des capitaux à long terme appelé marché financier. Cette distinction tend à perdre toute signification : en effet, depuis 1984 les pouvoirs publics ont entrepris un décloisonnement des marchés pour créer un grand marché unifié allant du jour le jour au long terme.

➢ *Marché financier, marché monétaire.*

Marché des changes *[Bq.]*

Marché des devises.

➢ *Bourse de change, Cambiste, Change.*

Marché des futurs *[M. fin.]*

Par traduction de l'expression anglo-saxonne *futures exchange*, marché réglementé d'instruments financiers à terme sur lequel sont traités des contrats à terme négociables. C'est par exemple, le CBOT ou le CME à Chicago, le NYFE à New York, le LIFFE à Londres et le Matif à Paris. Ces contrats peuvent porter sur n'importe quel type d'actifs sous-jacents (devise, taux, titre, indice, marchandise…). L'objectif de certains opérateurs est de se couvrir du risque de variation de cours de l'actif sous-jacent sur lequel est référencé le contrat en vendant ou, selon le cas, en achetant des contrats face à d'autres opérateurs qui acceptent de prendre le risque à leur place et que l'on dénomme de ce fait « spéculateur ».

➢ *Contrat à terme négociable, Contrat sur l'emprunt euro-notionnel, Contrat sur Euribor 3 mois.*

Marché des options négociables *[M. fin.]*

Marché réglementé d'instruments financiers à terme sur lequel sont traités des options dites négociables, ce qui signifie que l'on peut sortir d'une position en prenant une position inverse sur le marché. Ainsi, en pratique, une position en option peut se dénouer soit par l'exercice de l'option, soit par l'abandon de l'option, soit par un achat d'option (dans le cas d'une position initiale vendeuse) sur le marché. Pour assurer la bonne fin de toutes ces positions, contrairement aux options négociées de gré à gré, les options négociables sont enregistrées dans les comptes d'une chambre de compensation qui en garantit la bonne fin.

En France, il existe plusieurs marchés d'options négociables :

- le Monep pour les options sur actions et sur indices,
- le Matif pour les options sur contrats à terme négociable (emprunt euro-notionnel par exemple) et sur marchandises.

➢ *Assignation, Classe d'options négociables, Matif, Monep, Option, Série d'options négociables, Produit sous-jacent.*

Marché des reports *[M. fin.]*

➢ *Report.*

Marché des titres de créances négociables *[Bq. / M. fin.]*

Marché d'instruments financiers où sont négociés les billets de trésorerie (BT), les bons à moyen terme négociables (BMTN) et les certificats de dépôts (CD).

➢ *Marché monétaire.*

Marché d'introduction *[M. fin.]*

Marché au cours duquel a lieu la première négociation d'un instrument financier admis à la négociation d'un marché réglementé.

➢ *Cotation.*

Marché du reclassement *[M. fin.]*

➢ *Marché gris.*

Marché en réaction *[M. fin.]*

Dans le langage boursier, se dit du marché lorsque les cours après une vive hausse, accusent un certain tassement.

➢ *Contra : Marché en reprise.*

➢ *Baisse, Hausse, Marché inactif, Marché irrégulier, Marché résistant, Marché soutenu.*

Marché en reprise *[M. fin.]*

Dans le langage boursier, se dit du marché lorsque les cours après une forte baisse, sont en progression.

➢ *Contra : Marché en réaction.*

➢ *Baisse, Hausse, Marché inactif, Marché irrégulier, Marché résistant, Marché soutenu.*

Marché étroit *[M. fin.]*

Marché d'un produit sur lequel les négociations sont peu nombreuses. On parle également de marché fermé.

➢ *Contra : Marché large.*

Marché fermé *[M. fin.]*

➢ *Marché étroit.*

Marché financier *[M. fin.]*

Marché des capitaux disponibles à long terme. La demande sur le marché financier peut émaner : soit des entreprises qui recueillent les fonds dont elles ont besoin, par l'émission d'actions ou d'obligations; soit de l'État ou des collectivités publiques qui émettent des emprunts.

➢ *Marché des capitaux, Marché monétaire, Marché obligataire, Marché primaire, Marché secondaire.*

Marché gouverné par les ordres *[M. fin.]*

Mode d'organisation d'un marché réglementé d'instruments financiers dans lequel le cours d'un instrument financier résulte de la confrontation de tous les ordres dans un même lieu et au même moment, le cours ainsi obtenu étant généralement valable pour tous les ordres.

Dans la terminologie anglo-saxonne, on parle de *order driven market*.

Marché gouverné par les prix *[M. fin.]*

Mode d'organisation d'un marché réglementé d'instruments financiers dans lequel l'absence de centralisation des cours permet une confrontation multiple des ordres de laquelle sortira des prix différents et qui ne seront pas les mêmes pour tous. Un marché gouverné par les prix se caractérise par la présence de *market maker*.

Dans la terminologie anglo-saxonne, on parle de *price driven market*.

➢ *Market maker.*

Marché gris *[M. fin.]*

Lors de l'émission d'un instrument financier, ensemble des opérations permettant sa meilleure répartition possible entre les différents placeurs en fonction des besoins et des capacités de chacun d'entre eux.

Ce marché est assuré par des établissements de crédit et des entreprises d'investissement, dont le rôle d'information et de redistribution évite aux placeurs des excédents et assure le placement définitif des titres dans les meilleurs conditions. Officiellement appelé marché du reclassement, il dure quelques jours ou quelques heures et prend fin lors de l'admission à la négociation des titres sur un marché réglementé.

Dans les pays anglo-saxons, on parle de *Grey Market*.

Marché hors banque *[Bq.]*

On désigne parfois ainsi le marché monétaire lorsqu'il fonctionne sans l'intervention de la Banque de France.

Marché hors cote *[M. fin.]*

Marché non réglementé, mais organisé, auquel étaient assignées plusieurs missions : permettre l'accès au marché financier à des sociétés qui ne répondaient pas aux critères exigés pour une cotation sur le marché officiel, fournir une place pour des opérations sur des valeurs non officiellement cotées. Ce marché a été supprimé le 2 juillet 1998 et remplacé par le marché libre OTC.

➢ *Comp : Marché réglementé.*

Marché hypothécaire *[Bq.]*

Créé en 1966 sur avis du Crédit foncier de France et réformé par des lois du 11 juillet 1985 et du 25 juin 1999, marché sur lequel les établissements de crédit peuvent mobiliser les prêts à long terme consentis à leur clientèle et garantis par des hypothèques.

Les établissements qui se refinancent émettent, au profit de l'organisme de refinancement, la Caisse de refinancement de l'habitat, des billets à ordre appelés billets hypothécaires.

La loi du 25 juin 1999 a supprimé la tutelle du Crédit foncier de France sur ce marché.

C. mon. fin., art. L. 313-42 s.

➢ *Billet hypothécaire, Caisse de refinancement de l'habitat, Crédit hypothécaire, Hypothèque, Mobilisation.*

Marché inactif *[M. fin.]*

Dans le langage boursier, se dit d'un marché lorsque les négociations sont peu nombreuses et que l'on constate une certaine hésitation ou réserve de la part des opérateurs.

➢ *Marché en réaction, Marché en reprise, Marché irrégulier, Marché résistant, Marché soutenu.*

Marché interbancaire *[Bq.]*

Partie du marché monétaire réservé aux établissements de crédit et permettant à ceux qui ont des excédents de liquidités d'en prêter, pour une période très courte (souvent un jour) à ceux qui en ont besoin. Les taux s'établissent en fonction de l'offre et de la demande. On parle parfois du taux de l'argent au jour le jour ou du taux du marché monétaire.

Depuis le 1er janvier 1999, au sein de l'Union économique et monétaire, ce marché est transfrontière et unifié. C'est le marché interbancaire de l'euro. Un taux, appelé EONIA, est calculé quotidiennement.

Marché irrégulier *[M. fin.]*

Dans le langage boursier, se dit du marché lorsque les cours hésitent entre les hausses et les baisses.

➢ *Marché inactif, Marché résistant, Marché soutenu.*

Marché large *[M. fin.]*

Marché d'un produit sur lequel les négociations sont importantes.

➢ *Contra : Marché étroit.*

Marché libre *[M. fin.]*

➢ *Bourse de commerce.*

Marché libre OTC (Ouvert à toutes cessions) *[M. fin.]*

Marché non réglementé, organisé par Euronext Paris, qui fonctionne depuis le 25 septembre 1996. Ce marché est issu de la suppression du marché hors-cote. Il fournit aux membres négociateurs des marchés gérés par Euronext Paris un moyen de diffusion et de négociation des ordres de vente et d'achat sur tous les instruments financiers non admis aux négociations sur un marché réglementé. La plupart des sociétés inscrites sur ce marché souhaitent, à un moment donné, effectuer leur transfert vers l'un des marchés réglementés de la bourse de Paris.

Marché liquide *[M. fin.]*

Un marché est ainsi qualifié lorsqu'il offre aux acheteurs et aux vendeurs la possibilité de trouver rapidement la contrepartie de leurs offres à un cours ne présentant pas d'écart anormal par rapport au dernier cours coté de la valeur concernée.

Marché monétaire *[Bq.]*

D'une façon générale, marché sur lequel les agents économiques négocient entre eux leurs besoins et leurs excédents de capitaux à court et moyen terme. Il comprend le marché interbancaire réservé aux établissements de crédit et le marché de titres de créances négociables ouvert à tous les agents économiques. En pratique, on a parfois tendance à parler indistinctement de marché monétaire ou de marché interbancaire.

Marché obligataire *[M. fin.]*

Marché des obligations; il constitue une partie du marché financier.

Marché officiel *[M. fin.]*

Marché sur lequel étaient négociées les valeurs admises à la cote officielle. Depuis 1997, on parle de Premier marché.

➢ *Comp : Second marché.*

Marché primaire *[Bq. / M. fin.]*

Partie du marché financier ou du marché monétaire qui concerne des titres dont c'est la mise en circulation : émission d'actions, d'obligations, d'emprunts ou de titres de créances négociables.

➢ *Contra : Marché secondaire.*

➢ *Marché financier, Marché monétaire.*

Marché privé *[Bq.]*

➢ *Nantissement de marché.*

Marché public *[Bq.]*

➢ *Nantissement de marché.*

Marché réglementé *[M. fin.]*

Terminologie issue du droit européen selon laquelle les marchés réglementés sont ceux qui sont déclarés comme tels par les autorités compétentes de chaque pays membre de l'Union européenne et qui ont fait l'objet d'une réglementation approuvée par une autorité publi-

que ou par une autorité désignée par la loi.

En France, la reconnaissance de la qualité d'un marché réglementé d'instruments financiers est décidée par arrêté du ministre chargé de l'Économie sur proposition du Conseil des Marchés Financiers et après avis de la COB et de la Banque de France.

Sont ainsi reconnus comme des marchés réglementés le premier marché, le second marché, le nouveau marché, le Matif et le Monep.

C. mon. fin., art. L. 421-1.

➢ Contra : *Marché de gré à gré.*

M

Marché résistant [M. fin.]

Dans le langage boursier, se dit du marché lorsque les cours malgré des attaques, n'accusent qu'une légère baisse.

➢ *Krach, Marché inactif, Marché irrégulier, Marché soutenu.*

Marché secondaire [Bq. / M. fin.]

Partie du marché financier ou du marché monétaire qui concerne des titres déjà émis et dont ce n'est pas en conséquence, la première mise en circulation.

➢ Contra : *Marché primaire.*

➢ *Marché financier, Marché monétaire.*

Marché soutenu [M. fin.]

Dans le langage bousier, se dit du marché lorsque les cours se maintiennent grâce à quelques opérateurs importants.

➢ Contra : *Effritement.*

➢ *Investisseur institutionnel, Marché inactif, Marché irrégulier, Marché résistant.*

Marc le franc [Bq.]

➢ *Au marc le franc.*

Marge [M. fin.]

➢ *Appel de marge.*

Marge de garantie [Bq.]

Différence entre la valeur du bien nanti et le montant du prêt accordé. Le créancier s'assure d'une telle marge afin de pallier une éventuelle dépréciation du bien qui rendrait sa sûreté illusoire.

➢ Comp : *Clause d'arrosage.*

« Margin Account » [M. fin.]

➢ *Compte de marge.*

Marginales [M. fin.]

Se dit de demandes ou d'offres de valeurs mobilières qui ne sont pas satisfaites.

➢ *Avis à valoir, Demandé, Demandes réduites, Offert, Offres réduites.*

« Market maker » [M. fin.]

Sur les marché réglementés d'instruments financiers, nom donné à des membres du marché qui proposent une fourchette de prix à l'achat et à la vente et qui sont tenus de se porter contrepartie à ces prix pour des quantités et selon des modalités prévues par la réglementation du marché concerné.

La fonction d'un *market maker* est d'améliorer la liquidité du marché. On désigne cette activité sous le nom de teneur de marché sur le Matif et sur le Monep, de spécialiste sur le premier marché et le second marché, et d'introducteur teneur de marché sur le nouveau marché.

On parle également de marché de *market makers* ou de marchands de titres dans les marchés gouvernés par les prix.

➢ *Bid-ask.*

Masse des obligataires *[M. fin.]*

Regroupement de plein droit de tous les obligataires d'un même emprunt et auxquels sont conférés les mêmes droits. La masse des obligataires est dotée de la personnalité juridique pour la défense des intérêts collectifs de ses membres.

Matif *[M. fin.]*

Nom donné au marché des futurs lorsqu'il fut créé à Paris en février 1986 après la loi du 11 juillet 1985 posant les bases de son organisation. Le sigle signifiait alors marché à terme d'instruments financiers. La loi du 31 décembre 1987 ayant unifié l'ensemble des marchés des futurs, le sigle signifie désormais marché à terme international de France. Le Matif est aujourd'hui un marché réglementé d'instruments financiers à terme dont les contrats portent sur des actifs financiers et des marchandises.

➢ *Conseil des marchés financiers.*

Matif SA *[M. fin.]*

Matif SA était un établissement de crédit qui assurait les fonctions d'entreprise de marché et de chambre de compensation des contrats négociés sur le Matif. Ces fonctions sont désormais exercées par Euronext Paris en tant qu'entreprise de marché, et par Clearnet SA en tant que chambre de compensation.

➢ *Entreprise de marché, Chambre de compensation.*

« **Maturity factoring** » *[Bq.]*

➢ *Affacturage.*

Mauvaise foi du porteur *[Bq.]*

Conscience pour le porteur d'un effet de commerce ou d'un chèque au moment où il acquiert ce titre, de causer un préjudice au débiteur en l'empêchant, en raison du principe de l'inopposabilité des exceptions, de se prévaloir d'une exception qu'il aurait pu opposer au précédent porteur. La preuve de cette mauvaise foi fait échec à l'application dudit principe.

➢ *Inopposabilité des exceptions.*

MCE *[Bq.]*

➢ *Crédit de mobilisation de créances nées sur l'étranger.*

MCNE *[Bq.]*

➢ *Crédit de mobilisation de créances nées sur l'étranger.*

Mécanisme de garantie des cautions *[Bq.]*

Mécanisme ayant pour objet d'honorer les engagements pris par un établissement de crédit en qualité de caution, en cas de défaillance de celui-ci, lorsque ce cautionnement était une exigence prévue par la loi : par exemple, pour la construction d'une maison individuelle, un établissement de crédit (souvent une société de caution mutuelle) doit garantir à l'acheteur l'exécution des obligations du constructeur.

Ce mécanisme est géré par le fonds de garantie des dépôts et il a été prévu par la loi du 25 juin 1999 sur amendement du groupe communiste à l'assemblée nationale, pour répondre à la défaillance de la société de caution mutuelle Mutua équipement qui défrayait la chronique.

Les établissements de crédit dont l'agrément permet en France de délivrer de tels cautionnements, doivent adhérer à ce mécanisme.

C. mon. fin., art. L. 313-50 et L. 313-51.

➢ *Fonds de garantie des dépôts.*

Mécanisme de garantie des investisseurs *[Bq. / M. fin.]*

Mécanisme ayant pour objet d'indemniser les investisseurs lorsqu'ils ne peuvent pas obtenir la restitution immédiate ou à terme rapproché de leurs instruments financiers et de leurs dépôts d'espèces liés à un service d'investissement. Le mécanisme est géré par le fonds de garantie des dépôts. Outre cette mission curative, le fonds peut, sur proposition de la Commission bancaire et avis du Conseil des marchés financiers, accepter d'intervenir à titre préventif mais dans des conditions qu'il fixe.

Doivent adhérer à ce mécanisme, lorsqu'ils sont conservateurs d'instruments financiers confiés par des tiers, les établissements de crédit et les entreprises d'investissement agréés en France, et tout intermédiaire habilité à faire de la conservation et de l'administration d'instruments financiers et les adhérents des chambres de compensation.

C. mon. fin., art. L. 322-1 s.

➢ *Fonds de garantie des dépôts.*

Membre associé Globex (MAG) *[M. fin.]*

Membre d'une bourse participant au système Globex et désigné par un adhérent compensateur du Matif pour négocier, avec l'accord de sa bourse d'origine, des contrats à terme du Matif négociés sur Gobex.

➢ *Globex, Matif.*

Membre négociateur (NEC) *[M. fin.]*

Nom donné aux établissements de crédit ou entreprises d'investissement habilités en tant que négociateur sur le Matif ou sur le nouveau marché. On parlait auparavant de négociateur-courtier d'où l'abréviation de NEC.

➢ *Comp : Négociateur pour compte propre.*

➢ *Compensateur.*

Mensualité *[Bq.]*

Montant mensuel que doit verser un débiteur à son créancier pour rembourser sa dette en capital et intérêts. Les mensualités peuvent être constantes (c'est-à-dire fixes) ou variables (par exemple dégressives ou progressives).

➢ *Comp : Annuité.*

Mention « compensé » *[Bq.]*

Mention apposée par le banquier présentateur au verso de chacun des chèques avant de les présenter en chambre de compensation. Le nom de l'établissement présentateur et la date sont également indiqués.

Méthode chartiste *[M. fin.]*

Méthode d'analyse de graphiques représentant les cours de valeurs mobilières ou de tout autre produit financier sur une période donnée, afin d'établir des prévisions sur l'évolution de ces cours.

Méthode des scores *[Bq.]*

Méthode conçue pour mesurer le risque de défaillance d'une entreprise et reposant sur l'analyse d'indicateurs intégrant plusieurs ratios. Elle complète l'analyse financière classique des ratios. On parle également de *scoring*.

Mieux *[M. fin.]*

➢ *Ordre « au mieux ».*

Mobilisable *[Bq.]*

Qui peut être mobilisé.

➢ *Crédit mobilisable, Mobilisation.*

Mobilisateur *[Bq.]*

Organisme qui assure le refinancement d'une créance.

➢ *Mobilisation.*

Mobilisation *[Bq.]*

Opération par laquelle un créancier retrouve auprès d'un organisme, appelé organisme mobilisateur, la disponibilité des sommes qu'il a prêtées à son débiteur. Sa créance est ainsi mobilisée.

➢ *Crédit de mobilisation de créances commerciales, Crédit de mobilisation de créances nées sur l'étranger, Escompte, Marché hypothécaire, Marché monétaire.*

Mobilisé *[Bq.]*

Se dit d'un crédit ou d'une créance qui fait l'objet d'un refinancement au profit du créancier lequel retrouve ainsi la disponibilité des sommes qu'il avait prêtées.

➢ *Mobilisation.*

MOFF *[Bq.]*

Une MOFF (*multiple option financing facility*) ou MOF (*multiple option facility*) est une ouverture de crédit consentie par un syndicat de banques à une entreprise qui peut l'utiliser selon des options diverses déterminées dans le contrat (crédit confirmé ou non, escompte, *swing-line*...) et dans différentes monnaies également déterminées dans le contrat. C'est donc un contrat d'ouverture de crédit multi-devises à options multiples.

➢ *Arrangeur, Swing-line.*

Monep *[M. fin.]*

Nom donné au marché des options négociables ouvert en Bourse de Paris le 10 septembre 1987.

Les options négociables sur le Monep portent soit sur des actions, soit sur des indices.

➢ *Comp :* *Matif.*

➢ *Indice « CAC 40 », Marché à terme, Marché des options négociables, Produit sous-jacent.*

Monnaie *[Bq.]*

Instrument de paiement qui d'une façon générale est reconnu et admis comme tel.

➢ *Mots suivants.*

Monnaie banque centrale *[Bq.]*

Monnaie dont les banques disposent ou qu'elles se procurent par l'intermédiaire de leur compte à la Banque centrale de leur pays.

Monnaie commune *[Bq.]*

Concept d'une monnaie européenne qui se serait ajoutée aux monnaies nationales sans les remplacer. Ce n'est pas ainsi qu'a été conçu l'euro, qui, au contraire, est une monnaie unique. Il convient donc de ne pas parler de monnaie commune à propos de l'euro.

Monnaie d'appoint *[Bq.]*

Monnaie ayant un pouvoir libératoire limité à une certaine somme fixée par la loi. Il en est ainsi notamment de la monnaie divisionnaire.

Monnaie de banque *[Bq.]*

➢ *Monnaie scripturale.*

Monnaie de billon *[Bq.]*

Monnaie constituée par des pièces faites d'un alliage d'une faible valeur intrinsèque. Cet alliage est appelée le billon.

➢ *Comp :* *Monnaie métallique.*

➢ *Monnaie divisionnaire.*

Monnaie de papier *[Bq.]*

On appelait ainsi la monnaie fiduciaire lorsque les billets de banque étaient convertibles en or. Aujourd'hui, les billets étant inconvertibles, on parle de papier-monnaie.

➢ *Monnaie fiduciaire.*

Monnaie de réseau *[Bq.]*

Monnaie électronique dont le support de stockage est la mémoire d'un ordinateur.

➢ *Comp : Porte-monnaie électronique.*

Monnaie de virement *[Bq.]*

➢ *Monnaie scripturale.*

Monnaie divisionnaire *[Bq.]*

Monnaie représentant une fraction de l'unité monétaire, ce qui permet le règlement des décimales. C'est le plus souvent une monnaie de billon.

Monnaie électronique *[Bq.]*

Elle est définie par une directive européenne du 18 septembre 2000, comme une valeur monétaire représentant une créance sur l'émetteur et qui est stockée sur un support électronique contre la remise de fonds d'un montant au moins égal, et acceptée comme moyen de paiement par des entreprises autres que l'émetteur.

Le support électronique peut être soit la puce d'une carte à mémoire (c'est le porte-monnaie électronique), soit la mémoire d'un ordinateur (c'est la monnaie de réseau, telle l'expérience française Kleline en 1997).

Dans les deux cas cependant, la question que l'on peut se poser est de savoir s'il s'agit véritablement de monnaie électronique ou d'un simple transfert par voie électronique, de monnaie scripturale. Le fait qu'il y ai pré-paiement est le principal argument avancé par les uns en faveur de la qualification de monnaie électronique comme substitut aux pièces et billets. Pour d'autres, on ne pourra parler de monnaie électronique que lorsque le créancier qui aura reçu en paiement une valeur monétaire sur support électronique, pourra aussitôt l'utiliser pour effectuer à son tour un paiement, sans avoir à passer par son compte en banque : tel sera le cas lorsque les différents supports (puce ou mémoire d'ordinateur) pourront être chargés directement entre eux.

Monnaie fiduciaire *[Bq.]*

Constituée par l'ensemble des billets de banque, elle tire son nom de l'époque où ces billets étaient convertibles en or et où par conséquent, elle reposait sur la confiance (du latin *fiducia*) du porteur envers l'émetteur. On parle également aujourd'hui de papier-monnaie.

➢ *Comp : Monnaie de papier.*

➢ *Billet de banque.*

Monnaie métallique *[Bq.]*

Monnaie constituée par des pièces d'or ou d'argent.

➢ *Comp : Monnaie de billon.*

Monnaie postale *[Bq.]*

Disponibilités monétaires du réseau de la Poste.

Monnaie scripturale *[Bq.]*

Également appelée monnaie de banque et parfois monnaie de virement, c'est la monnaie constituée par l'ensemble des dépôts à vue auprès du secteur bancaire, des caisses d'épargne, des centres de chèques postaux et des comptables publics. Elle circule par un simple jeu d'écritures (d'où son nom) entre les comptes.

Monnaie unique *[Bq.]*

Monnaie des États membres de l'Union européenne participant à l'Union économique et monétaire. C'est l'euro. Elle est unique car elle s'est substituée aux anciennes monnaies nationales qui ont donc cessé d'exister à l'instant de cette substitution. C'est pourquoi, il serait incorrect de parler de monnaie commune (la monnaie commune aurait été une monnaie européenne qui se serait ajoutée aux monnaies nationales sans les remplacer). Le débat monnaie commune ou monnaie unique a eu lieu en son temps, mais il a été réglé en faveur de la monnaie unique.

Mont-de-Piété *[Bq.]*

➢ *Crédit municipal.*

Moratoire *[Bq.]*

Au sens strict un moratoire est la décision par laquelle des délais de paiement sont accordés aux débiteurs par les pouvoirs publics, lorsque les circonstances l'exigent (guerre, grève, calamité publique notamment). Par extension, la pratique utilise le terme pour désigner la convention par laquelle un créancier accorde un délai de paiement supplémentaire à son débiteur.

➢ *Prorogation d'échéance, Prorogation de délai.*

Moratoire d'intérêts *[Bq.]*

Décision ou convention par laquelle le paiement des intérêts est différé.

Moyen de paiement *[Bq.]*

Selon l'article L. 311-3 du Code monétaire et financier (anc. art. 4 L. 24 janv. 1984) est un moyen de paiement tout instrument qui, quel que soit le support ou le procédé technique utilisé, permet à toute personne de transférer des fonds.

La mise à la disposition de la clientèle ou la gestion de moyens de paiement constitue une opération de banque.

➢ *Établissement de crédit, Opération de banque.*

Moyen terme *[Bq.]*

➢ *Crédit à moyen terme.*

Multibancarisation *[Bq.]*

➢ *Bancarisation.*

Mutation *[M. fin.]*

S'agissant de valeurs mobilières inscrites en compte, opération par laquelle le teneur de compte constate soit un changement dans le propriété du titre ne provenant ni d'une négociation en Bourse, ni d'une cession directe (il s'agira le plus souvent d'une transmission par donation, testament, succession ou partage), soit une modification dans l'étendue des droits, la capacité ou la qualité civile du titulaire (Circ. 8 août 1983).

Mutualisation *[Bq.]*

On a ainsi appelé la privatisation de la Caisse nationale de crédit agricole intervenue en vertu de la loi du 18 janvier 1988, parce que 90 % de son capital a été cédé aux caisses régionales elles-mêmes constituées sous forme de sociétés coopératives.

N

Nanti *[Bq.]*

➢ *Créancier nanti.*

Nantissement *[Bq.]*

Contrat par lequel un débiteur remet une chose mobilière ou immobilière à son créancier en garantie du paiement de la dette. Le nantissement d'une chose mobilière est un gage. Le nantissement d'une chose immobilière est une antichrèse. Cependant, le terme de nantissement est souvent employé lorsque le gage a lieu sans dépossession du débiteur : ex. : nantissement de fonds de commerce, nantissement de l'outillage et du matériel d'équipement.

➢ *Mots suivants.*

Nantissement de compte d'instruments financiers *[Bq. / M. fin.]*

Créé par la loi du 2 juillet 1996 et désormais prévu à l'article L. 431-4 du Code monétaire et financier, ce gage constitué par une déclaration du titulaire du compte, porte sur les instruments financiers figurant dans ce compte ainsi que sur ceux qui les remplacent ou les complètent, et sur tous leurs fruits et produits. Ce gage dont les modalités de réalisation sont très simples, confère, en toute hypothèse, au créancier gagiste un droit de rétention.

Nantissement de créances professionnelles *[Bq.]*

➢ *Bordereau de cession de créances professionnelles.*

Nantissement de film cinématographique *[Bq.]*

Gage sans dépossession, consenti sur la pellicule et le droit d'exploitation d'un film, au profit du prêteur des fonds nécessaires à sa production ou sa distribution. La publicité de cette sûreté est assurée par une inscription sur un registre tenu au Centre national de la cinématographie. Outre ce privilège, le créancier nanti a une action directe lui permettant d'encaisser les recettes résultant de l'exploitation du film.

➢ *Avance sur recettes, Gage, Nantissement.*

Nantissement de fonds de commerce *[Bq.]*

Gage sans dépossession, consenti par acte authentique ou sous seing privé enregistré (nantissement conventionnel) sur les éléments corporels et incorporels d'un fonds de commerce (à l'exclusion des marchandises) et dont la publicité est assurée par une inscription au greffe du tribunal de commerce.

Il existe également un nantissement judiciaire dont l'inscription peut, sous certaines conditions, être prise (art. 67 s., L. 9 juill. 1991 et art. 250 s., Décr. 31 juillet 1992). Cette inscription conservatoire devra être suivie d'une inscription définitive, prise dans les deux mois du jour où la décision constatant les droits du créancier, sera passée en force de chose jugée; l'inscription définitive prend alors rang au jour de l'inscription conservatoire. À défaut, l'inscription conservatoire perd tout effet.

➢ *Comp : Hypothèque judiciaire.*

Nantissement de marché *[Bq.]*

Gage de la créance résultant de l'exécution de travaux ou de fournitures et qui permet au banquier gagiste d'encaisser directement les sommes dues à son client (entrepreneur ou fournisseur) par le donneur d'ouvrage qui est généralement l'Administration ou une collectivité locale (nantissement de marché public), mais qui peut également être une personne de droit privé (nantissement de marché privé). Le nantissement de marché est parfois appelé délégation de marché.

La pratique a délaissé cette forme de garantie au profit du bordereau Dailly.

Nantissement de l'outillage et du matériel d'équipement professionnel *[Bq.]*

Gage sans dépossession, consenti sur l'outillage et le matériel d'équipement professionnel, au profit du vendeur ou du prêteur des deniers nécessaires à leur acquisition. La publicité de ce gage est assurée par une inscription au greffe du tribunal de commerce et par l'apposition facultative d'une plaque sur les biens grevés. En cas de liquidation judiciaire, ce nantissement prime le privilège de l'article L. 621-32, C. com. (anc. art. 40 L. 25 janv. 1985).

Nantissement de police d'assurance-vie *[Bq.]*

Gage constitué au profit d'un banquier sur le capital d'une assurance-vie souscrite par son client.

➢ *Comp : Prêt sur police d'assurance-vie.*

Nantissement de valeurs mobilières *[M. fin.]*

Gage portant sur des valeurs mobilières (actions ou obligations).

➢ *Nantissement de compte d'instruments financiers.*

Nantissement de véhicule automobile *[Bq.]*

➢ *Gage de véhicule automobile.*

Nantissement judiciaire *[Bq.]*

➢ *Nantissement de fonds de commerce.*

NASDAQ (« **National Association of Securities Dealers Automated Quotations** ») *[M. fin.]*

Mis en place en 1971, nom du second marché boursier américain, après le « New-York Stock Exchange ». La plupart des sociétés qui y sont cotées représentent le secteur de la haute technologie. Depuis le 30 octobre 1998, le NASDAQ a fusionné avec « l'American Stock Exchange » au sein d'une structure de marché commune, dénommée « Nasdasq-Amex Market Group », chacune de ces deux bourses continuant à fonctionner séparément.

National Futures Association (NFA) *[M. fin.]*

Association professionnelle américaine, créée en 1982, sous l'autorité de la

CFTC, qui supervise l'ensemble des intervenants sur les marchés à terme américains.
➢ *Commodity Futures Trading Commission (CFTC).*

NCP *[M. fin.]*
➢ *Négociateur pour compte propre.*

NEC *[M. fin.]*
➢ *Membre négociateur.*

« Negative pledge » *[M. fin.]*
➢ *Clause de negative pledge.*

N

Négligence du porteur *[Bq.]*
➢ *Porteur négligent.*

Négociabilité *[Bq. / M. fin.]*
Qualité qui s'attache à un titre transmissible selon une technique du droit commercial.
➢ *Comp : Cessibilité.*
➢ *Titre négociable.*

Négociable *[Bq. / M. fin.]*
➢ *Titre négociable.*

Négociateur *[M. fin.]*
D'une façon générale, membre d'un marché réglementé habilité à négocier pour son compte propre ou pour le compte de tiers des opérations sur le marché; les opérations négociées étant enregistrées dans les comptes d'un compensateur.
➢ *Comp : Compensateur.*

Négociateur pour compte propre (NCP) *[M. fin.]*
Personne physique désignée par un adhérent (compensateur général ou individuel) pour participer sous la responsabilité et le contrôle dudit adhérent, à la négociation des contrats du Matif. Un NCP traite uniquement pour son propre compte (et jamais pour le compte de donneurs d'ordres, ni pour celui de l'adhérent). Il exerce ses fonctions en qualité de commerçant ou de gérant unique d'une entreprise unipersonnelle à responsabilité limitée.
Dans la terminologie anglo-saxonne, on parle de *local.*
➢ *Comp : Membre négociateur.*
➢ *Négociateur.*

Négociation à règlement immédiat *[M. fin.]*
Opération d'achat ou de vente qui portait sur une valeur mobilière négociable sur le marché à règlement mensuel mais qui donnait lieu à une inscription immédiate au compte du donneur d'ordre (crédit en titres et débit en espèces, en cas d'achat; débit en titres et crédit en espèces, en cas de vente).
Depuis la suppression du marché à règlement mensuel, la négociation à règlement immédiat est devenue la règle à la Bourse de Paris.
➢ *Comp : Négociation à règlement mensuel.*

Négociation à règlement mensuel *[M. fin.]*
Opération d'achat ou de vente qui concernait une valeur mobilière négociable sur le marché à règlement mensuel et qui n'était réglée qu'en fin de mois. Depuis la suppression du marché à règlement mensuel, la négociation à règlement différé est devenue l'exception n'ayant plus lieu que par la voie de l'OSRD.
➢ *Comp : Négociation à règlement immédiat.*

Négociation au comptant *[M. fin.]*

Opération sur le marché au comptant.

Négociation de titres *[M. fin.]*

Opération portant sur des valeurs mobilières.

Négociation pour compte propre *[M. fin.]*

Service d'investissement prévu par l'article L. 321-1 du Code monétaire et financier et l'article 2-1-5 du Règlement général du CMF. Il consiste, pour le prestataire de services d'investissement, à acheter ou vendre des instruments financiers pour son propre compte. Cette activité constitue, pour le prestataire habilité, un service d'investissement seulement lorsqu'elle est exercée en dehors de ses opérations de trésorerie ou de prise de participations.

➢ *Comp : Exécution d'ordre pour compte de tiers.*

➢ *Service d'investissement.*

Négociation RI sur rompu *[M. fin.]*

➢ *Négociation à règlement immédiat.*

Négociation RM *[M. fin.]*

➢ *Négociation à règlement mensuel.*

Négociation stipulée RI *[M. fin.]*

➢ *Négociation à règlement immédiat.*

Négociation sur place *[Bq.]*

Expression employée en pratique pour indiquer qu'une opération a volontairement été passée en dehors du compte courant du client, contrairement au principe de généralité du compte courant.

➢ *Compte courant, Généralité du compte courant.*

« **Netting** » *[Bq. / M. fin.]*

Il existe plusieurs acceptions à ce terme, on distingue :

- le *netting* ou la compensation des dettes et créances commerciales au sein de groupes de sociétés;
- le *netting* de paiement ou le *netting by novation*, c'est-à-dire la compensation de deux opérations à même date, sur même devise et de sens contraire;
- le *netting* de règlement ou close-out netting.
- le *global netting*.

N

« **New York Stock Exchange** » **(NYSE)** *[M. fin.]*

L'une des bourses de New York, c'est la plus grande bourse du monde. On la désigne parfois par le terme *Big Board* et très souvent par celui de *Wall Street*.

➢ *American Stock Exchange.*

« **Next Track** » *[M. fin.]*

➢ *« Exchange Traded Fund ».*

NFA *[M. fin.]*

➢ *National Futures Association.*

NIF *[Bq.]*

Note issuance facility.

➢ *Facilité d'émission garantie.*

Nominal *[M. fin.]*

Valeur arithmétique d'un titre obtenue par la division du montant total d'une émission par le nombre de titre émis.

Nominalisme monétaire *[Bq.]*

Principe selon lequel la somme due par le débiteur est celle prévue au contrat sans considération des fluctuations

monétaires. Des clauses peuvent cependant atténuer la portée de ce principe.
➢ *Clause monétaire.*

Nominatif *[Bq. / M. fin.]*
➢ *Titre nominatif.*

Non mobilisable *[Bq.]*
Qui ne peut pas être mobilisé.
➢ *Crédit non mobilisable.*

Non-versé *[M. fin.]*
➢ *Action libérée.*

Note d'information *[M. fin.]*
Document que doit établir, faire viser par la Commission des opérations de bourse et tenir à la disposition du public, toute société qui procède à certaines opérations (émission publique) d'actions numéraire, introduction en bourse, offre publique d'achat…). Le document comporte toutes indications sur l'organisation de la société, sa situation financière et ses activités. Un prospectus diffusé dans le public peut résumer ces informations.

Notice *[M. fin.]*
Document que doivent faire publier les fondateurs d'une société faisant publiquement appel à l'épargne; il comporte toutes les précisions relatives à la société en formation. Un prospectus diffusé dans le public peut résumé ces informations.
➢ *Appel public à l'épargne.*

Notionnel *[M. fin.]*
➢ *Contrat sur l'emprunt euro-notionnel.*

Nourrice *[Bq.]*
➢ *Effet en nourrice.*

Nourrir des effets de commerce *[Bq.]*
Fait pour un porteur de ne pas négocier les effets qu'il détient et donc de les conserver jusqu'à l'échéance. Ces effets sont dits « en nourrice ».

Nouveau marché *[M. fin.]*
Marché réglementé de valeurs mobilières créé le 28 décembre 1995 et destiné aux sociétés à fort potentiel de croissance. La Société du nouveau marché en a été l'entreprise de marché jusqu'en 1999, date à laquelle elle a été remplacée à cette fonction par Paris Bourse, devenue Euronext Paris.
➢ *Société du nouveau marché.*

Novation *[Bq.]*
Mécanisme d'extinction des obligations par substitution d'une nouvelle créance à l'ancienne.
➢ *Effet novatoire du compte courant.*

Nue-propriété *[Bq. / M. fin.]*
Démembrement du droit de propriété, le nu-propriétaire ayant le droit de disposer de la chose (espèces ou titres), alors que l'usufruitier a le droit d'en user et d'en percevoir les fruits.
➢ *Compte en usufruit.*

NYFE (« **New York futures exchange** ») *[M. fin.]*
Marché des futurs apparu à New York dans les années 70.
➢ *Comp : CBOT, CME, Eurex, LIFFE, Matif, Simex.*
➢ *Marché des futurs.*

NYSE *[M. fin.]*
➢ *New York Stock Exchange.*

O *[M. fin.]*
➢ *Offert.*

OAT *[M. fin.]*
➢ *Obligation assimilable du Trésor.*

Obligataire *[M. fin.]*
Titulaire d'une obligation.

Obligation *[Bq.]*
Lien de droit entre un débiteur et son créditeur.
➢ *Obligation à la dette.*
[M. fin.] Titre négociable émis par une société ou une collectivité publique lors d'un emprunt et remis au prêteur en représentation de sa créance. Elle est désignée par le nom de l'émetteur, le taux d'intérêt et l'année de l'émission.
➢ *Comp : Action, Rente.*
➢ *Mots suivants.*

Obligation accessoire *[Bq.]*
➢ *Cautionnement.*

Obligation à coupon différé *[M. fin.]*
➢ *Obligation à coupon unique.*

Obligation à coupon unique *[M. fin.]*
Obligation dont les intérêts annuels sont capitalisés, le paiement ayant lieu seulement à l'échéance de l'obligation. On parle également d'obligation à coupon différé.
➢ *Comp : Obligation zéro coupon.*

Obligation à la dette *[Bq.]*
Obligation de payer un créancier qui exige le paiement. Celui qui est ainsi obligé à la dette, peut le cas échéant, agir ensuite contre ses coobligés. Par opposition à la contribution à la dette qui concerne les rapports entre coobligés, l'obligation à la dette concerne les rapports entre l'obligé et le créancier.

Obligation à lots *[M. fin.]*
Obligation donnant droit par tirage au sort, au remboursement du prix d'émission augmenté d'un lot (généralement une somme d'argent) d'une valeur plus ou moins importante.
➢ *Comp : Obligation à prime.*

Obligation à prime *[M. fin.]*
Obligation donnant droit au remboursement d'une somme supérieure au prix d'émission : la différence entre le prix de remboursement et le prix d'émission est la prime de remboursement.
➢ *Comp : Obligation à lots.*

Obligation assimilable du Trésor (OAT) *[M. fin.]*
Type d'obligation lancé par l'État en mai 1985, dont la caractéristique est de comporter la possibilité d'une émission de tranches complémentaires de l'emprunt initial, l'émission à venir étant assimilée à l'émission existante.

Certaines OAT sont renouvelables : on les appelle les ORAT.

Obligation avec bon de souscription d'action (OBSA) *[M. fin.]*

Obligation à laquelle est attaché un (ou plusieurs) bon permettant de souscrire une action à émettre par la société dans des conditions, des délais et à un prix déterminés lors de l'émission de l'obligation. Ce bon est coté séparément de l'obligation.
Une telle obligation est dite à warrant.

O

Obligation avec bon de souscription d'obligation (OBSO) *[M. fin.]*

Obligation à laquelle est attaché un (ou plusieurs) bon permettant de souscrire pendant une période déterminée, une obligation de même nature et de même durée. Ce bon est coté séparément de l'obligation. Une telle obligation est dite à warrant.

Obligation à warrant *[M. fin.]*

Obligation assortie d'un droit de souscrire une autre valeur mobilière dans un certain délai.

➢ *Émission à warrant, Emprunt à warrant, Obligation avec bon de souscription d'action, Obligation avec bon de souscription d'obligation.*

Obligation « bull and bear » *[M. fin.]*

➢ *Emprunt « bull and bear ».*

Obligation cambiaire *[Bq.]*

Lien de droit existant entre les signataires d'un effet de commerce pris en cette qualité.

➢ *Contra : Obligation fondamentale.*

➢ *Action cambiaire, Rapport cambiaire.*

Obligation cautionnée *[Bq.]*

Titre souscrit au profit de l'Administration ou à son ordre par un contribuable auquel par exemple, un délai a été accordé pour l'acquittement de ses taxes ou impôts, et avalisé par une caution, généralement un établissement de crédit, agréée par l'Administration. Lorsque l'engagement du banquier n'est pas donné sur le titre mais par acte séparé, on parle de soumission cautionnée.

➢ *Cautionnement bancaire, Crédit par signature.*

Obligation communale *[M. fin.]*

Avant la loi du 25 juin 1999, obligation émise par le Crédit foncier de France pour se procurer les ressources nécessaires à financer des prêts aux collectivités publiques. Aujourd'hui, l'expression pourrait désigner une catégorie d'obligation foncière, émise par une société de crédit foncier.

➢ *Comp : Obligation foncière.*

Obligation convertible *[M. fin.]*

Obligation comportant le droit pour l'obligataire, selon des modalités et à des conditions fixées à l'émission, d'en demander la conversion en actions à créer dans la société émettrice.

➢ *Comp : Obligation échangeable.*

Obligation de deuxième catégorie *[M. fin.]*

Obligation émise par un organisme du secteur privé.

➢ *Contra : Obligation de première catégorie.*

Obligation de première catégorie *[M. fin.]*

Obligation émise par un organisme du secteur public.

➢ *Contra : Obligation de deuxième catégorie.*

Obligation échangeable *[M. fin.]*

Obligation comportant le droit pour l'obligataire d'en demander l'échange contre des actions qui avaient été émises simultanément par une augmentation de capital et souscrites par un établissement de crédit appelé le tiers souscripteur.

➢ *Comp : Obligation convertible.*

Obligation extra-cambiaire *[Bq.]*

➢ *Obligation fondamentale.*

Obligation foncière *[Bq. / M. fin.]*

Obligation émise par une société de crédit foncier pour se procurer les ressources nécessaires à financer l'octroi ou l'acquisition de prêts garantis par une hypothèque de premier rang ou un cautionnement bancaire, de prêts à des personnes publiques (on pourrait alors parler d'obligation communale) et de parts de fonds communs de créance.

L'obligataire, porteur d'une telle obligation foncière, bénéficie d'un privilège sur les actifs de la société de crédit foncier même *in bonis*. De plus, si celle-ci fait l'objet d'un redressement ou d'une liquidation judiciaires, ou d'un règlement amiable, ce privilège prime tous les autres, y compris le superprivilège des salaires. Compte tenu de cette situation très favorable, on parle parfois d'obligation sécurisée.

Le régime des obligations foncières existait depuis 1852, date de création du Crédit foncier de France (qui avait seul, avec le Crédit foncier communal d'Alsace et de Lorraine, le droit de les émettre), mais il a été généralisé et réaffirmé par le législateur en 1999, dans le but de créer en France un environnement propice à concurrencer le système allemand comparable des *pfandbriefe*.

C. mon. fin., art. L. 513-15 s (issus de la loi 25 juin 1999).

➢ *Société de crédit foncier.*

Obligation fondamentale *[Bq.]*

Par opposition à l'obligation cambiaire, on désigne ainsi le lien de droit existant entre les parties à une opération juridique quelconque (vente, prestation de services, prêt, libéralité...) indépendamment de la signature qu'elles peuvent par ailleurs apposer sur un effet de commerce. On parle également d'obligation extra-cambiaire.

➢ *Contra : Obligation cambiaire.*

➢ *Rapport fondamental.*

Obligation indemnitaire *[M. fin.]*

Obligation remise aux actionnaires des sociétés et des banques nationalisées par la loi du 11 février 1982, en échange de leurs actions. Ces obligations émises par la Caisse nationale de l'industrie ou la Caisse nationale des banques, portaient jouissance au 1er janvier 1982 ou au 1er juillet 1982. Elles produisaient un intérêt semestriel payable à terme échu. Elles ont été inscrites à la cote officielle et amorties au pair sur une période de quinze ans par voie de tirage au sort annuel.

➢ *Droit à titre indemnitaire.*

Obligation indexée *[M. fin.]*

Obligation dont les intérêts et/ou le capital sont soumis à indexation.

Obligation maritime *[Bq. / M. fin.]*

Avant la loi du 25 juin 1999, obligation émise par le Crédit foncier de France pour se procurer les ressources néces-

O

saires à financer des prêts en faveur de la navigation. Ce type d'obligation a été supprimé par le législateur.
➢ *Comp : Obligation communale, Obligation foncière.*

Obligation principale *[Bq.]*
➢ *Cautionnement.*

Obligation remboursable en actions (ORA) *[M. fin.]*
Obligation qui, à son échéance, est systématiquement remboursée en actions. Contrairement à l'obligation convertible ou échangeable, aucun choix n'est laissé sur ce point à l'obligataire.

Obligation remboursable en certificats d'investissement (ORCI) *[M. fin.]*
Obligation qui, à son échéance, est systématiquement remboursée en certificats d'investissement. Contrairement à l'obligation convertible ou échangeable, aucun choix n'est laissé sur ce point à l'obligataire.

Obligation sécurisée *[Bq. / M. fin.]*
Expression parfois utilisée pour obligation foncière, mettant ainsi l'accent sur son extrême sécurité pour le porteur.

Obligation spéciale à coupon à réinvestir (OSCAR) *[M. fin.]*
Obligation dont les intérêts peuvent être réinvestis par l'obligataire, s'il le souhaite, dans l'achat d'une autre obligation ayant les mêmes caractéristiques.

Obligation zéro coupon *[M. fin.]*
Obligation (apparue en 1981 sur les marchés étrangers) ne comportant aucun intérêt, l'obligataire recevant à l'échéance du titre, une très importante prime de remboursement.
➢ *Comp : Obligation à coupon unique.*

Obligé *[Bq.]*
Celui qui est tenu d'un paiement.
➢ *Coobligés, Obligation à la dette.*

OBSA *[M. fin.]*
➢ *Obligation avec bon de souscription d'action.*

OBSO *[M. fin.]*
➢ *Obligation avec bon de souscription d'obligation.*

OCABSA *[M. fin.]*
Obligation convertible assortie d'un bon de souscription d'action.
➢ *Comp : ABSOCA.*

OF *[M. fin.]*
➢ *Offert.*

Offert *[M. fin.]*
Mot indiquant que le titre concerné n'a pas pu être coté en raison de l'excès d'offres. Un cours indicatif est inscrit à la cote avec la mention O ou OF (l'offre est sans contrepartie).
➢ *Contra : Demandé.*
➢ *Cours indicatif, Premier marché.*

« Off line » *[Bq.]*
➢ *Distributeur automatique de billets.*

Offre à prix ferme (OPF) *[M. fin.]*
Offre qui se caractérise par la mise sur le marché d'un nombre déterminé de titres à un prix de vente fixé à l'avance par l'entreprise de marché. L'offre peut s'appliquer aux titres déjà cotés sur l'un

des marchés réglementés ou être utilisée pour une introduction de valeurs nouvelles sur ces marchés. Les introducteurs peuvent se réserver la possibilité de modifier le prix d'offre initialement proposé. Le jour fixé pour la réalisation de l'offre à prix ferme, l'entreprise de marché centralise les offres d'achat que lui transmettent les membres du marché concerné. Si l'offre est déclarée positive, le cours de première cotation est celui du prix d'offre.
➢ Comp : *Offre à prix ouvert.*

Offre à prix ouvert (OPO) *[M. fin.]*
Variante de l'offre à prix ferme, cette offre, qui est toujours accompagnée d'un placement, se caractérise par la mise sur le marché d'un nombre déterminé de titres à un prix fixé à l'intérieur d'une fourchette, dans laquelle les investisseurs pourront passer des ordres d'achat. À l'issue de la centralisation des ordres, un prix d'offre définitif est établi, ce prix devant se situer dans la fourchette initialement indiquée.
➢ Comp : *Offre à prix ferme.*

Offre publique d'achat (OPA) *[M. fin.]*
Procédure consistant pour une personne (physique ou morale) à faire connaître publiquement aux actionnaires d'une société dont les actions sont admises aux négociations sur un marché réglementé, son intention d'acheter leurs actions à un prix qui est en général supérieur au cours de l'action sur le marché. Cette procédure, pratiquée dans les pays anglo-saxons sous le nom de *take over bid*, a été introduite en France en 1966. Dans certains cas, le déclenchement d'une OPA est obligatoire notamment lorsqu'il y a franchissement d'un seuil du capital de la société convoitée. Le Conseil des marchés financiers et la Commission des opérations de bourse en réglementent la mise en œuvre et la procédure.
➢ Comp : *Offre publique d'échange, Offre publique de vente.*

Offre publique d'échange (OPE) *[M. fin.]*
Procédure dont les modalités sont, pour l'essentiel, semblables à l'OPA et par laquelle une personne physique ou morale fait connaître publiquement aux actionnaires d'une société dont les actions sont admises aux négociations sur un marché réglementé son intention de se porter acquéreur de leurs actions à un prix déterminé payable par la remise d'autres titres.
➢ Comp : *Offre publique d'achat, Offre publique de vente.*

Offre publique de retrait (OPR) *[M. fin.]*
Procédure permettant dans une société dont les actions sont négociées sur un marché réglementé ou dont les titres ont cessé d'être négociés sur un marché réglementé, le retrait des actionnaires minoritaires lorsque les actionnaires majoritaires y détiennent au moins 95 % des droits de vote.
On distingue l'offre publique de retrait du retrait obligatoire (ou *squeeze-out*) qui peut avoir lieu à l'issue d'une OPR et à la demande des actionnaires majoritaires, lorsque les actionnaires minoritaires détiennent moins de 5 % du capital ou des droits de vote d'une société.
Le Conseil des marchés financiers et la Commission des opérations de bourse réglementent la mise en œuvre et le déroulement de ces procédures.

Offre publique de vente (OPV) *[M. fin.]*
Procédure qui permet à toute personne physique ou morale de faire connaître publiquement qu'elle se propose de céder tout ou partie de ses titres à un prix déterminé.
➢ *Comp : Offre publique d'achat, Offre publique d'échange.*

« Old line factoring » *[Bq.]*
➢ *Affacturage.*

« On line » *[Bq.]*
➢ *Guichet automatique de banque.*

O

OPA *[M. fin.]*
➢ *Offre publique d'achat.*

OPCVM *[M. fin.]*
Organisme de placement collectif en valeurs mobilières. On désigne par là les Sicav (sociétés d'investissement à capital variable) et les FCP (fonds communs de placement).

OPCVM à capital garanti ou assorti d'une garantie de performance *[M. fin.]*
SICAV ou FCP qui assure à ses souscripteurs de récupérer à une date prédéterminée soit la totalité du capital investi à la date de commercialisation de l'OPCVM (on parle alors d'un fonds à capital garanti), soit une partie seulement du capital investi (on parle alors d'un fonds assorti d'une garantie de performance ou d'un fonds assorti d'une protection de capital).

OPCVM à compartiments *[M. fin.]*
SICAV ou FCP composé de différents portefeuilles pouvant avoir des orientations de gestion différentes et des classifications spécifiques. Chaque portefeuille (ou compartiment) donne lieu à l'émission d'une catégorie d'actions ou de parts représentative des actifs de la Sicav ou du FCP qui lui sont attribués. Cependant, les compartiments constitués au sein d'un fonds commun de placement à risques, d'un fonds commun de placement dans l'innovation d'un fonds commun d'intervention sur les marchés à terme ou d'un OPCVM bénéficiant d'une procédure allégée, sont tous soumis individuellement aux dispositions qui régissent ce fonds ou cet organisme.
C. mon. fin., art. L. 214-33 (anc. art. 23-1 L. 23 déc. 1988).

OPCVM bénéficiant d'une procédure allégée *[M. fin.]*
OPCVM non soumis à l'agrément préalable de la COB mais à une obligation de déclaration à cette dernière lors de sa constitution et bénéficiant d'une réglementation plus souple par rapport aux OPCVM de droit commun tant en ce qui concerne ses règles d'investissement que de division des risques. En contrepartie de ses assouplissements, la souscription et l'acquisition des actions ou parts de ce type d'OPCVM sont réservées aux investisseurs qualifiés, ainsi qu'à toutes personnes physiques ou morales investissant un montant minimum initial supérieur à 500 000 euro.
C. mon. fin., art. L. 214-35 (anc. art. 23-2 L. 23 déc. 1988).
➢ *FCPR bénéficiant d'une procédure allégée, Investisseurs qualifiées.*

OPCVM « coordonné » *[M. fin.]*
Appellation donnée aux OPCVM européens répondant aux dispositions prévues par la directive européenne du

20 décembre 1985 modifiée, portant coordination (d'où cette appellation) des dispositions législatives, réglementaires et administratives concernant certains OPCVM. En vertu de l'agrément qu'il a reçu de l'autorité de contrôle de son État d'origine, un OPCVM ainsi « coordonné » est librement commercialisable dans tous les États membres de l'EEE et ce, par simple notification aux autorités de contrôle de chacun des États membres d'accueil sans devoir demander un agrément supplémentaire auxdites autorités.

➢ *Contra : OPCVM « non coordonnée ».*

OPCVM dédié *[M. fin.]*

Nom donné à des Sicav ou à des FCP non offerts au public et dont la souscription est notamment réservée à un nombre restreint d'investisseurs (pas plus de vingt) par OPCVM. Les caractéristiques de ces OPCVM sont définies par la COB.

OPCVM d'OPCVM *[M. fin.]*

Aux termes de l'article 13 du décret du 6 septembre 1989, OPCVM qui peut investir jusqu'à la totalité de son actif en actions ou parts d'autres OPCVM avec comme principale contrainte l'interdiction d'investir plus de 35 % de son actif en actions ou parts d'un même OPCVM.

L'objectif de ce type d'OPCVM est principalement de parvenir à une plus grande diversification des actifs ce qui peut réduire le risque global de l'OPCVM.

OPCVM éligible au Plan d'Épargne en Actions (PEA) *[M. fin.]*

Nom donné aux OPCVM qui, de par leurs règles de gestion, peuvent être souscrits dans le cadre d'un Plan d'Épargne en Actions (PEA) et bénéficier du régime fiscal propre à ce produit.

OPCVM « éthique » *[M. fin.]*

Nom donné à des OPCVM qui n'investissent que dans des sociétés dites « socialement responsables », c'est-à-dire dans des sociétés sélectionnées pour leur contribution à l'environnement ou au développement social. Compte tenu de l'absence d'harmonisation des concepts utilisés pour définir un investissement éthique, la notion d'OPCVM éthique est en pratique difficile à délimiter.

OPCVM indiciel *[M. fin.]*

Aux termes de l'article 16 du décret du 6 septembre 1989, OPCVM dont l'objectif de gestion porté à la connaissance des souscripteurs correspond à l'évolution d'un indice d'instruments financiers. Les actions ou parts d'un OPCVM indiciel peuvent faire l'objet d'une demande d'admission aux négociations à la bourse de Paris dans des conditions définies par la Commission des opérations de bourse.

➢ *« Exchange Traded Fund ».*

OPCVM maîtres et nourriciers *[M. fin.]*

Aux termes de l'article L. 214-34 du Code monétaire et financier (anc. art. 23-3 L. 23 déc. 1988), un OPCVM nourricier peut investir la totalité de son actif en actions ou parts d'un seul OPCVM, dit maître. La loi permet ainsi aux sociétés de gestion de portefeuille et d'OPCVM, de diversifier leurs offres de produits par la création de plusieurs

OPCVM nourriciers qui, bien qu'investis en totalité dans le même OPCVM maître, pourront être commercialisés de façon différenciée en fonction des souhaits de leurs clientèles.

OPCVM « non-coordonné » *[M. fin.]*
Appellation donnée aux OPCVM européens soumis à la législation de leur État d'origine mais ne répondant pas aux dispositions prévues par la directive européenne du 20 décembre 1985 modifiée, portant coordination des dispositions législatives, réglementaires et administratives concernant certains OPCVM. Toute offre au public d'un tel OPCVM dans un État européen autre que son État d'origine sera en conséquence soumise à la législation de l'État européen concerné.
➢ *Contra : OPCVM « coordonné ».*

OPCVM « profilé » *[M. fin.]*
Dénomination donnée par les professionnels à des Sicav ou des FCP qui sont gérés en fonction du niveau de risque accepté par les souscripteurs. Les principales sociétés de gestion de portefeuille proposent généralement trois profils à leurs clients, à savoir « prudent », « équilibré » ou « dynamique », ces profils correspondant, dans la plupart des cas, à un niveau de volatilité acceptée par le souscripteur.
L'objectif des OPCVM « profilés » est de décharger le souscripteur de tout suivi de son portefeuille puisqu'une fois que ce dernier aura défini son profil de risque, il reviendra au gérant de portefeuille de répartir librement ses investissements en fonction du niveau de risque préalablement convenu.

OPCVM « sectoriel » *[M. fin.]*
Dénomination donnée par les professionnels à des Sicav ou des FCP dont les actifs sont investis sur une zone géographique, un secteur de l'économie ou sur une catégorie de titres comme par exemple les OPCVM « éthiques » ou les OPCVM investis dans le secteur de la santé ou les valeurs Internet.

OPE *[M. fin.]*
➢ *Offre publique d'échange.*

« Open-market » *[Bq.]*
D'une façon générale, technique d'intervention de la banque centrale d'un pays sur le marché monétaire aux conditions du marché. S'agissant des États participant à l'Union économique et monétaire, les opérations d'*open-market* sont l'un des instruments de la politique monétaire unique. La Banque centrale européenne (BCE) en assure les décisions et la coordination, tandis que les banques centrales nationales (BCN) de l'Eurosystème en assurent la mise en œuvre.
Parmi les diverses opérations d'*open-market* dont dispose la BCE, on note en particulier les opérations de cession temporaire : il s'agit le plus souvent pour la banque centrale de faire un apport de liquidités aux établissements de crédit par une prise en pension de titres ou l'octroi de prêts garantis par des cessions de créances.
Ces opérations de cession temporaire sont utilisées dans plusieurs hypothèses : refinancement à deux semaines (ce sont les opérations principales de refinancement), refinancement à des échéances

plus éloignées, opération de réglage fin, opérations structurelles.

➢ *Eurosystème, Politique monétaire unique, Union économique et monétaire.*

Opérateurs principaux des marchés (OPM) *[Bq.]*

Établissements de crédit, parmi lesquels les anciennes maisons de réescompte, que la Banque de France avait agréés avant 1999 pour être ses intermédiaires obligés pour certaines de ses interventions sur le marché interbancaire.

Depuis 1999, dans le cadre de la politique monétaire unique, une catégorie comparable existe, les banques centrales nationales ne pouvant effectuer les opérations de réglage fin qu'avec un nombre limité d'établissements de crédit qu'elles ont choisis parmi les plus actifs sur le marché monétaire. Dès lors, en France, les contreparties ainsi éligibles à ces opérations de la Banque de France ont succédé aux opérateurs principaux des marchés.

Opération à règlement mensuel *[M. fin.]*

➢ *Marché à règlement mensuel.*

Opération à terme *[M. fin.]*

➢ *Marché à règlement mensuel.*

Opération au comptant *[M. fin.]*

➢ *Marché au comptant.*

Opération d'arbitrage *[M. fin.]*

➢ *Arbitrage, Opération de couverture, Opération spéculative.*

Opération de banque *[Bq.]*

Selon l'article L. 311-1 du Code monétaire et financier (anc. art. 1 L. 24 janv. 1984), les opérations de banque comprennent la réception de fonds du public, les opérations de crédit, ainsi que la mise à disposition de la clientèle ou la gestion de moyens de paiement.

Une personne morale qui effectue à titre de profession habituelle des opérations de banque est, selon la législation française, un établissement de crédit (anc. art. L. 511-1 C. mon. fin., anc. art. 1 L. 24 janv. 1984).

➢ *Fonds reçus du public, Moyen de paiement, Opération de crédit.*

Opération de change *[Bq.]*

➢ *Change.*

Opération de couverture *[M. fin.]*

Par opposition à une opération dite spéculative, se dit généralement de toute opération réalisée dans le but de se prémunir de la variation du cours d'un actif (titres, devises, marchandises…) qu'on redoute. Dans la terminologie anglo-saxonne, on parle de *hedging*. Celui qui l'effectue est un *hedger*.

➢ *Comp : Arbitrage, Opération spéculative.*

Opération de crédit *[Bq.]*

Selon l'article L. 313-1 du Code monétaire et financier (anc. art. 3 L. 24 janv. 1984), une opération de crédit est tout acte par lequel une personne agissant à titre onéreux, met ou promet de mettre des fonds à la disposition d'une autre personne ou prend, dans l'intérêt de celle-ci, un engagement par signature tel qu'un aval, un cautionnement ou une garantie.

Selon le même texte, sont assimilés à des opérations de crédit, le crédit-bail, et de manière générale, toute opération

de location assortie d'une option d'achat.
Une opération de crédit est une opération de banque.
➢ *Crédit par signature, Opération de banque.*

Opération de pension *[Bq.]*
➢ *Pension.*

Opération de réglage fin *[Bq.]*
On appelle ainsi, dans le cadre de la politique monétaire unique, toute opération d'*open-market* décidée par la Banque centrale européenne de manière non régulière afin d'atténuer les effets d'une fluctuation imprévue de la liquidité bancaire : il peut s'agir d'en fournir ou d'en retirer. Ces opérations de réglage fin sont effectuées avec un nombre limité d'établissements de crédit choisis pour leur activité sur le marché monétaire, par les banques centrales nationales de l'Eurosystème.
➢ *Banque centrale européenne, Eurosystème, Open-market, Politique monétaire unique.*

Opération par caisse *[Bq.]*
Par opposition à l'opération par compte, opération effectuée isolément et immédiatement réglée sans qu'elle soit retracée dans un compte ouvert au nom du client.
➢ *Escompte par caisse.*

Opération par compte *[Bq.]*
Par opposition à l'opération par caisse, opération qui est retracée dans le cadre d'un compte ouvert au nom du client, soit en raison de la permanence de ses relations avec le banquier, soit en raison d'un délai nécessaire au dénouement de cette opération.
➢ *Compte d'attente.*

Opérations principales de refinancement *[Bq.]*
Dans le cadre de la politique monétaire unique, opérations d'*open-market* permettant aux établissements de crédit répondant à des critères généraux (établissements éligibles) d'obtenir des liquidités pour une durée de deux semaines. Il s'agit de l'instrument essentiel de refinancement et l'outil primordial de pilotage des taux d'intérêt à court terme de l'Eurosystème.
Ces opérations sont effectuées par voie d'appels d'offres hebdomadaires, selon un calendrier préétabli et à un taux fixé à l'avance par la Banque centrale européenne dont c'est l'un des trois taux directeurs. Elles donnent lieu à une cession temporaire d'actifs répondant à certaines conditions (actifs éligibles).
➢ *Eurosystème, Open-market, Politique monétaire unique, Taux directeurs.*

Opération spéculative *[M. fin.]*
Se dit généralement de toute opération autre qu'une opération d'arbitrage ou de couverture.
➢ *Comp : Arbitrage, Opération de couverture.*

OPF *[M. fin.]*
➢ *Offre à prix ferme.*

Opinion de la place *[Bq.]*
Opinion généralement portée sur un débiteur ou son entreprise, dans la localité où il est installé.
➢ *Secret bancaire.*

OPM *[Bq.]*
➢ *Opérateurs principaux du marché.*

OPO *[M. fin.]*
➢ *Offre à prix ouvert.*

Opposabilité des exceptions *[Bq.]*

Principe de droit commun, selon lequel le débiteur peut refuser de payer le cessionnaire de la créance en lui opposant les mêmes exceptions qu'il aurait pu opposer au cédant, celui-ci n'ayant pas pu céder plus de droits contre le débiteur qu'il n'en avait lui-même.

Contrairement à ce principe, en droit cambiaire, le porteur de bonne foi bénéficie de l'inopposabilité des exceptions.

➢ Comp : *Inopposabilité des exceptions.*

Opposition au paiement *[Bq.]*

Défense de payer faite au tiré par le tireur d'un chèque ou d'une lettre de change. La loi ne l'autorise qu'en cas de perte ou de vol du titre ou d'utilisation frauduleuse s'il s'agit d'un chèque, et en cas de redressement ou liquidation judiciaires du porteur. La mainlevée peut en être ordonnée par le juge des référés à la demande du porteur auquel le paiement a été refusé.

Opposition sur valeurs mobilières *[M. fin.]*

Procédure applicable en cas de perte ou vol de titres au porteur vif. Elle met obstacle à toute négociation des titres ainsi bloqués et interdit tout paiement de leur capital et revenus.

➢ *Contradicteur, Contradiction, Titre adiré.*

Option *[M. fin.]*

Instrument financier à terme, c'est un contrat conférant à une personne (l'acheteur d'option) la faculté (et non l'obligation) d'acheter (s'il s'agit d'une option d'achat ou *call*) ou de vendre (s'il s'agit d'une option de vente ou *put*) à une autre personne (le vendeur de l'option) une quantité convenue (marché de gré à gré) ou standardisée (marché réglementé) d'un produit (le produit sous-jacent), à une date déterminée (option « à l'européenne ») ou à tout moment jusqu'à l'échéance (option « à l'américaine »), à un prix initialement fixé (le prix d'exercice), moyennant le versement par l'acheteur de l'option au vendeur de l'option (par l'intermédiaire d'une chambre de compensation si l'option est négociée sur un marché réglementé) d'une certaine somme débattue (le prix de l'option prime ou premium), ce versement intervenant dès l'acquisition de l'option et quel qu'en soit ultérieurement le dénouement.

➢ *Marché des options négociables, Prix de l'option, Prix d'exercice, Produit sous-jacent.*

Option à l'américaine *[M. fin.]*

Option qui peut être exercée à tout moment jusqu'à l'échéance. C'est ce type d'option qui a été adopté sur les marchés français d'options négociables.

➢ Contra : *Option à l'européenne.*

Option asiatique *[M. fin.]*

Nom donné à certaines options de change à l'européenne qui garantissent à l'échéance un taux moyen de change observée sur une période prédéterminée. On parle également d'option sur moyenne.

Option à l'européenne *[M. fin.]*

Option qui ne peut être exercée qu'à son échéance.

➢ Contra : *Option à l'américaine.*

Option de change *[Bq.]*

Clause permettant au porteur d'un titre émis lors d'un emprunt international, de se faire payer les intérêts et le capital dans la monnaie de son choix, ou sur la place de son choix dans la monnaie de cette place.

➢ *Comp : Option de place.*

➢ *Risque de change.*

Option de place *[Bq.]*

Clause permettant au porteur d'un titre émis lors d'un emprunt international, de se faire payer les intérêts et le capital dans une monnaie déterminée, mais sur la place de son choix.

➢ *Comp : Option de change.*

➢ *Risque de change.*

Option fiscale *[M. fin.]*

➢ *Prélèvement libératoire.*

Option négociable *[M. fin.]*

➢ *Marché des options négociables.*

OPV *[M. fin.]*

➢ *Offre publique de vente.*

ORA *[M. fin.]*

➢ *Obligation remboursable en actions.*

ORAT *[M. fin.]*

Obligation renouvelable assimilable du Trésor.

➢ *Obligation assimilable du Trésor.*

ORCI *[M. fin.]*

➢ *Obligation remboursable en certificats d'investissement.*

Ordinateur de compensation *[Bq.]*

Créé à Paris en 1969 et géré par la Banque de France, l'ordinateur de compensation était un centre de regroupement, de tri et de redistribution des supports magnétiques, que les banques s'échangeaient quotidiennement, et dans lesquels étaient retracées certaines de leurs opérations réciproques (virements, avis de prélèvement, lettres de change-relevé, titres universel de paiement). L'ordinateur de compensation a été fermé en septembre 1994 date à laquelle lui a été substitué le SIT (Système interbancaire de télécompensation).

Ordre *[Bq.]*

➢ *Procédure d'ordre, Titre à ordre.*

[M. fin.] Mandat donné à un intermédiaire d'acheter ou de vendre des instruments financiers ou tout autre produit négocié sur le marché. On distingue plusieurs types d'ordres de bourse selon les conditions précisées par le donneur d'ordre.

➢ *Mots suivants.*

Ordre à prix limité *[M. fin.]*

Ordre de bourse comportant l'indication du cours auquel le donneur d'ordre désire que la négociation soit traitée. Pour un ordre d'achat, c'est donc un cours maximum, et pour un ordre de vente, un cours minimum. Même si le cours coté reste dans la limite fixée par le donneur d'ordre, il est possible que l'ordre ne puisse pas être exécuté totalement parce que les titres traités lors de la séance ont été insuffisamment nombreux. On parle également d'ordre à cours limite ou d'ordre à la meilleure limite.

➢ *Cours de bourse, Demandes réduites, Offres réduites, Ordre.*

Ordre à cours limité mention stop *[M. fin.]*

➢ *Ordre à seuil de déclenchement.*

Ordre à l'appréciation *[M. fin.]*

Ordre de bourse par lequel le donneur d'ordre s'en remet à l'intermédiaire pour apprécier les conditions d'exécution de l'opération. On parle aussi d'ordre « à soigner » ou plus souvent d'ordre « soignant ».

➢ *Ordre.*

Ordre à plage de déclenchement *[M. fin.]*

Ordre de bourse par lequel un donneur d'ordres cherche à acheter ou à vendre à partir d'un cours déterminé, à ce cours et jusqu'à une limite maximum s'il s'agit d'un ordre d'achat, ou à ce cours et jusqu'à une limite minimum s'il s'agit d'un ordre de vente. Il devient un ordre à prix limité dès que la limite (prix de déclenchement) est atteinte.

➢ *Comp : Ordre à seuil de déclenchement.*

Ordre à révocation *[M. fin.]*

Ordre de bourse valable, sauf révocation jusqu'au dernier jour d'ouverture du marché du mois en cours ou, s'il s'agit d'un ordre stipulé à règlement-livraison différé, jusqu'au cinquième jour inclu précédent le dernier jour d'ouverture du marché du mois.

➢ *Marché au comptant, Ordre, Ordre « valable jour ».*

Ordre à seuil de déclenchement *[M. fin.]*

Ordre de bourse par lequel un donneur d'ordres cherche à acheter ou à vendre à partir d'un cours déterminé, à ce cours et au-delà s'il s'agit d'un ordre d'achat, ou à ce cours et en-deçà s'il s'agit d'un ordre de vente. Il devient un ordre « à tout prix » dès que la limite (prix de déclenchement) est atteinte. On parlait auparavant d'ordre à cours limité « mention stop » ou d'ordre « mention stop », ou d'ordre « stop ».

➢ *Comp : Ordre à plage de déclenchement.*

Ordre « à soigner » *[M. fin.]*

➢ *Ordre à l'appréciation.*

Ordre « à tout prix » *[M. fin.]*

Ordre de bourse par lequel le donneur d'ordres demande que son ordre soit intégralement exécuté pour une quantité déterminée de titres et ce quel que soit le prix.

➢ *Comp : Ordre « au prix du marché ».*

Ordre « au mieux » *[M. fin.]*

➢ *Ordre « au prix du marché ».*

Ordre « au prix du marché » *[M. fin.]*

Ordre de bourse par lequel le donneur d'ordres demande que son ordre soit exécuté à l'ouverture du marché ou en cours de séance en fonction des conditions du marché. On parlait auparavant d'ordre « au mieux ».

Ordre direct *[M. fin.]*

Nom donné aux ordres de bourse transmis directement par un donneur d'ordres (généralement un investisseur non-résident) à un intermédiaire qui n'assure pas une activité de conservation de titres au nom dudit donneur d'ordres.

Ordre de domiciliation permanente *[Bq.]*

➢ *Autorisation de prélèvement.*

O

Ordre de mouvement *[M. fin.]*

Document donnant l'ordre de procéder aux mouvements qui affectent la circulation de valeurs mobilières non admises aux opérations d'Euroclear France (virement de compte à compte, cession directe, négociation par l'intermédiaire d'un prestataire de services d'investissement, mutation par décès ou par donation, paiement des intérêts et dividendes, opérations sur titres comme l'attribution, la souscription ou l'échange).

➢ *Instruments financiers non admis aux opérations d'Euroclear France.*

Ordre de virement *[Bq.]*

1° Ordre donné par un client à son banquier de débiter un compte et d'en créditer un autre du même montant. On parle également de mandat virement.

2° L'ordre de virement est aussi le document par lequel le client exprime son ordre; toute forme est possible mais les banquiers mettent en général, à la disposition de leur clientèle des imprimés spéciaux.

Ordre « mention stop » *[M. fin.]*

➢ *Ordre à seuil de déclenchement.*

Ordres à écart *[M. fin.]*

Ordres de bourse liés comportant l'écart fixé par le donneur d'ordre entre le cours des opérations de vente et celui des opérations d'achat.

➢ *Ordre, Ordres liés.*

Ordres échelonnés *[M. fin.]*

Ordres de bourse donnés en une seule fois et portant sur plusieurs opérations de vente ou d'achat à exécuter selon des conditions et des modalités fixées à l'avance.

➢ *Ordre.*

Ordres liés *[M. fin.]*

Ordres de bourse comportant un ordre d'achat et un ordre de vente portant sur des valeurs différentes et qui doivent être exécutés pendant la même séance de bourse. Le donneur d'ordre peut fixer un écart (perte ou bénéfice) devant exister entre le cours d'exécution de l'achat et celui de la vente : les ordres sont alors transmis avec écart.

➢ *Ordre.*

Ordre « soignant » *[M. fin.]*

➢ *Ordre à l'appréciation.*

Ordre « stop » *[M. fin.]*

➢ *Ordre à plage de déclenchement, Ordre à seuil de déclenchement.*

Ordre « tout ou rien » *[M. fin.]*

Ordre de bourse par lequel le donneur d'ordre indique qu'il exclut toute exécution partielle de son ordre par rapport au prix et à la quantité de titres qu'il a fixés. Un ordre assorti d'une telle mention sera exécuté totalement ou ne le sera pas du tout si la contrepartie intégrale de la demande ou de l'offre fixée ne peut être trouvée.

➢ *Ordre.*

Ordre « valable jour » *[M. fin.]*

Ordre de bourse qui devient caduc s'il n'a pas pu être exécuté le jour pour lequel il a été donné.

➢ *Comp : Ordre à révocation.*

Organe central *[Bq.]*

Organe qui représente les établissements de crédit qui lui sont affiliés, auprès de la Banque de France, du Comité des établissements de crédit et des entreprises d'investissement, et de la Commission bancaire.

Les organes centraux sont : la Caisse nationale de crédit agricole, la Banque fédérale des banques populaires, la Confédération nationale du crédit mutuel, la Caisse centrale de crédit coopératif, la Caisse nationale des caisses d'épargne et de prévoyance et la Chambre syndicale des SACI (sociétés anonymes de crédit immobilier).

C. mon. fin., art. L. 511-30.

Les organes centraux sont chargés de veiller à la cohésion de leur réseau et de s'assurer du bon fonctionnement des établissements affiliés. Ils veillent à l'application des dispositions législatives et réglementaires propres à ces établissements et exercent un contrôle administratif, technique et financier sur leur organisation et leur gestion. Dans le cadre de ces compétences, ils peuvent prendre les sanctions prévues par les textes qui leur sont propres.

C. mon. fin., art. L. 511-31.

Les organes centraux des banques coopératives ou mutualistes sont membres de la Fédération bancaire française.

Chaque organe central est affilié à l'Association française des établissements de crédit et des entreprises d'investissement.

➢ *Comp : Organisme professionnel.*

Organisme professionnel *[Bq.]*

Association regroupant une catégorie d'établissements de crédit ou d'entreprises d'investissement pour veiller à la défense de leurs intérêts généraux auprès de la Banque de France, du Comité des établissements de crédit et des entreprises d'investissement et de la Commission bancaire. Les organismes professionnels sont notamment : la Fédération bancaire française (FBF), l'Association française des entreprises d'investissement (AFEI), l'Association française des sociétés financières (ASF), la Conférence permanente des caisses de crédit municipal et le Groupement des institutions financières spécialisées (GIFS).

Chaque organisme professionnel est affilié à l'Association française des établissements de crédit et des entreprises d'investissement (AFECEI).

➢ *Comp : Organe central.*

OSCAR *[M. fin.]*

➢ *Obligation spéciale à coupon à réinvestir.*

OSRD (Ordres avec Service de Règlement/livraison Différés) *[M. fin.]*

Mécanisme qui s'est substitué au marché à règlement mensuel, le 25 septembre 2000, dans le cadre de la généralisation de la négociation au comptant des instruments financiers à la Bourse de Paris. L'OSRD (d'achat ou de vente) est un ordre exécuté au comptant mais dont le règlement des espèces et la livraison des instruments financiers sont différés jusqu'au dernier jour d'ouverture du marché du mois. Dès l'exécution de l'ordre au comptant, le donneur d'ordres est définitivement engagé à payer le prix des titres achetés ou à livrer les titres vendus. Toutefois, entre la date d'exécution de l'ordre et le dernier jour de bourse du mois, les titres achetés (OSRD d'achat) ou les espèces reçues (OSRD de vente) sont inscrits sur le compte du négociateur et lui appartiennent en pleine propriété. Ce service étant facultatif, le teneur de compte et le négociateur peuvent refuser l'OSRD transmis par le donneur d'ordres.

Dans le cadre de l'OSRD un donneur d'ordre peut, au plus tard le 4e jour d'ouverture du marché précédant la fin du mois, demander à faire proroger son engagement. La prorogation d'un OSRD donne lieu, le dernier jour d'ouverture du marché du mois, au versement ou au prélèvement sur le compte espèces du donneur d'ordre, d'une marge représentant l'écart entre le cours de négociation et le cours du titre le jour de la prorogation.

➢ *Valeurs éligibles à l'OSRD.*

OTC *[M. fin.]*

Over the counter.

➢ *Marché de gré à gré, Over the counter market.*

« **Out of the money** » *[M. fin.]*

➢ *Prix d'exercice.*

Ouverture de compte *[Bq.]*

Convention entre un banquier et un client aux termes de laquelle le client devient titulaire d'un compte dans les livres de la banque.

Ouverture de crédit *[Bq.]*

Promesse par laquelle le banquier s'engage à effectuer une opération de crédit au profit de son client. Elle peut être expresse ou tacite.

➢ *Autorisation de crédit, Autorisation de découvert, Commission d'engagement, Crédit d'escompte, Opération de crédit.*

« **Over-the-counter market** » *[M. fin.]*

Généralement l'expression désigne un marché de gré à gré. Plus précisément, appellation à New York du marché des valeurs non cotées sur les marchés officiels que sont le *New York Stock Exchange* et l'*American Stock Exchange*. Cela correspond au Second marché. Les professionnels qui interviennent sur ce marché sont les *dealers*.

P

Pacte d'actionnaires *[M. fin.]*

Convention conclue, en dehors des statuts, entre tous les actionnaires d'une société ou certains d'entre eux, par laquelle ils cherchent à régler, généralement pour une longue période, le contrôle de la gestion de la société et de la composition de son capital social. Toute clause d'une convention, quels qu'en soient les signataires, prévoyant des conditions préférentielles de cession ou d'acquisition d'actions admises aux négociations sur un marché réglementé et portant sur au moins 0,5 % du capital ou des droits de vote de la société qui a émis ces actions, doit être transmise au Conseil des marchés financiers qui en assure la publicité

C. com., art. L. 233-11 (anc. art. 356-1-4 L. 24 juill. 1966) mod. L. 15 mai 2001.

Pacte commissoire *[Bq.]*

Convention permettant au créancier gagiste ou hypothécaire, en cas de non-paiement à l'échéance, de s'approprier la chose grevée de la sûreté, sans avoir à se la faire attribuer par voie de justice. À peine de nullité, cette convention ne peut pas être conclue lors de la constitution de la sûreté mais ultérieurement.

➢ *Comp : Clause de voie parée.*

➢ *Réalisation du gage.*

Paiement *[Bq.]*

Exécution par le débiteur de la prestation due. Dans un sens plus courant, exécution de son obligation de verser une somme d'argent au créancier.

Paiement libératoire *[Bq.]*

Paiement qui produit ses effets c'est-à-dire qui éteint la dette de celui qui y était obligé.

Paiement par intervention *[Bq.]*

Paiement d'un effet de commerce par un tiers ou un garant du titre afin d'éviter à celui pour lequel cette intervention est faite, le recours faute de paiement ouvert au porteur.

➢ *Acceptation par intervention, Avis d'intervention, Clause de recommandation, Intervention, Recours faute de paiement.*

Pair *[M. fin.]*

Synonyme de valeur nominale. On dit par exemple qu'un titre est émis au pair, si son prix d'émission est égal à sa valeur nominale; ou qu'un titre cote au-dessus du pair, si son cours est supérieur à sa valeur nominale.

➢ *Valeur nominale.*

Palais Blondel *[M. fin.]*

Nom du bâtiment où se tiennent, à Paris, les marchés sur marchandises.

Palais Brongniart *[M. fin.]*

Nom du bâtiment, situé rue Vivienne, où se tenaient à Paris les séances de cotation des instruments financiers

négociés sur les marchés réglementés et dont la négociation s'effectuait à la criée. Depuis 1998, il n'y a plus de négociation à la criée du fait de l'informatisation de ces cotations.
Aujourd'hui seul l'or fait l'objet d'une négociation quotidienne dans ces locaux.

P

Pallier de résistance *[M. fin.]*

Limite en-deçà de laquelle le cours d'un titre semble ne pas pouvoir descendre, l'observation graphique indiquant que le titre bute contre cette limite pour remonter ensuite.
➢ *Contra : Barre.*

PAP *[Bq.]*

➢ *Prêt aidé pour l'accession à la propriété.*

Papier bancable *[Bq.]*

➢ *Titre bancable.*

Papier commercial *[Bq. / M. fin.]*

➢ *Billet de trésorerie.*

Papier court *[Bq. / M. fin.]*

Titre constatant une créance dont l'échéance est proche. On parle également d'effet brûlant.
➢ *Contra : Papier long.*

Papier creux *[Bq.]*

➢ *Effet fictif.*

Papier de cavalerie *[Bq.]*

➢ *Effet de complaisance.*

Papier de complaisance *[Bq.]*

➢ *Effet de complaisance.*

Papier de famille *[Bq.]*

Nom donné aux effets émis entre membres d'une même famille et par extension et plus fréquemment, entre filiales d'un même groupe de sociétés ou entre une société-mère et l'une de ses filiales. Ce type de papier éveille la prudence des banquiers en raison du risque de complaisance ou de tirage croisé.
➢ *Effet de complaisance, Effets croisés.*

Papier financier *[Bq.]*

➢ *Effet financier.*

Papier fournisseur *[Bq.]*

➢ *Escompte indirect.*

Papier long *[Bq. / M. fin.]*

Titre constatant une créance dont l'échéance est lointaine.
➢ *Contra : Papier court.*

Papier-monnaie *[Bq.]*

➢ *Monnaie fiduciaire.*

Papier-valeur *[Bq.]*

Titre qui incorpore au profit du porteur et indépendamment de toute cause, un droit contre un obligé que sa seule signature a engagé. La théorie du papier-valeur ou *wertpapier* constitue le fondement du droit cambiaire allemand et une partie du nôtre.
➢ *Engagement abstrait.*

Papillon *[M. fin.]*

➢ *Écart en papillon.*

Parère *[Bq. / M. fin.]*

D'une façon générale, un parère est un document émanant d'une autorité professionnelle qui établit l'existence d'un usage dans la profession concernée.

« Pari passu » *[M. fin.]*

➢ *Clause « pari passu ».*

ParisBourse SA *[M. fin.]*

Nom commercial de l'entreprise de marché de la bourse de Paris pour les Premier, Second et Nouveau marchés. Depuis le 27 octobre 2000, sa dénomination sociale (Société des bourses françaises) a été modifiée, pour devenir Euronext Paris.

Parité des changes *[Bq.]*

Parfois synonyme de cours du change, la parité des changes est plus précisément la situation dans laquelle, le cours qui s'établit entre deux devises, est le même sur deux places distinctes. Les changes sont alors à parité.

Parquet *[M. fin.]*

À l'origine, nom donné dans une bourse, au lieu séparé du public où se tenaient les agents de change pour recevoir les ordres d'achat et de vente. On distinguait les bourses à parquet et les bourses sans parquet. Pour qu'un parquet soit établi dans une bourse, il fallait au moins que quatre charges d'agent de change soient installées sur la place. Après la suppression des bourses sans parquet, on a parlé de parquet pour désigner à la bourse, l'endroit où se tenaient lors des cotations à la criée, les négociateurs habilités et les représentants des sociétés de bourse. Il s'agit maintenant d'un terme historique, car il n'y a plus de cotation à la criée. Dans la terminologie anglo-saxonne on parle de *floor*.

➢ *Bourse à parquet.*

Part bénéficiaire *[M. fin.]*

➢ *Part de fondateur.*

Part de fondateur *[M. fin.]*

Titre négociable émis par une société et conférant à son titulaire un droit sur les bénéfices et parfois sur le bon de liquidation, en contrepartie des services rendus lors de la constitution ou d'une augmentation de capital. La part de fondateur est également appelée part bénéficiaire. L'émission de parts de fondateur est interdite depuis la loi du 24 juillet 1966.

Participation conjointe *[Bq.]*

➢ *Crédit consortial.*

Part virile *[Bq.]*

Fraction de la dette à la charge de chacun des codébiteurs et qui est calculée en divisant le montant total de la dette par le nombre de débiteurs. On dit que le paiement a lieu par part virile lorsque chaque codébiteur est tenu de la même fraction que les autres.

PAS *[Bq.]*

Prêt à l'accession sociale. Il s'agit d'un type de prêt conventionné.

Passeport européen *[Bq. / M. fin.]*

Expression courante pour agrément unique.

➢ *Agrément.*

Passif *[Bq.]*

Partie droite du bilan indiquant l'origine des ressources qui ont permis le financement de l'actif. Plus couramment, ensemble des dettes d'un débiteur.

Payer *[Bq.]*

Pour le débiteur exécuter la prestation due. Dans un sens plus courant, verser la somme d'argent qu'il doit.

P

PC *[Bq.]*

➢ *Prêt conventionné.*

PEA *[Bq.]*

➢ *Plan d'épargne en actions.*

Pension *[Bq. / M. fin.]*

Selon l'article L. 432-12 du Code monétaire et financier (issu de la loi du 31 déc. 1993) la pension est l'opération par laquelle une personne morale, un fonds commun de placement ou un fonds commun de créances cède en pleine propriété à une autre personne morale, à un fonds commun de placement ou à un fonds commun de créances, moyennant un prix convenu, des valeurs, titres ou effets définis (dans le même article) et par laquelle le cédant et le cessionnaire s'engagent respectivement et irrévocablement, le premier à reprendre les valeurs, titres ou effets, le second à les rétrocéder pour un prix et à une date convenus.

Cette opération de cession temporaire de titres correspond le plus souvent à une opération de financement. On distingue la pension non livrée (les titres cédés restent dans les comptes du cédant) de la pension livrée où les titres sont effectivement livrés au nom du cessionnaire.

Des opérations de pension sont également pratiquées par la Banque de France lorsqu'elle met en œuvre, comme chacune des banques centrales nationales (BCN) de l'Eurosystème, les décisions de politique monétaire de la Banque centrale européenne (BCE). Sont éligibles à ces opérations les titres, effets et créances qui répondent à des critères fixés par la BCE, mais également à ceux définis par chaque BCN en accord avec la BCE.

➢ *« Close-out netting », Éligibilité, « Global netting », Mobilisation, Open Market, Politique monétaire unique, Taux directeurs.*

Pension livrée *[Bq. / M. fin.]*

➢ *Pension.*

Pension non livrée *[Bq. / M. fin.]*

➢ *Pension.*

PER *[Bq.]*

➢ *Plan d'épargne retraite.*

Période de crédit *[Bq.]*

➢ *Crédit différé.*

Période d'épargne *[Bq.]*

➢ *Crédit différé.*

Période suspecte *[Bq.]*

Nom donné à la période qui précède le jugement prononçant un redressement ou une liquidation judiciaires et dont le point de départ est la date de cessation des paiements fixée par ce jugement, ou ultérieurement par une autre décision judiciaire, sans pouvoir remonter à plus de 18 mois. Certains actes passés pendant cette période sont nuls.

Petite ligne de cotation *[M. fin.]*

Se dit d'une valeur mobilière sur laquelle les négociations boursières sont peu nombreuses.

Pétrodollars *[Bq.]*

Dollars détenus par des non-américains dont les revenus proviennent du pétrole. Par extension toutes devises provenant d'une activité pétrolière.

« Pfandbriefe » *[Bq.]*

➢ *Obligation foncière.*

PIBOR (« Paris interbank offered rate ») *[Bq.]*

Avant 1999, taux publié chaque jour par l'AFB et qui résultait de la moyenne des taux consentis par les principales banques de la place (les banques de référence) aux meilleures signatures nationales. Ce sigle avait été créé par analogie avec celui du LIBOR : sa traduction en français était TIOP (taux interbancaire offert à Paris). Depuis le passage à la monnaie unique, il a été remplacé par l'Euribor.

PIC *[Bq.]*

➢ *Prêt immobilier conventionné.*

Pied du coupon *[M. fin.]*

➢ *Au pied du coupon.*

Pignoratif *[Bq.]*

➢ *Endossement pignoratif.*

« Pit » *[M. fin.]*

Groupe de cotation à la criée. Les négociations à la criée ayant été supprimées, le terme n'a plus désormais qu'un intérêt historique.

PLA *[Bq.]*

➢ *Prêt locatif aidé.*

Place *[Bq. / M. fin.]*

Le terme peut signifier la localité où s'effectuent des opérations sur instruments financiers (place boursière) ou celui où s'effectuent des opérations de banque (place bancaire).

Place bancable *[Bq.]*

Localité où il existe un guichet permanent de la Banque de France.

➢ *Contra : Place écart.*

Place bancaire *[Bq.]*

➢ *Place.*

Place boursière *[M. fin.]*

➢ *Place.*

Place écart *[Bq.]*

Terme parfois employé pour désigner la localité où il n'existe pas de guichet permanent de la Banque de France.

➢ *Contra : Place bancable.*

Placement *[M. fin.]*

Opération par laquelle l'émetteur de valeurs mobilières agissant lui-même ou par un intermédiaire (placeur) recherche des souscripteurs ou des acquéreurs de titres.

➢ *Syndicat d'émission.*

Placement en report *[M. fin.]*

Placement de disponibilités effectué dans des opérations de report. Cette opération était réalisée sur le marché à règlement mensuel, supprimé depuis le 22 septembre 2000.

➢ *Report.*

Placement privé *[M. fin.]*

Conformément à l'article 411-2 du Code monétaire et financier (anc. art. 6.I dernier al. ord. 28 sept. 1967), et par opposition à l'appel public à l'épargne, le placement privé est constitué par l'émission ou la cession d'instruments financiers auprès d'investisseurs qualifiés ou dans un cercle restreint d'investisseurs, sous réserve que ces investisseurs agissent pour leur propre compte. Le placement privé ne donne pas lieu à l'établissement d'un document d'information visé par la COB et n'interdit pas aux émetteurs ou aux cédants des instruments financiers de recourir au démarchage, à la publicité ou à des prestataires de services d'investissement pour le placement des instruments financiers.

➢ *Contra : Appel public à l'épargne.*

➢ *Cercle restreint d'investisseurs, Investisseur qualifié.*

P

Placeur *[M. fin.]*

Nom donné par la pratique aux établissements de crédit et aux entreprises d'investissement qui interviennent pour le placement de valeurs mobilières.

➢ *Marché gris, Placement, Syndicat d'émission.*

Plafond d'escompte *[Bq.]*

➢ *Crédit d'escompte.*

Plan d'épargne en actions (PEA) *[Bq.]*

Créé par une loi de 1992, type de compte sur lequel les dépôts d'espèces libres (bien que plafonnés), doivent être employés à l'acquisition d'actions de sociétés françaises et, depuis 1999, de titres de sociétés ayant leur siège dans l'Union européenne reçus en échange de titres cotés figurant dans le PEA à l'occasion d'opérations comme une offre publique d'échange.

Ce compte a été imaginé par le législateur pour favoriser l'épargne longue; c'est pourquoi les retraits effectués avant les 5 premières années entraînent la pertes des avantages fiscaux et avant les 8 premières années, la clôture du compte.

Plan d'épargne-logement *[Bq.]*

➢ *Épargne-logement.*

Plan d'épargne retraite (PER) *[Bq.]*

Créé par la loi du 17 juin 1987, type de compte permettant de favoriser l'épargne à long terme en vue de la retraite de leur titulaire. Ce produit d'épargne assez complexe a été remplacé en 1990 par le Plan d'épargne populaire, les PER ouverts avant cette date pouvant, sur option de leur titulaire, être menés jusqu'à leur terme.

PLUS *[Bq.]*

➢ *Prêt locatif à usage social.*

PME *[Bq.]*

➢ *Porte-monnaie électronique.*

Point mort *[M. fin.]*

Cours du titre sous-jacent qui est tel qu'aucune perte ni aucun gain n'est réalisé par l'opérateur qui avait construit une stratégie d'écart. Dans la terminologie anglo-saxonne, on parle de *break even*.

➢ *Écart, Option.*

Politique monétaire unique *[Bq.]*

Politique monétaire de l'Union économique et monétaire, elle relève des décisions de la seule Banque centrale européenne (BCE), chacune des banques centrales nationales de l'Eurosystème étant cependant chargée de sa mise en œuvre.

La stabilité des prix est l'objectif principal de cette politique monétaire (art. 105 du Traité CE). Il s'agit d'une politique de taux d'intérêt dont les instruments, fixés par une disposition de la BCE du 31 août 2000, sont les opérations d'*open-market*, les facilités permanentes et les réserves obligatoires.

➢ *Facilités permanentes, Eurosystème, Open-market, Réserves obligatoires, Taux directeurs, Union économique et monétaire.*

Pool bancaire *[Bq.]*

Réunion de plusieurs établissements de crédit qui conviennent de supporter ensemble les risques et les profits d'une opération de crédit; on parle également de consortium. Lorsque l'opération envisagée par le pool bancaire concerne des valeurs mobilières, on parle de syndicat financier.

➢ *Crédit consortial, Crédit en participation, Crédit en pool, Syndicat financier, Syndication.*

Portage de valeurs mobilières *[M. fin.]*

Opération consistant à vendre des valeurs mobilières avec obligation pour le vendeur de les racheter à son acheteur à une date prévue à un prix convenu. Cette technique permet notamment au titulaire de valeurs mobilières de trouver des liquidités auprès d'organismes recherchant des placements à très court terme.

Lorsque le vendeur rachète lesdites valeurs, il y a juridiquement une deuxième vente qui succède à la première.

➢ *Comp : Pension, Réméré.*

Portefeuille *[M. fin.]*

Ensemble des instruments financiers détenus par une personne physique ou morale.

➢ *Société de gestion de portefeuille, Société de portefeuille.*

Porte-monnaie électronique (PME) *[Bq.]*

Monnaie électronique dont le support de stockage est une carte à mémoire prépayée. Il en existe déjà plusieurs en Europe, sous forme d'expériences plus ou moins récentes : en France (Modeus et Monéo désormais associés, ou Mondex), en Allemagne (Geldkarte), ou encore Belgique (Proton).

Porteur *[Bq. / M. fin.]*

Celui qui détient un titre (effet de commerce, chèque, valeur mobilière, bon, etc.). S'agissant d'un titre scriptural, il est préférable de parler de titulaire.

➢ *Actionnaire, Bénéficiaire, Endossataire, Obligataire.*

Porteur diligent *[Bq.]*

Porteur d'un effet de commerce ou d'un chèque qui a accompli dans le délai prévu, les diligences nécessaires pour obtenir l'acceptation ou le paiement, ou pour faire constater la carence du tiré (lettre de change, chèque) ou du souscripteur (billet à ordre). Le porteur diligent conserve tous ses recours contre les différents garants du titre.

➢ *Contra : Porteur négligent.*

➢ *Comp : Porteur légitime.*

➢ *Protêt.*

Porteur légitime *[Bq.]*

Détenteur d'un effet de commerce ou d'un chèque qui justifie de son droit par une suite ininterrompue d'endossements.

➢ *Comp : Porteur diligent.*

➢ *Endossement.*

Porteur négligent *[Bq.]*

Porteur d'un effet de commerce ou d'un chèque, qui n'accomplit pas dans le délai prévu, les diligences nécessaires pour obtenir l'acceptation ou le paiement ou pour faire constater la carence du tiré (lettre de change ou chèque) ou du souscripteur (billet à ordre). La négligence du porteur emporte déchéance de ses droits contre les endosseurs, le tiré qui a fourni provision, et les autres coobligés à l'exception du tiré accepteur (lettre de change) et du souscripteur (billet à ordre).

➢ *Contra : Porteur diligent.*

➢ *Protêt.*

Position *[Bq. / M. fin.]*

État, situation à un moment donné. On parle ainsi de la position d'un compte.

Position à cheval *[M. fin.]*

Sur un marché d'instruments financiers à terme, situation d'un opérateur qui a une position à la hausse et à la baisse.

Position de change *[Bq.]*

Solde positif ou négatif entre les créances d'une personne, libellées en devises, et ses dettes dans la même devise.

➢ *Risque de change.*

Postchèque *[Bq.]*

Document établi par la Poste au nom du titulaire d'un compte courant postal pour lui permettre, sur présentation de la carte de garantie postchèque (qui lui est également fournie) et d'une pièce d'identité, de retirer des devises dans les bureaux de poste de nombreux pays étrangers signataires d'accords en ce sens.

Postdater *[Bq.]*

Apposer sur un document par erreur ou par fraude, une date postérieure à celle du jour où elle est apposée. Un chèque postdaté est payable le jour de sa présentation, c'est-à-dire qu'il n'est pas tenu compte pour le paiement, de cette postdate.

➢ *Contra : Antidater.*

Postmarquage *[Bq.]*

Opération par laquelle le banquier qui reçoit un chèque, y indique son montant en caractères magnétiques, avant de le présenter au paiement, ce qui permet ensuite un traitement informatique.

Pouvoir *[Bq.]*

Prérogative permettant à une personne d'agir pour le compte d'une autre. Acte conférant cette prérogative et plus généralement conférant mandat ou procuration.

➢ *Comp : Mandat, Procuration.*

Pouvoir libératoire *[Bq.]*

Qualité d'une monnaie qui peut être remise en paiement par le débiteur sans que le créancier puisse s'y opposer. Les monnaies ayant cours légal ont un pouvoir libératoire; cependant certaines d'entre elles ont un pouvoir libératoire limité à une certaine somme prévue par la loi : il en est ainsi de la monnaie divisionnaire. Une monnaie ayant un pouvoir libératoire ainsi limité, est dite monnaie d'appoint. Selon le règlement du Conseil du 3 mai 1998 concernant l'euro, nul n'est tenu d'accepter plus de 50 pièces lors d'un seul paiement.

➢ *Libératoire.*

Prébarrement *[Bq.]*

➢ *Chèque barré.*

Préférence *[Bq.]*

➢ *Droit de préférence.*

Préfinancement *[Bq.]*

➢ *Crédit d'anticipation.*

Prélèvement automatique *[Bq.]*

➢ *Autorisation de prélèvement, Avis de prélèvement, Convention de prélèvement, Demande de prélèvement.*

Prélèvement forfaitaire *[M. fin.]*

➢ *Prélèvement libératoire.*

Prélèvement libératoire *[M. fin.]*

Somme fixée en pourcentage qui sur option du contribuable, peut être retenue au profit de l'Administration fiscale sur les intérêts et produits de toute nature des placements à revenu fixe (bons, emprunts, et autres titres d'emprunt…) ce qui a pour effet de libérer ces intérêts et produits de l'impôt sur le revenu. On parle également de prélèvement forfaitaire.

Premier cours *[M. fin.]*

➢ *Cours de bourse, Cours d'ouverture.*

Premier Marché *[M. fin.]*

Compartiment du marché réglementé de la Bourse de Paris qui s'appelait jusqu'en 1997 la Cote officielle. En principe, l'admission des titres d'une société aux négociations sur le Premier Marché implique la diffusion dans le public, à la date de l'introduction, d'au moins 25 % du capital social. C'est l'entreprise de marché qui décide de l'admission de ces titres, sur dépôt par la société émettrice d'un dossier à l'appui de sa demande. La COB a un droit d'opposition à cette admission. La plupart des valeurs admises aux négociations sur le Premier Marché sont éligibles à l'OSRD.

➢ Comp : *Second Marché, Nouveau Marché, Valeurs éligibles à l'OSRD.*

Premium *[M. fin.]*

➢ *Prix de l'option.*

Présentateur *[Bq.]*

Celui qui présente un effet de commerce ou un chèque au paiement ou à l'acceptation (s'il s'agit d'une lettre de change). C'est généralement un banquier : le banquier présentateur.

➢ *Banquier présentateur, Présentation.*

P

Présentation *[Bq.]*

Opération qui consiste à demander le paiement d'un effet de commerce ou d'un chèque (présentation au paiement) ou s'il s'agit d'une lettre de change, son acceptation (présentation à l'acceptation). La présentation au paiement doit être faite chez le tiré (lettre de change et chèque) ou le souscripteur (billet à ordre) ou le cas échéant, chez le tiers désigné comme domiciliataire. La présentation à l'acceptation doit toujours être faite chez le tiré. Depuis mai 1994, les présentations effectuées entre établissements de crédit sont obligatoirement faites par support informatique.

➢ *Acceptation, Banquier présentateur, Domiciliation, Présentateur.*

Prestataire de services d'investissement (PSI) *[M. fin.]*

Terme désignant à la fois les entreprises d'investissement et les établissements de crédits agréés pour fournir des services d'investissement.

Prêt *[Bq.]*

Contrat par lequel une partie, le prêteur, met à la disposition de l'autre, l'emprunteur, une somme d'argent à charge de lui verser des intérêts et de lui rembourser cette somme, selon des modalités déterminées. Il existe une très grande variété de prêts. Le prêt peut se traduire dans le compte du client par une inscription à son crédit ou par une position débitrice autorisée.

➢ *Crédit, Découvert.*

Prêt aidé pour l'accession à la propriété (PAP) *[Bq.]*

Institué en 1977, type de prêt à l'habitat bénéficiant, sous certaines conditions, d'une aide de l'État, il a été remplacé, en octobre 1995, par un nouveau dispositif : le prêt au taux zéro. Les prêts PAP en cours subsistent.

Prêt à taux zéro *[Bq.]*

Type de prêt à l'habitat qui depuis octobre 1995, a remplacé le prêt aidé à l'accession à la propriété immobilière (PAP). Il s'agit d'un prêt sans intérêt distribué par les établissements de crédit qui ont passé avec l'État une convention en fixant les condition d'attribution. Ces établissements reçoivent une subvention de l'État en compensation de l'absence d'intérêt.

Le prêt à taux zéro est également appelé avance remboursable à taux zéro.

CCH, art. L. 317-1 s.

Prêt conventionné (PC) *[Bq.]*

Institué en 1977, type de prêt à l'habitat accordé aujourd'hui par les établissements de crédits qui ont conclu avec la Société de gestion du fonds de garantie de l'accession sociale à la propriété, agissant pour le compte de l'État, une convention conforme à la convention type établie par arrêté du ministre de l'Économie et des Finances, et par laquelle sont imposées notamment, des conditions relatives au taux, à la durée, au montant et à l'affectation du prêt. On distingue les prêts conventionnés classiques ne bénéficiant d'aucune aide de l'État et les prêts à l'accession sociale (PAS) qui sont garantis par l'État.

CCH, art. R. 331-63 s, art. L. 312-1 s, R. 312-1.

➢ *SGFGAS.*

Prêt-emprunt de titres *[M. fin.]*

Opération de cession temporaire de titres soumise aux dispositions des articles 1892 à 1904 du code civil (prêt la consommation) par laquelle un opérateur qui a besoin de titres les emprunte, généralement contre remise d'espèces, à un prêteur à charge pour l'emprunteur de restituer des titres de même nature au prêteur à l'échéance de l'opération. Les articles L. 432-6 s. du code monétaire et financier (issus de la loi du 17 juin 1987) précisent le régime juridique et fiscal pour les opérations de prêt-emprunt de titres qui remplissent certaines conditions.

La loi offre la possibilité aux parties à des opérations de prêt-emprunt de titres de procéder à des appels de marge, soit sous la forme de remise en pleine propriété de valeurs, titres, effets, créances ou espèces, soit sous la forme de constitution de sûretés portant sur de tels biens ou droits.

Les opérations de prêt-emprunt de titres peuvent également donner lieu, sous certaines conditions, à une com-

pensation avec exigibilité anticipée ou *close-out netting* en cas de défaillance d'une des parties à ces opérations.
➢ *« Close-out netting », « Global netting », Pension, Réméré.*

Prêt épargne-logement *[Bq.]*
➢ *Épargne-logement.*

Prêt hypothécaire *[Bq.]*
Prêt garanti par une hypothèque.
➢ *Marché hypothécaire.*

Prêt immobilier conventionné (PIC) *[Bq.]*
Type de prêt au logement institué en 1972 et remplacé en 1977 par les prêts conventionnés.

Prêt locatif aidé (PLA) *[Bq.]*
Institué en 1977, type de prêt à l'habitat bénéficiant d'une aide de l'État pour la construction de logements à usage locatif. Il a été remplacé par le prêt locatif à usage social (PLUS) depuis le 1er janvier 2000.
CCH, art. R. 331-1 s.

Prêt locatif à usage social (PLUS) *[Bq.]*
Institué par décret du 14 septembre 1999, type de prêt à l'habitat bénéficiant, sous certaines conditions, d'une aide de l'État pour la construction de logements à usage locatif. Il s'est substitué au prêt locatif aidé depuis le 1er janvier 2000.
CCH, art. R. 331-1 s.

Prêt participatif *[Bq.]*
Type de prêt institué par le législateur en 1978 et présentant deux caractéristiques principales : les fonds accordés en vertu d'un prêt participatif sont assimilés à des fonds propres et sont remboursables après tous les autres créanciers de l'emprunteur qu'ils soient privilégiés ou chirographaires, le prêteur ayant une créance de dernier rang.
C. mon. fin., art. L. 313-13 s.

Prêt personnel *[Bq.]*
Prêt accordé pour le financement de toute dépense sans rapport avec l'activité professionnelle de l'emprunteur. Son montant est en général limité à trois mois de salaires, sa durée comprise entre trois mois et trois ans. Le versement du salaire de l'emprunteur est effectué à titre de garantie, sur son compte ouvert chez le banquier prêteur.

Prêt sur police d'assurance-vie *[Bq.]*
Prêt dont le remboursement est garanti par une assurance-vie souscrite par le client au profit du banquier prêteur.
➢ *Comp : Nantissement de police d'assurance-vie.*

« Price earning ratio » (PER) *[M. fin.]*
Ratio obtenu en divisant la capitalisation boursière d'une société par son bénéfice net annuel. On parle de coefficient de capitalisation des résultats.

Prime *[M. fin.]*
➢ *Prix de l'option.*

« Prime broker » *[M. fin.]*
Intermédiaire, d'origine anglo-saxone, qui assure à la fois des fonctions d'exécution d'ordres, de règlement-livraison de titres et de financement, et peut fournir des prestations de valorisation et d'étude de risque. Il s'agit généralement d'établissements de crédit ou de broker-dealers qui fournissent ces ser-

P

vices à des fonds d'investissements. Un Prime broker permet notamment aux « hedge funds » d'effectuer des opérations à effet de levier et des opérations de ventes à découvert.
➢ *« Broker-dealer » Hedge Fund.*

Prime d'émission *[M. fin.]*
Lors d'une augmentation de capital, somme que doit verser le souscripteur d'actions nouvelles en plus du nominal de chaque titre, pour compenser les droits qu'il acquiert sur les réserves déjà constituées dans la société, et éviter ainsi aux actions anciennes une diminution de leur valeur intrinsèque.

Prime de remboursement *[Bq. / M. fin.]*
➢ *Obligation à prime.*

« Prime rate » *[Bq.]*
Taux de base bancaire pratiqué aux États-Unis. C'est le meilleur taux applicable aux meilleurs clients.
➢ *Comp : Taux de base bancaire.*

Principal *[Bq.]*
➢ *Capital.*

Prise ferme *[M. fin.]*
Service d'investissement prévu par l'article L. 321-1 du Code monétaire et financier et l'article 2-1-6 du Règlement général du CMF. Il consiste, pour le prestataire de services d'investissement, à acheter directement à l'émetteur, à un prix convenu à l'avance, des instruments financiers en vue de procéder à leur placement dans le public. La rémunération du prestataire prend la forme d'une commission et, éventuellement, d'un écart de cours. Le prestataire prend en charge le risque de contrepartie lorsque l'opération ne peut aboutir.
➢ *Service d'investissement.*

Privilège *[Bq.]*
Sûreté réelle et légale donnant au créancier le droit d'être payé avant les autres sur le prix de vente du ou des biens grevés.
➢ *Mots suivants.*

Privilège de l'ancien article 40 *[Bq.]*
Ainsi appelé parce que créé par l'article 40 de la loi du 25 janvier 1985 sur le redressement et la liquidation judiciaires des entreprises et désormais prévu à l'article L. 621-32 du Code du commerce, privilège général grevant les meubles et immeubles du débiteur et qui garantit toutes les créances nées régulièrement après le jugement d'ouverture de la procédure.
En cas de redressement judiciaire, il prime toutes les créances nées avant ce jugement même si elles sont garanties par un privilège ou une sûreté, à l'exception des créances superprivilégiées.
En cas de liquidation judiciaire, il est primé par le superprivilège des salaires, le privilège des frais de justice, les sûretés immobilières ou mobilières spéciales assorties d'un droit de rétention et le nantissement de l'outillage et du matériel d'équipement.
Le texte prévoit en outre l'ordre dans lequel les différentes créances nées après le jugement d'ouverture sont payées les unes par rapport aux autres.

Privilège de la séparation des patrimoines *[Bq.]*
Privilège spécial immobilier garantissant les créanciers et les légataires de

sommes d'argent d'un défunt, sur les immeubles de la succession, leur permettant ainsi d'être préférés aux créanciers de l'héritier. Ce privilège doit être inscrit dans les quatre mois de l'ouverture de la succession : il prend alors rang rétroactivement à la date de cette ouverture. À défaut, il dégénère en hypothèque simple, c'est-à-dire qu'il ne prend rang qu'à la date de son inscription.

Privilège de l'hôtelier *[Bq.]*

Privilège spécial mobilier garantissant les créances de ceux qui ont logé un voyageur pour toutes les fournitures qu'ils lui ont procurées et grevant les effets apportés par ledit voyageur.

Privilège de pluviôse *[Bq.]*

Nom parfois donné au privilège des ouvriers et fournisseurs des entrepreneurs de travaux publics.

Privilège de second ordre *[Bq.]*

➢ *Privilège du bailleur de fonds sur le cautionnement des fonctionnaires publics.*

Privilège des architectes et entrepreneurs *[Bq.]*

Privilège spécial immobilier garantissant dans la limite de la plus-value apportée à l'immeuble, la créance de ceux qui ont effectué des travaux sur cet immeuble ou de ceux qui ont prêté les deniers nécessaires à ces travaux. Deux procès-verbaux (l'un avant, l'autre après les travaux) qui doivent être publiés, permettent d'établir la plus-value.

Privilège des auteurs, compositeurs et artistes *[Bq.]*

Privilège général grevant les meubles et les immeubles du débiteur, ayant le même rang que le privilège des salaires et garantissant les redevances dues pour les trois dernières années, aux auteurs, compositeurs et artistes, à l'occasion de la cession, de l'exploitation ou de l'utilisation de leurs œuvres.

Privilège des caisses de Sécurité sociale *[Bq.]*

Privilège général mobilier garantissant les cotisations dues aux caisses de Sécurité sociale pendant un an à compter de leur exigibilité. Si le débiteur est commerçant ou une personne morale de droit privé, sous peine de ne pas pouvoir s'exercer en cas de redressement ou de liquidation judiciaires, le privilège doit être publié au greffe du tribunal de commerce, dans les trois mois qui suivent l'échéance de ces créances dès lors qu'elles sont supérieures à 12 000 euro (art. L. 243-5 C. séc. soc.).

Ce privilège s'accompagne sur les immeubles du débiteur, d'un hypothèque légale qui prend rang au jour de son inscription.

Privilège des frais de dernière maladie *[Bq.]*

Privilège général mobilier garantissant le paiement des sommes dues aux médecins, pharmaciens, infirmiers, hôpitaux, etc., dont l'intervention a eu lieu lors de la dernière maladie du débiteur avant la distribution des deniers et qu'elle qu'en ait été l'issue (guérison ou non). Ce privilège s'accompagne sur les immeubles du débiteur, d'une hypothèque légale qui prend rang au jour de son inscription.

Privilège des frais de justice *[Bq.]*

Privilège général grevant les meubles et les immeubles du débiteur et garantissant le remboursement de tous les frais engagés pour la conservation, la liquidation ou la réalisation du patrimoine du débiteur dans l'intérêt commun de tous les créanciers. Il prime tous les privilèges à l'exception des superprivilèges des salaires. Il prime même le privilège de l'ancien article 40 mais seulement en cas de liquidation judiciaire.

C. com., art. L. 621-32.

Privilège des frais de récoltes *[Bq.]*

Privilège spécial mobilier portant sur le prix de la récolte de l'année et garantissant les sommes dues pour les semences, engrais et autres produits ainsi que tous frais nécessaires à cette récolte.

Privilège des frais funéraires *[Bq.]*

Privilège général garantissant le remboursement des frais engagés pour les obsèques d'un défunt et grevant les meubles de sa succession. Ce privilège s'accompagne sur les immeubles de la succession, d'une hypothèque légale qui prend rang au jour de son inscription.

Privilège des fournitures de subsistances *[Bq.]*

Privilège général mobilier garantissant les créances ayant au plus un an et relatives à des fournitures indispensables à la survivance du débiteur et de sa famille. Ce privilège s'accompagne sur les immeubles du débiteur, d'une hypothèque légale qui prend rang au jour de son inscription.

Privilège des ouvriers et fournisseurs des entrepreneurs de travaux publics *[Bq.]*

Privilège spécial mobilier garantissant sur les sommes dues aux entrepreneurs de travaux publics par l'État ou les collectivités publiques, les créances de ceux qui ont fourni à ces entrepreneurs leur travail ou des matériaux quelconques.

C. trav, art. L. 143-6.

Privilège des salaires *[Bq.]*

Privilège général grevant les meubles et les immeubles du débiteur et garantissant le paiement des rémunérations, de tous leurs accessoires et de toutes les indemnités y afférents, qui sont dus :

1° aux salariés et apprentis pour les six derniers mois de travail;

2° aux gens de service pour l'année échue et l'année courante;

3° au bénéficiaire d'un contrat de salaire différé pour l'année échue et l'année courante;

4° au conjoint survivant qui a travaillé dans l'entreprise pendant au moins dix ans sans recevoir de rémunération.

➢ *Comp : Superprivilège des salaires.*

➢ *AGS.*

Privilège du bailleur de fonds sur le cautionnement des fonctionnaires publics *[Bq.]*

Privilège spécial mobilier garantissant celui qui a prêté aux fonctionnaires et officiers publics les fonds nécessaires à la constitution du gage (appelé improprement cautionnement) qu'ils doivent fournir et portant sur ladite somme. Ce privilège est dit privilège de second ordre parce qu'il s'exerce après celui des victimes d'abus et prévarications commis par ces fonctionnaires et officiers publics.

Privilège du bailleur d'immeuble *[Bq.]*

Privilège spécial mobilier garantissant les loyers et portant sur tout ce qui garnit les lieux loués, tout ce qui sert à l'exploitation de la ferme et sur les fruits de la récolte de l'année. L'importance des loyers ainsi privilégiés varie selon la nature et la forme du bail et dans le cas où le locataire est en redressement judiciaire, selon que le bail est ou non résilié.

Privilège du cohéritier *[Bq.]*

➢ *Privilège du copartageant.*

Privilège du commissionnaire *[Bq.]*

Privilège spécial mobilier garantissant toutes les créances de commission sur le commettant même nées pour des opérations antérieures, et portant sur la valeur des marchandises faisant l'objet de l'obligation du commissionnaire et sur les documents s'y rapportant.

C. com., art. L. 132-2 (anc. art. 95).

Privilège du conjoint survivant *[Bq.]*

➢ *Privilège des salaires.*

Privilège du conservateur *[Bq.]*

Privilège spécial mobilier garantissant tous les frais engagés pour empêcher un bien meuble de périr ou de se détériorer et grevant ledit meuble ainsi conservé.

Privilège du copartageant *[Bq.]*

Privilège spécial immobilier garantissant, sur les immeubles provenant de la masse partagée, les créances nées entre copartageants par l'effet du partage. Ce privilège doit être inscrit dans les deux mois du partage : il prend alors rang rétroactivement, au jour dudit partage. À défaut, il dégénère en hypothèque simple, c'est-à-dire qu'il ne prend rang qu'à la date de son inscription. Il est parfois appelé privilège du cohéritier, ce qui prête à confusion, le privilège du copartageant existant dans tous les cas de partage et pas seulement en cas de partage successoral.

Privilège du locataire-accédant *[Bq.]*

Privilège spécial immobilier garantissant, sur l'immeuble faisant l'objet d'un contrat de location-accession à la propriété immobilière régi par la loi du 12 juillet 1984, les créances que le locataire-accédant tient de ce contrat (notamment en cas de résiliation). Ce privilège doit être inscrit dans les deux mois de la signature du contrat : il prend alors rang rétroactivement à la date dudit contrat. À défaut, il prend rang au jour de l'inscription comme une hypothèque simple.

Privilège du prêteur de deniers *[Bq.]*

➢ *Privilège des architectes et entrepreneurs, Privilège du vendeur d'immeuble.*

Privilège du syndicat de copropriétaires *[Bq.]*

Privilège spécial mobilier garantissant les créances de toute nature du syndicat des copropriétaires à l'encontre d'un copropriétaire et portant sur tout ce qui garnit l'appartement de ce débiteur. Le syndicat bénéficie aussi d'une hypothèque légale sur les immeubles compris dans le lot du débiteur et qui prend rang au jour de son inscription.

De plus, en vertu de la loi du 21 juillet 1994, le syndicat bénéficie d'un privilège spécial immobilier garantissant les sommes dues par le copropriétaire au titre des charges et travaux pour l'année courante et les quatre dernières années échues. Ce privilège grève, comme l'hypothèque légale (qui n'a pas été supprimée) le lot du copropriétaire mais il présente une grande particularité en ce qu'il n'a pas à être inscrit. Enfin, il prime tous les privilèges inscrits sur ledit lot.

Privilège du transporteur *[Bq.]*

Privilège spécial mobilier garantissant toutes les créances de transport et portant sur la valeur des marchandises transportées et sur les documents s'y rapportant. Il est parfois appelé privilège du voiturier.

C. com., art. 133-7 (anc. art. 108-1).

Privilège du vendeur de meuble *[Bq.]*

Privilège spécial mobilier garantissant le créance du vendeur d'un bien meuble pour le prix non encore payé et portant sur ce meuble s'il est encore en possession du débiteur. En cas de redressement ou de liquidation judiciaires du débiteur, ce privilège ne peut s'exercer.

Privilège du vendeur d'immeuble *[Bq.]*

Privilège spécial immobilier garantissant la créance du vendeur d'un immeuble pour le prix non encore payé et la créance de celui qui a prêté les deniers nécessaires à cette acquisition. Ce privilège doit être inscrit dans les deux mois de la vente; il prend alors rang au jour de cette vente, c'est-à-dire avant toutes les hypothèques des créanciers de l'acquéreur qui auraient déjà été inscrites. À défaut d'inscription dans les deux mois, le privilège prend rang au jour de l'inscription comme une hypothèque simple.

Privilège du voiturier *[Bq.]*

➢ *Privilège du transporteur.*

Privilèges fiscaux *[Bq.]*

Privilèges généraux mobiliers garantissant les créances de l'Administration fiscale et qui dans certaines conditions doivent être publiés, sous peine de ne pas pouvoir s'exercer en cas de redressement ou de liquidation judiciaires du débiteur. Ils s'accompagnent sur les immeubles du débiteur, d'une hypothèque légale qui prend rang à la date de son inscription.

Privilèges généraux *[Bq.]*

Privilèges portant sur l'ensemble des meubles du débiteur (privilèges généraux mobiliers) ou sur l'ensemble de ses meubles et de ses immeubles (parfois appelés improprement privilèges généraux immobiliers, ils grèvent en réalité tous les biens du débiteur : ce sont le superprivilège des salaires, le privilège des frais de justice, le privilège des salaires et le privilège de l'ancien article 40).

➢ *Comp : Privilèges spéciaux.*

Privilèges généraux mobiliers *[Bq.]*

Privilèges grevant l'ensemble des biens meubles du débiteur. Ils s'accompagnent d'une hypothèque sur les immeubles du débiteur qui prend rang au jour de son inscription.

Privilèges immobiliers *[Bq.]*

Privilèges portant sur des immeubles.

➢ *Hypothèque privilégiée, Privilèges généraux, Privilèges spéciaux.*

Privilèges mobiliers *[Bq.]*

Privilèges portant sur des meubles.

➢ *Privilèges généraux, Privilèges spéciaux.*

Privilèges spéciaux *[Bq.]*

Privilèges portant chacun sur un bien déterminé qu'il s'agisse d'un meuble (privilèges spéciaux mobiliers) ou d'un immeuble (privilèges spéciaux immobiliers également appelés hypothèques privilégiées).

➢ *Comp : Privilèges généraux.*

Privilège sur cautionnement pour frais de charge *[Bq.]*

Privilège spécial mobilier portant sur la somme qui doit être apportée en gage par certains fonctionnaires et officiers publics et garantissant la créance qui pourrait naître au profit des victimes de leurs abus et prévarications.

C. civ., art. 2102-7.

Privilégié *[Bq.]*

Qui est garanti par un privilège. On parle de créancier privilégié ou de créance privilégiée.

➢ *Comp : Chirographaire, Hypothécaire, Nanti.*

Prix de l'option *[M. fin.]*

Somme que l'acheteur d'une option doit immédiatement et quel que soit ultérieurement le dénouement de l'opération, verser au vendeur (ou si l'option est négociée sur un marché réglementé à la chambre de compensation du marché qui la reversera au vendeur). Ce prix est librement débattu et fait l'objet d'une cotation pour les options négociées sur un marché réglementé.

On parle aussi de prime, de premium ou de cours de l'option. Ces expressions sont similaires.

➢ *Option, Série d'options.*

Prix d'exercice *[M. fin.]*

Prix auquel l'acheteur d'une option peut acheter (s'il s'agit d'un *call*, c'est-à-dire d'une option d'achat) ou vendre (s'il s'agit d'un *put*, c'est-à-dire d'une option de vente) au vendeur de l'option le produit sous-jacent convenu. Dans la terminologie anglo-saxonne c'est le *striking price*.

Sur un marché réglementé (comme le Monep ou le Matif) le prix d'exercice est standardisé et fixé, par l'entreprise de marché pour chacune des échéances sur lesquelles des options sont ouvertes. On dit que l'option est « à parité » lorsque son prix d'exercice est le plus proche possible du cours du produit sous-jacent au moment considéré. L'option est « dans le cours » ou « en dedans » lorsque son prix d'exercice est inférieur à ce cours s'il s'agit d'une option d'achat, ou lui est supérieur s'il s'agit d'une option de vente. À l'inverse, l'option est « en dehors » lorsque son prix d'exercice est supérieur à ce cours s'il s'agit d'une option d'achat, ou lui est inférieur s'il s'agit d'une option de vente.

Dans la terminologie anglo-saxonne, l'option à parité est dite *at the money*,

P

l'option en dedans est dite *in the money* et l'option en dehors est dite *out of the money*.

➢ *Comp : Prix de l'option.*

Procédure collective *[Bq.]*

Expression utilisée pour désigner le redressement ou la liquidation judiciaires.

Procédure d'injonction *[Bq.]*

Formalités auxquelles doit se livrer le banquier tiré qui refuse de payer un chèque pour défaut de provision.

➢ *Incident de paiement d'un chèque, Interdiction bancaire, Lettre d'injonction.*

P

Procédure d'ordre *[Bq.]*

Procédure suivie pour répartir les deniers provenant de la vente (amiable ou judiciaire) d'un immeuble, entre les différents créanciers titulaires d'un privilège ou d'une hypothèque sur cet immeuble, en tenant compte de l'ordre de leur sûreté respective.

➢ *Comp : Distribution par contribution.*

Procuration *[Bq.]*

1° Juridiquement, synonyme de mandat. Cependant, en pratique le terme de procuration semble parfois préféré lorsque le mandataire a la faculté et non l'obligation d'exécuter le mandat.

2° Acte conférant un mandat ou une procuration.

➢ *Comp : Mandat, Pouvoir.*

Production des créances *[Bq.]*

Sous l'empire de la législation de 1967, dans une procédure de règlement judiciaire ou de liquidation des biens, déclaration faite au syndic par le créancier et indiquant le montant et la nature de sa créance contre le débiteur. On disait que le créancier produisait.

Dans la loi du 25 janvier 1985 relative au redressement et à la liquidation judiciaires, le législateur a utilisé l'expression « déclaration de créances » à la place de « production de créances » qui semblait donc devoir être bannie. Or, dans le règlement communautaire du 29 mai 2000 concernant les procédures d'insolvabilité ayant des effets transfrontières et dans la directive du 4 avril 2001 concernant l'assainissement et la liquidation des établissements de crédit, la terminologie traditionnelle est maintenue : le créancier produit ses créances. Ainsi « production de créance » est une expression qui n'est pas vouée à l'abandon.

Produire *[Bq.]*

➢ *Production des créances.*

Produit dérivé *[M. fin.]*

➢ *Marché dérivé.*

Produit sous-jacent *[M. fin.]*

Tout produit (valeur mobilière, titre, marchandise, devise, indice) sur lequel porte un instrument financier à terme. On emploie également les expressions de valeur sous-jacente, de support et d'actif sous-jacent. Ces expressions sont similaires.

➢ *Contrat à terme négociable, Instrument financiers à terme, Option.*

Produit structuré *[M. fin.]*

Nom donné à un produit financier qui fait l'objet d'une indexation complexe. Il peut, par exemple, s'agir d'un dépôt ou d'un instrument financier dont la rémunération dépend de la performance d'un ou plusieurs actifs sous-jacents (OPCVM, actions, indices) et dont le nominal, s'il est lui-même indexé, est ou n'est pas garanti.

« Pro forma » *[Bq.]*

➢ *Traite pro forma.*

Promesse d'action *[M. fin.]*

Action émise lors d'une augmentation de capital et qui n'est pas encore disponible, les formalités étant encore en cours. Les promesses d'actions font l'objet d'une cotation sous une rubrique spéciale.

« Prorata temporis » *[Bq.]*

Expression latine signifiant en proportion du temps. On dit notamment d'un intérêt qu'il est calculé *prorata temporis*, lorsqu'il est tenu compte de la durée de l'opération et pas seulement de son montant.

➢ *Contra : Ad valorem.*

Prorogation de délai *[Bq.]*

Opération par laquelle la durée d'un délai est prolongée.

➢ *Moratoire, Prorogation d'échéance.*

Prorogation d'échéance *[Bq.]*

Opération par laquelle la date d'une échéance est repoussée; on parle également de report d'échéance.

➢ *Moratoire, Prorogation de délai.*

Prospectus *[M. fin.]*

➢ *Note d'information, Notice.*

Protêt *[Bq.]*

Acte authentique dressé par un huissier ou un notaire, à la demande du porteur d'un effet de commerce pour constater officiellement soit le non-paiement à l'échéance de l'effet (c'est le protêt faute de paiement), soit le refus d'acceptation d'une lettre de change par le tiré (c'est le protêt faute d'acceptation). Un tel protêt n'a pas à être dressé lorsque le titre comporte une clause sans protêt ou sans frais ou encore retour sans frais, ce qui est presque (sinon toujours) le cas désormais.

➢ *Comp : Certificat de non-paiement.*

➢ *Clause sans protêt.*

Protêt faute d'acceptation *[Bq.]*

➢ *Protêt.*

Protêt faute de paiement *[Bq.]*

➢ *Protêt.*

Provision *[Bq.]*

Créance de somme d'argent du tireur d'une lettre de change ou d'un chèque sur le tiré. Cette créance peut avoir des origines diverses : en matière de lettre de change, si la provision résulte souvent d'une livraison de marchandises ou d'une prestation de services effectuée par le tireur au profit du tiré, elle peut être aussi constituée par une intention de prêt du tiré à l'égard du tireur (c'est alors un effet financier), et plus généralement par toute opération faisant du tireur le créancier du tiré.

En matière de chèque, la provision est constituée chez le banquier tiré, soit par le solde créditeur du compte du client tireur, soit par l'ouverture de crédit qu'elle qu'en soit la forme, consentie par le banquier tiré à son client, le tireur.

➢ *Valeur en compte, Valeur en espèces, Valeur en marchandises.*

P

Prudentiel *[Bq. / M. fin.]*

Le terme désigne tout ce qui concerne les règles et exigences d'une gestion financière saine et prudente : par exemple, les divers ratios que doit respecter un établissement de crédit ou une entreprise d'investissement. Dès lors, on parle de règles prudentielles, d'exigences prudentielles ou encore de contrôle prudentiel.

➢ *Supervision bancaire.*

PSI *[M. fin.]*

➢ *Prestataire de services d'investissement.*

Purge *[Bq.]*

Procédure par laquelle l'acquéreur d'un immeuble hypothéqué, offre aux créanciers hypothécaires, de leur verser le prix convenu avec le vendeur. S'ils acceptent cette offre de purge, l'immeuble est libéré de toutes les hypothèques, même si le prix ne suffit pas à payer intégralement toutes les créances hypothécaires. Si l'un d'eux refuse l'offre de purge, une vente aux enchères de l'immeuble a lieu, la mise à prix étant égale au prix offert dans l'offre de purge augmenté de 1/10e; c'est la surenchère du dixième. L'adjudication libère également l'immeuble de ses hypothèques. La pratique notariale a recours à une procédure de purge amiable, plus simple.

Purge des exceptions *[Bq.]*

➢ *Inopposabilité des exceptions.*

« Put » *[M. fin.]*

Option de vente.

➢ *Option, Sens de l'option.*

Put synthétique *[M. fin.]*

➢ *Synthétique.*

Quasi-usufruit *[Bq.]*

Usufruit portant sur une chose consomptible, c'est-à-dire dont on ne peut faire usage sans la consommer (somme d'argent par exemple). Le quasi-usufruitier a le droit de se servir de la chose à charge de la restituer à son nu-propriétaire.

C. civ., art. 587.

➢ *Compte en usufruit.*

Quittance *[Bq.]*

Écrit par lequel le créancier reconnaît avoir été payé et qu'il remet à son débiteur.

➢ *Acquit.*

Quittance subrogative *[Bq.]*

Quittance exprimant la volonté du créancier qui a reçu le paiement d'un tiers (un banquier le plus souvent) de le subroger dans ses droits, actions, privilèges ou hypothèques contre le débiteur. Une telle quittance réalise une subrogation d'un créancier à un autre, par voie conventionnelle.

➢ *Créancier subrogé, Subrogation.*

R

Rachat d'actions *[M. fin.]*

Opération visée à l'article L. 225-209 du Code de commerce (anc. art. 217-2 L. 24 juill. 1966), par laquelle l'assemblée générale ordinaire d'une société cotée autorise, pour une durée maximale de 18 mois, le conseil d'administration ou le directoire à acheter les titres de la société dans une limite de 10 % du capital social. Les actions acquises pourront être soit annulées, soit attribuées ou cédées aux salariés. La société doit informer chaque mois le Conseil des marchés financiers des achats, cessions, transferts et annulations ainsi réalisés.

Rachat d'entreprise par les salariés (RES) *[M. fin.]*

Technique d'acquisition d'une entreprise par ses salariés. La loi accorde, sous certaines conditions, des avantages fiscaux tant aux repreneurs que pour la société objet du RES.

Ramassage *[M. fin.]*

➢ *Ramasser.*

Ramasser *[M. fin.]*

Acheter progressivement une quantité importante d'une même valeur. Cette technique ayant parfois été utilisée pour éviter la procédure de l'offre publique d'achat, la détention de certaines fractions du capital doit désormais être déclarée. Le franchissement de certains seuils exige le dépôt d'une offre publique d'achat ou d'échange.

➢ *Contra : Émietter.*

Rappels des cours *[M. fin.]*

Rubrique du Bulletin de la cote où sont portées les rectifications des omissions ou erreurs d'un précédent Bulletin, généralement celui de la veille.

➢ *Bulletin de la cote.*

Rapport cambiaire *[Bq.]*

Rapport juridique qui existe entre les différents signataires d'un effet de commerce pris en leur qualité de signataire du titre. Le rapport cambiaire s'ajoute au rapport de droit commun existant entre les intéressés et appelé rapport fondamental.

➢ *Rapport fondamental.*

Rapport extra-cambiaire *[Bq.]*

➢ *Comp : Rapport fondamental.*

Rapport fondamental *[Bq.]*

Par opposition au rapport cambiaire, on désigne ainsi le rapport juridique de droit commun existant entre les parties à une opération juridique quelconque (vente, prestation de services, prêt, libéralité…), indépendamment de la signature qu'elles ont pu par ailleurs apposer sur un effet de commerce. On parle également de rapport extra-cambiaire. Le rapport fondamental subsiste à la création d'un rapport cambiaire.

➢ Comp : *Rapport cambiaire.*

« Rating » *[M. fin.]*

Notation d'un titre (obligation, BMTN...) par laquelle une agence de notation agréée fait connaître l'appréciation qu'elle porte sur la qualité de ce titre. Chaque agence de notation a son système de notation qui utilise des lettres ou des chiffres, la meilleure notation est toutefois toujours signalée par un triple A : AAA.

Ratio Cooke *[Bq.]*

➢ *Ratio de solvabilité.*

Ratio (ou coefficient) de capitalisation des résultats *[M. fin.]*

➢ *« Price earning ratio ».*

Ratio (ou coefficient) de division des risques *[Bq.]*

Rapport entre le montant des crédits accordés à un même client et le montant des fonds propres de l'établissement de crédit concerné.

Ratio (ou coefficient) de liquidité *[Bq.]*

Rapport entre le montant des avoirs liquides et mobilisables d'un établissement de crédit et le montant de ses engagements à court terme.

Ratio (ou coefficient) d'emploi des ressources permanentes *[Bq.]*

Rapport entre le montant des fonds propres, provisions et ressources à moyen et long termes d'un établissement de crédit et le montant de ses immobilisations, participations et autres avoirs à moyen et long termes.

Ce ratio est parfois appelé ratio de transformation.

Ratio (ou coefficient) de solvabilité *[Bq.]*

Rapport entre le montant des fonds propres d'un établissement de crédit et le montant de ses risques de crédit pondérés en fonction de la nature de la contrepartie. En 1988, les gouverneurs des Banques centrales réunis à Bâle à la Banque des règlements internationaux, ont sur la base des travaux du comité Cooke (du nom de son président), recommandé le respect par les banques à vocation internationale d'un ratio de solvabilité de 8 %. C'est ce qu'on a appelé alors le ratio Cooke. Depuis 1999, de nouveaux travaux sont menés à Bâle sous la présidence de William J. McDonough, pour proposer un nouvel accord sur les fonds propres applicable à partir de 2004. On parlera sans doute du ratio McDonough. Il s'agit de donner plus de place aux méthodes internes des banques pour la mesure des risques, au processus de surveillance prudentielle et à la discipline de marché. Au plan européen, une directive du 18 décembre 1989 avait prévu des exigences comparables à celles du ratio Cooke : c'est le ratio européen de solvabilité. Il fait, lui aussi, l'objet de travaux en vue de modifications parallèlement à celles proposées à Bâle.

Ratio (ou coefficient) de transformation *[Bq.]*

➢ *Ratio d'emploi des ressources permanentes.*

Ratio McDonough *[Bq.]*

➢ *Ratio de solvabilité.*

R

Réactions intercalaires *[M. fin.]*

Mouvements des cours à la baisse ou à la hausse venant contrarier une tendance boursière. Ces réactions peuvent être dues à différents facteurs : événements politiques, informations financières, rumeurs économiques, etc.

➢ *Agioteurs, Baisses intercalaires, Hausses intercalaires, Informations privilégiées, Initiés.*

Réalisable *[Bq.]*

Qui peut être rapidement transformé en instruments monétaires.

Réalisation du gage *[Bq.]*

Opération qui consiste pour le créancier gagiste non payé à l'échéance, soit à faire vendre la chose gagée pour se faire payer par préférence sur le prix, soit à se la faire attribuer en propriété.

➢ *Clause de voie parée, Pacte commissoire.*

Récépissé *[Bq.]*

➢ *Récépissé-warrant.*

Récépissé-warrant *[Bq.]*

Titre délivré par un magasin général, en représentation de marchandises qu'il reçoit en dépôt. Le récépissé-warrant comporte deux parties : le récépissé qui constate, au profit du porteur, le droit de propriété sur ces marchandises; le warrant qui constate, au profit du porteur, leur mise en gage. Le porteur du récépissé-warrant a tous les droits sur ces marchandises et notamment de se les faire remettre par le magasin général. Le porteur du seul récépissé est un propriétaire dont les marchandises sont gagées. Le porteur du seul warrant est porteur d'un effet de commerce garanti par un gage.

C. com., art. L. 522-24 s (anc. art. 20 s, Ord. 6 août 1945).

➢ *Magasin général, Warrant.*

Récepteur *[Bq.]*

➢ *Remise.*

Réception et transmission d'ordres pour compte de tiers *[M. fin.]*

Service d'investissement prévu par l'article L. 321-1 du Code monétaire et financier et l'article 2-1-3 du Règlement général du CMF. Il consiste, pour le prestataire de services d'investissement, à transmettre à un prestataire habilité, pour le compte d'un donneur d'ordres, en vue de leur exécution, des ordres portant sur la négociation d'instruments financiers. Lorsque ce service d'investissement constitue la seule activité exercée par le prestataire de services d'investissement, celui-ci ne peut bénéficier du passeport européen.

➢ *Service d'investissement.*

Rechange *[Bq.]*

Tirage d'une lettre de change à vue sur l'un des garants d'une première lettre non payée. Cette deuxième lettre de change est appelée retraite.

➢ *Clause sans compte de retour.*

Réciprocité des remises *[Bq.]*

Caractéristique du compte courant qui suppose la possibilité pour chacun des correspondants d'être remettant et récepteur afin que puisse jouer le mécanisme de règlement des créances en compte.

➢ *Compte courant, Effet novatoire du compte courant, Généralité du compte courant, Indivisibilité du compte courant, Remise.*

Recommandataire (ou besoin) *[Bq.]*

Tiers ou garant d'un effet de commerce, désigné par une clause de recommandation insérée sur le titre, pour accepter ou payer par intervention si besoin.

➢ *Acceptation par intervention, Avis d'intervention, Intervention, Paiement par intervention.*

Recommandation *[Bq.]*

➢ *Clause de recommandation.*

Reconnaissance mutuelle *[Bq. / M. fin.]*

➢ *Agrément.*

Recouponnement *[M. fin.]*

Adjonction de nouveaux coupons au corps d'un titre au porteur vif, lorsque les précédents ont tous été détachés.

➢ *Corps de titre, Feuille de coupons.*

Recours cambiaire *[Bq.]*

➢ *Action cambiaire.*

Recours en garantie *[Bq.]*

➢ *Action en garantie.*

Recours faute d'acceptation *[Bq.]*

Recours en paiement ouvert au porteur d'une lettre de change contre toute personne qui y est obligée, lorsque le tiré a refusé d'accepter ladite lettre. Ce recours a donc lieu avant l'échéance du titre. Il est extrêmement rare.

➢ *Comp : Recours faute de paiement.*

➢ *Acceptation.*

Recours faute de paiement *[Bq.]*

Recours en paiement ouvert au porteur d'un effet de commerce contre toute personne qui est obligée, lorsqu'à l'échéance le titre n'a pas été payé par le tiré (lettre de change) ou le souscripteur (billet à ordre). Le banquier escompteur exerce généralement ce recours contre son client remettant, par une inscription au débit du compte de ce client; c'est ce que l'on appelle la contre-passation des effets de commerce impayés à l'échéance.

➢ *Comp : Recours faute d'acceptation.*

Recouvrement *[Bq.]*

Présentation d'une créance au paiement.

Recouvreur *[Bq.]*

Correspondant local auquel s'adresse le banquier porteur d'effets qui sont payables dans une localité où il n'est pas installé. Le recouvreur présente ces effets au paiement en qualité de mandataire dudit banquier.

Redressement judiciaire *[Bq.]*

Procédure instaurée par une loi du 25 janvier 1985 et applicable à tout commerçant, à toute personne immatriculée au répertoire des métiers, à tout agriculteur et à toute personne morale de droit privé, qui a cessé ses paiements; le redressement judiciaire doit « permettre la sauvegarde de l'entreprise, le maintien de l'activité et de l'emploi et l'apurement du passif ».

C. com., art. L. 620-1 (anc. art. 1er, L. 25 janv. 1985).

Si la continuation de l'entreprise ou sa cession apparaît impossible, le tribunal prononce la liquidation judiciaire.

➢ *Cessation des paiements.*

Réescompte *[Bq.]*

Opération, délaissée désormais, par laquelle le banquier escompteur renouvelait à son profit l'opération d'es-

R

compte, soit auprès d'un autre établissement de crédit, soit auprès de la Banque de France

➢ *Crédit de mobilisation de créances nées sur l'étranger, Escompte, Mobilisation, Pension.*

Réforme bancaire *[Bq.]*

Ensemble des dispositions prévues par la loi du 24 janvier 1984 (souvent appelée loi bancaire) relative à l'activité et au contrôle des établissements de crédit. Cette loi est désormais intégrée dans le code monétaire et financier.

R

Registre des mouvements *[M. fin.]*

Registre que doit ouvrir l'émetteur de valeurs mobilières non admises aux opérations d'Euroclear France.

Ce registre paraphé constate, par ordre chronologique, les changements dans la propriété des titres et leur nantissement.

➢ *Ordre de mouvement, Instruments financiers non admis aux opérations d'Euroclear France.*

Registre des transferts *[Bq. / M. fin.]*

➢ *Transfert.*

Règlement amiable *[Bq.]*

Accord portant sur des délais de paiement ou des remises de dettes, préparé avec l'aide d'un conciliateur nommé par le président du tribunal de commerce (ou du tribunal de grande instance), et conclu entre d'une part, un débiteur dont l'entreprise commerciale ou artisanale présente des comptes prévisionnels laissant transparaître des difficultés, et d'autre part, ses principaux créanciers. Lorsqu'un accord est conclu avec tous les créanciers, il est homologué par le tribunal.

C. com., art. 611-3 (issu de la loi du 1er mars 1984 mod.).

Le règlement amiable a pour effet de suspendre, pendant toute la durée de son exécution, toute action en vue d'obtenir le paiement des créances qui font l'objet de l'accord, et d'interdire toute prise de sûreté pour garantir le paiement de ces créances.

Il existe un règlement amiable comparable pour les exploitations agricoles.

C. com., art. L. 351-1 s (issus de la loi du 30 déc. 1988).

Règlement/livraison *[M. fin.]*

Système organisé ou de gré à gré permettant d'effectuer un transfert de propriété de titres contre un règlement concomitant d'espèces

Règlement par compensation *[Bq.]*

➢ *Compensation.*

Regroupement de valeurs mobilières *[M. fin.]*

Échange de plusieurs valeurs mobilières identiques contre une nouvelle représentant leur somme. Les regroupements d'actions ou d'obligations sont rendus nécessaires lorsque le nominal des titres d'une société est augmenté. Ce regroupement amène en général les différents porteurs à acheter ou à vendre des valeurs afin d'éviter les rompus.

➢ *Rompus.*

Régularisation *[Bq.]*

Possibilité offerte au tireur d'un chèque dont le tiré a refusé le paiement pour défaut de provision suffisante, de payer ce chèque ou de fournir provision et de payer, le cas échéant, une pénalité libératoire.

C. mon. fin., art. L. 131-73, (anc. art. 65-3, Décr.-L. 30 oct. 1935).

➢ *Interdiction bancaire, Lettre d'injonction.*

Rejeter *[Bq.]*

Fait pour le banquier qui refuse de payer un chèque ou un effet de commerce dont il est tiré ou domiciliataire, de le retourner au banquier présentateur.

➢ *Chèque rejeté, Effet rejeté.*

Relevé de compte *[Bq.]*

Document envoyé périodiquement par le banquier à son client et dans lequel sont récapitulées les opérations effectuées depuis le dernier relevé. Un arrêté provisoire est ainsi établi qui fait apparaître le solde provisoire du compte.

➢ *Arrêté de compte.*

Relevé des LCR payées *[Bq.]*

➢ *Avis de débit de relevé.*

Relevé d'identité bancaire (RIB) *[Bq.]*

Document fourni par le banquier à son client titulaire d'un compte, qui le remettra à toute personne (créancier ou débiteur) appelée à faire inscrire des opérations sur ce compte. Les banquiers ont créé ce RIB pour éviter les erreurs concernant les coordonnées bancaires de chacun. Ce document comprend : le nom et le prénom ou la raison sociale du titulaire du compte, le nom de l'établissement de crédit et de l'agence où le compte est ouvert, le code banque, le code guichet, le numéro de compte, la clé RIB.

➢ *Comp : Relevé d'identité postal.*

Relevé d'identité postal (RIP) *[Bq.]*

Document fourni par les Centres de chèques postaux et analogue au relevé d'identité bancaire fourni par les banquiers à leurs clients.

➢ *Comp : Relevé d'identité bancaire.*

RELIT *[M. fin.]*

Nom donné au système informatique de règlement-livraison permettant d'effectuer dans un délai maximum de 3 jours après la négociation, la livraison de titres contre le règlement des espèces sur l'ensemble des opérations réalisées. Relit comprend trois sous-systèmes :

- ISB (inter sociétés de bourse) pour l'ajustement et la validation des transactions entre négociateurs;
- SBI (système société de bourse) pour l'ajustement des opérations entre les négociateurs et les collecteurs d'ordres;
- SLAB (système de livraison par accord bilatéral) pour le rapprochement et la préparation des négociations opérées de gré à gré entre tous les opérateurs affiliés.

➢ *Comp : SATURNE.*

Réméré *[M. fin.]*

Opération de cession temporaire de titres consistant à vendre des titres avec faculté pour le vendeur de les racheter à l'acheteur dans un certain délai et à un prix convenu, ce qui entraîne résolution de la vente initiale.

Cette technique permet au détenteur des titres de trouver les liquidités auprès d'organismes recherchant des placements à très court terme.

Les opérations de réméré sont tombées en désuétude principalement au profit des opérations de pension.

➢ *Pension, Prêt de titres.*

Remettant *[Bq.]*

➢ *Remise.*

Remise *[Bq.]*

Créance inscrite en compte courant et qui par conséquent, est ainsi réglée. Le créancier est le remettant, le débiteur est le récepteur. Plus couramment, fait pour un client de remettre à son banquier des chèques ou des effets de commerce, pour que celui-ci les présente au paiement ou les escompte.

➢ *Compte courant, Généralité du compte courant, Réciprocité des remises, Remise à l'encaissement, Remise à l'escompte.*

Remise à l'encaissement *[Bq.]*

Remise par le client d'effets de commerce ou de chèques à son banquier pour que celui-ci les présente au paiement à l'échéance. Le banquier agit alors en qualité de mandataire de son client.

Remise à l'escompte *[Bq.]*

Remise par le client d'effets de commerce ou de chèques à son banquier pour que celui-ci les lui escompte. Le banquier acquiert sur ce papier escompté, tous les droits qui y sont attachés.

Remise de dette *[Bq.]*

Fait pour un créancier d'accorder à son débiteur une réduction de sa dette ou de l'en décharger complètement.

Remise en valeur moyenne *[Bq.]*

Compromis entre la remise à l'escompte et la remise à l'encaissement imaginé par la pratique. Les effets sont considérés comme remis à l'escompte non pas le jour de leur remise au banquier, mais plus tard à une date convenue, les agios étant calculés à partir de cette date.

Remisier *[M. fin.]*

Sous l'empire de la loi du 21 décembre 1972 qui réglementait la profession, les remisiers étaient les personnes autres que les établissements de crédit qui faisaient profession d'apporter des affaires aux agents de change sans leur être liées par un contrat de travail. Le remisier était donc un mandataire qui transmettait des ordres reçus de ses propres clients. La loi du 2 août 1989 a supprimé la profession de remisier en l'intégrant dans une profession unique et réorganisée sous forme de société de gestion de portefeuille.

➢ *Gérant de portefeuille.*

« **Remote membership** » *[M. fin.]*

Fait, pour un établissement, d'être membre à distance d'un marché étranger, c'est-à-dire d'y effectuer directement des transactions via des terminaux électroniques de négociation, alors même qu'il ne dispose pas d'installations permanentes dans le pays où se situe ledit marché.

Rente *[Bq. / M. fin.]*

Titre négociable émis par l'État lors d'un emprunt et remis au prêteur en représentation de sa créance. Elle est désignée par le taux d'intérêt et l'année

de l'émission, et parfois dans le langage courant par le nom de son initiateur (Ex. : rente Pinay). Elle est dite perpétuelle si aucune date de remboursement n'est indiquée, amortissable dans le cas contraire.
➢ *Comp : Action, Bon, Obligation.*

Rente perpétuelle *[Bq. / M. fin.]*
➢ *Rente.*

« **Repo** » *[M. fin.]*
➢ *« Repurchase Transaction ».*

Report *[M. fin.]*
Opération qui consistait à proroger d'une liquidation à l'autre, un engagement sur le marché à règlement mensuel venu à échéance. En fait, l'opération initiale était d'abord dénouée grâce à une opération en sens inverse, puis elle était reprise pour la liquidation suivante.
L'acheteur qui faisait reporter sa position vendait à la présente liquidation les titres qu'il avait acquis précédemment et les rachetait pour la liquidation suivante; ceci était possible grâce à un intervenant (reporteur) disposant de capitaux et qui consentait à acheter pour un mois la quantité de titres dont il s'agissait, sur la base d'un cours de compensation fixé par ParisBourse et affecté d'un taux de report.
Le vendeur qui faisait reporter sa position achetait à la présente liquidation les titres qu'il avait vendus précédemment et les revendait pour la liquidation suivante; ceci était possible grâce à un intervenant (reporteur) disposant de titres et qui consentait à vendre pour un mois la quantité de titres dont il s'agissait sur la base d'un cours de compensation fixé par ParisBourse et affecté d'un taux de déport.
Depuis la suppression du marché à règlement mensuel et l'instauration de l'OSRD, un mécanisme similaire a été mis en place, celui de la prorogation.
➢ *OSRD.*

Report d'échéance *[Bq.]*
Opération par laquelle la date d'une échéance est repoussée; on parle également de prorogation d'échéance.
➢ *Moratoire, Prorogation de délai.*

Reporté *[M. fin.]*
Celui qui faisait reporter sa position.
➢ *Report.*

Reporteur *[M. fin.]*
Celui grâce à l'intervention duquel un report était possible.
➢ *Report.*

Reprise de signature *[Bq.]*
➢ *Signature reprise.*

« **Repurchase Transaction** » *[M. fin.]*
Opération de pension régie par un droit étranger dans le cadre notamment de conventions-cadres internationales. En pratique, on parle souvent de *Repo*.
➢ *Convention-cadre de place.*

RES *[M. fin.]*
➢ *Rachat d'entreprise par les salariés.*

Rescrit *[M. fin.]*
Procédure d'inspiration anglo-saxonne permettant, préalablement au montage d'une opération financière, d'obtenir de la Commission des opérations de bourse (COB) une prise de position

préalable de celle-ci sur l'interprétation de ses règlements. Cette prise de position lie la COB et est publiée à son bulletin mensuel.

Réserves de change *[Bq.]*

Or et devises dont disposent les banques centrales et plus généralement chaque État.

Réserve Fédérale *[Bq. / M. fin.]*

Communément appelée « FED », la « Federal Reserve » est la banque centrale des États-Unis créée par le Congrès en 1913 et gouvernée par le « Federal Reserve Board ».

R

Réserves obligatoires *[Bq.]*

D'une façon générale, liquidités que les établissements de crédit doivent obligatoirement laisser en compte auprès de leur banque centrale. C'est un instrument de politique monétaire en ce qu'il permet de créer ou d'amplifier un déficit de trésorerie structurel des établissements de crédit ainsi conduits à se refinancer auprès de la banque centrale.

La Banque centrale européenne (BCE) a décidé d'avoir recours à ce type d'instrument et en a fixé le régime. Tous les établissements de crédit de l'Union économique et monétaire y sont soumis à hauteur de 2 % de leurs exigibilités à vue ou à moins de deux ans (dépôts ou titres de créances), le respect de ce pourcentage étant calculé en moyenne sur un mois et non quotidiennement. Ces réserves obligatoires sont rémunérées à un taux correspondant à celui des opérations principales de refinancement.

➢ *Politique monétaire unique, Système européen de banques centrales.*

Rétenteur *[Bq.]*

Celui qui exerce un droit de rétention.

➢ *Comp : Détenteur.*
➢ *Droit de rétention.*

Rétention *[Bq.]*

Refus qu'oppose un créancier de restituer une chose appartenant à son débiteur et qu'il détient.

➢ *Comp : Détention.*
➢ *Droit de rétention.*

Retenue à la source *[M. fin.]*

Somme versée à l'Administration fiscale par l'organisme émetteur de certaines valeurs mobilières autres que des actions françaises, et qui est prélevée sur les revenus de ces valeurs avant leur distribution.

Le montant de la retenue à la source qui varie selon la nature de la valeur mobilière concernée, est la contrepartie du crédit d'impôt.

➢ *Crédit d'impôt.*

Retenue sur bordereau *[Bq.]*

Somme qui dans une opération d'escompte est parfois retenue par le banquier à titre de garantie du paiement des effets à l'échéance et qui s'analyse en un gage sur espèces.

➢ *Gage.*

Retour sans frais *[Bq.]*

➢ *Clause sans protêt.*

Retrait *[Bq.]*

Demande de restitution d'un effet escompté adressée par le remettant au banquier escompteur. Un tel retrait a lieu notamment en cas de résiliation du contrat d'escompte et peut être prévu par une clause dite clause de retrait.

➢ *Escompte en pension.*

Retrait d'agrément *[Bq.]*
➢ *Agrément.*

Retrait de fonds *[Bq.]*
Opération par laquelle le client demande à son banquier de lui remettre une certaine somme en espèces, dont le montant sera porté au débit de son compte.
➢ *Contra : Versement de fonds.*

Retraite *[Bq.]*
Lettre de change tirée à vue sur l'un des garants d'une première lettre non payée et en règlement de celle-ci.
➢ *Rechange, Titre à vue.*

Retrait obligatoire *[M. fin.]*
Procédure boursière que peuvent utiliser les actionnaires majoritaires d'une société détenant, à l'issue d'une offre publique de retrait, au moins 95 % du capital et des droits de vote de la société, et qui a pour effet d'exclure les actionnaires minoritaires en les contraignant à leur transférer, contre indemnisation, les titres qu'ils n'ont pas présentés lors de l'offre publique de retrait initiale. Dans la terminologie anglo-saxonne, on parle de squeeze-out.
C. mon. fin., art. L. 433-4 II et Régl. gén. CMF, art. 5-7-1 à 5-7-3.

Revenu fixe *[Bq.]*
➢ *Valeurs à revenu fixe.*

Revenu variable *[Bq.]*
➢ *Valeurs à revenu variable.*

« **Reverse** » *[M. fin.]*
➢ *Conversion inverse.*

« **Revolving** » *[Bq.]*
➢ *Crédit « revolving ».*

RI *[M. fin.]*
Règlement immédiat.
➢ *Négociation à règlement immédiat.*

RIB *[Bq.]*
➢ *Relevé d'identité bancaire.*

RIP *[Bq.]*
➢ *Relevé d'identité postal.*

Risque *[Bq.]*
Montant des effets escomptés par le banquier et non encore échus. Il s'apprécie notamment lorsque le client remettant fait l'objet d'un redressement judiciaire : le banquier déclare sa créance pour ce montant, souvent qualifié d'ailleurs de risque tireur par opposition au risque tiré ainsi qualifié lorsque le redressement judiciaire vise non pas le client remettant des effets, mais le tiré ou le souscripteur de ces effets.
➢ *Escompte.*

Risque de change *[Bq.]*
Risque couru du fait des fluctuations du cours du change par quiconque se trouve en position de change.
➢ *Change, Couverture de change, Position de change.*

Risque de taux *[M. fin.]*
Risque couru du fait des fluctuations des taux d'intérêts sur le marché financier, par les emprunteurs (en cas de baisse des taux) ou par les prêteurs (en cas de hausse des taux).
➢ *Opération de couverture.*

RM *[M. fin.]*
Règlement mensuel.
➢ *Marché à règlement mensuel, Négociation à règlement mensuel, Valeurs RM.*

« Roll over » *[Bq.]*

Terme anglais désignant soit la reconduction d'un emprunt échu avec en général un nouveau taux d'intérêt, soit la prorogation de l'échéance d'un contrat stipulé en devises, à un nouveau cours du change. On parle de crédit *roll over.*

Rompus *[M. fin.]*

Nombre d'instruments financiers insuffisant pour participer à certaines opérations comme une négociation OSRD, un regroupement, une distribution gratuite ou une souscription de titres. Les rompus peuvent être achetés ou vendus pour permettre une meilleure participation à ces opérations.

➢ *Négociation à règlement immédiat, Regroupement de valeurs mobilières.*

Rue Vivienne *[M. fin.]*

Par cette expression, on désigne parfois la Bourse de Paris, située dans cette rue au Palais Brongniart.

RUF *[Bq.]*

Revolving underwriting facility.

➢ *Facilité d'émission garantie.*

S

SACI *[Bq.]*

➢ *Société anonyme de crédit immobilier.*

Saisi *[Bq.]*

Débiteur qui fait l'objet d'une procédure de saisie.

➢ *Comp : Tiers saisi.*

Saisie *[Bq.]*

Procédure d'exécution forcée permettant à un créancier d'obtenir le paiement de sa créance. Il existe plusieurs sortes de saisies dont les conditions et les effets diffèrent; les unes tendent à rendre indisponibles au profit du créancier, certains biens de son débiteur, les autres à faire vendre ces biens pour permettre au créancier de se payer sur le prix.

➢ *Mots suivants.*

Saisie-arrêt *[Bq.]*

Avant la réforme de 1991, procédure par laquelle un créancier (le saisissant) bloquait à son profit, les sommes qu'un tiers (le tiers saisi) devait à son propre débiteur (le saisi) afin de se faire payer sur lesdites sommes. Elle est remplacée par la saisie-attribution.

Saisie-attribution *[Bq.]*

Procédure instaurée par la loi du 9 juillet 1991 en remplacement de la saisie-arrêt et permettant au créancier muni d'un titre exécutoire de se faire attribuer, sous réserve des opérations en cours, le solde créditeur du compte en banque de son débiteur à concurrence de ce qu'il lui doit. Si ce créancier n'a pas de titre exécutoire, il devra faire pratiquer une saisie conservatoire qui rendra ce solde indisponible jusqu'à l'obtention d'un tel titre.

➢ *Comp : Avis à tiers détenteur.*

Saisie-conservatoire *[Bq.]*

Procédure permettant à un créancier s'il y a urgence et si le recouvrement de sa créance est menacée, de mettre sous contrôle de la justice les biens meubles (y compris les créances de somme d'argent) du débiteur en attendant l'exécution de l'obligation. S'il n'a pas de titre exécutoire, le créancier doit obtenir avant la saisie une autorisation du juge sauf s'il s'agit du paiement d'une lettre de change acceptée, d'un billet à ordre ou d'un chèque.

➢ *Saisie-attribution.*

Saisie immobilière *[Bq.]*

Procédure permettant à un créancier muni d'un titre exécutoire, de faire saisir et vendre un immeuble de son débiteur en vue de se faire payer sur le prix de vente. En vertu de son droit de suite, le créancier ayant une hypothèque simple ou privilégiée sur un immeuble, peut exercer une saisie contre le tiers détenteur de cet immeuble.

➢ *Distribution par contribution, Procédure d'ordre.*

S

Saisie mobilière *[Bq.]*
Terme général désignant toute saisie portant sur un bien meuble corporel ou incorporel.

Saisie sur protêt *[Bq.]*
Avant une loi du 11 juillet 1985, procédure permettant au porteur d'un chèque impayé faute de provision de faire pratiquer la saisie des biens meubles du tireur vingt jours après la signification du protêt faute de paiement et de les faire vendre un mois après cette saisie, dans le cas où le chèque serait resté impayé à cette date. Cette saisie sur protêt a été supprimée et remplacée par une procédure (existant déjà pour le chèque postal) ouverte par la délivrance d'un certificat de non-paiement.
➢ *Certificat de non-paiement.*

Saisissant *[Bq.]*
Créancier qui fait pratiquer une saisie.

Salle forte *[Bq.]*
➢ *Contrat de coffre-fort.*

Sans frais *[Bq.]*
➢ *Clause sans protêt.*

Sans protêt *[Bq.]*
➢ *Clause sans protêt.*

SATURNE *[Bq. / M. fin.]*
Nom donné au système informatique mis en place par la Banque de France en vue d'assurer la simultanéité de livraison et de règlement des titres de créances négociables et des bons du Trésor.
➢ *Comp :* *RELIT.*

SBF *[Bq.]*
➢ *Clause sauf bonne fin.*

[M. fin.] Société des bourses françaises.

SCM *[Bq.]*
➢ *Société de caution mutuelle.*

SCMC *[M. fin.]*
➢ *Société de compensation des marchés conditionnels.*

Score *[Bq.]*
➢ *Méthode des scores.*

« Scoring » *[Bq.]*
➢ *Méthode des scores.*

SCPI *[M. fin.]*
➢ *Société civile de placements immobiliers.*

SCR *[Bq.]*
➢ *Service central des risques.*

Scriptural *[Bq.]*
➢ *Change scriptural, Monnaie scripturale, Titre scriptural.*

SDR *[Bq.]*
➢ *Sociétés de développement régional.*

SEBC *[Bq.]*
➢ *Système européen de banques centrales.*

SEC *[M. fin.]*
➢ *Securities and Exchange Commission.*

Second marché *[M. fin.]*
Marché réglementé d'instruments financiers organisé par des textes du 3 janvier 1983 supprimant dans le même temps le compartiment spécial du hors cote. Il a été instauré dans le double but, d'une part, de familiariser au mécanisme boursier les sociétés qui ont l'intention de se porter plus tard candidates au premier marché, et d'autre part, d'offrir un marché très

accessible aux sociétés qui n'ont pas cette intention, mais qui ont néanmoins besoin de recourir à la bourse.

➢ *Comp : Nouveau marché.*

Secret bancaire *[Bq. / M. fin.]*

Information confidentielle dont a connaissance, dans l'exercice de son activité, toute personne qui, à un titre quelconque, participe à la direction, à la gestion ou au contrôle d'un établissement de crédit (ou d'une entreprise d'investissement), ou qui est employée par celui-ci, et qui ne doit pas être révélée sauf à l'intéressé ou ses représentants et à certaines autorités (autorités monétaires, administration fiscale, juge pénal, notamment). Une information est confidentielle lorsqu'elle constitue un renseignement précis (montant exact d'un solde débiteur, montant d'un virement ou d'un crédit, détails d'une opération financière, etc.). Par conséquent, le banquier peut donner à qui le lui demande, une opinion sur l'un de ses clients (l'opinion de la place) à condition de ne communiquer que des informations non confidentielles : « situation difficile », « à suivre », « prudence conseillée » ou « entreprise parfaitement saine », « aucun impayé »...

Secteur aidé *[Bq.]*

Ensemble des crédits à l'habitat regroupant les prêts qui bénéficient d'une aide de l'État sous forme d'une subvention ou d'une bonification d'intérêts consentie aux organismes prêteurs ce qui a pour effet d'alléger pour les emprunteurs, le coût de l'emprunt. Dans ce secteur aidé, on distingue les prêts aux ménages qui construisent, acquièrent ou améliorent un logement leur appartenant (secteur de l'accession aidée) et les prêts aux organismes qui construisent des logements à usage locatif (prêt locatif aidé).

Secteur conventionné *[Bq.]*

Ensemble des crédits à l'habitat distribués par des organismes ayant signé une convention avec l'État et donnant lieu au versement d'une aide publique sous forme de primes dans le régime de l'épargne-logement et d'une aide personnalisée au logement dans le cas de prêts conventionnés. En contrepartie, l'État fixe une réglementation qui s'impose aux établissements distributeurs et aux emprunteurs.

Secteur libre *[Bq.]*

Ensemble des crédits à l'habitat distribués sans condition particulière relative au logement ou à l'emprunteur.

➢ *Comp : Secteur conventionné, Secteur aidé.*

« Securities and Exchange Commission » (SEC) *[M. fin.]*

Aux États-Unis, organisme fédéral, créé en 1934, qui assure le contrôle du marché des valeurs mobilières. Ses membres sont nommé par le Président des États-Unis avec l'approbation du Sénat. La SEC rend compte de sa mission au Congrès.

➢ *Comp : Commission des opérations de bourse, Commodity futures trading commission, Financial Services Authority.*

« Securities and Investment Board » (SIB) *[M. fin.]*

En Grande-Bretagne, organisme qui assurait la réglementation et le contrôle du marché des valeurs mobilières et

S

des futurs. Ses membres étaient nommés par le ministère du Commerce, la Banque d'Angleterre et les professions concernées. Depuis 1998, il a été remplacé par le *Financial Services Authority* (FSA) qui regroupe en une seule et même entité, les divers organismes de régulation financière britannique.

➢ *Comp : Commission des opérations de bourse, Commodity Futures Trading Commission, Securities and Exchange Commission.*

« Securization » *[Bq. / M. fin.]*

➢ *Titrisation.*

S

Se détendre *[M. fin.]*

Diminuer. Ainsi, on dit que les cours de bourse se détendent lorsque le marché est à la baisse.

➢ *Contra : Se tendre.*

➢ *Cours de bourse.*

SEO *[Bq.]*

Sauf erreurs ou omissions.

Sens de l'option *[M. fin.]*

Indication que l'option traitée est une option d'achat (un *call*) ou une option de vente (un *put*). Le sens de l'option doit être distingué du sens de l'opération réalisée sur le marché : en effet, celle-ci peut être soit l'achat d'une option, soit la vente d'une option.

Dès lors, selon le sens de l'option, quatre opérations peuvent être effectuées :

- un achat d'une option d'achat : achat d'un *call*;
- un achat d'une option de vente : achat d'un *put*;
- une vente d'une option d'achat : vente d'un *call*;
- une vente d'une option de vente : vente d'un *put*.

➢ *Marché des options négociables.*

Sensibilité *[M. fin.]*

Propension d'un instrument financier à voir son cours évoluer fortement en fonction de divers paramètres, liés ou non à la société elle-même (comme, par exemple, l'évolution des taux d'intérêt ou des taux de change).

Série d'options négociables *[M. fin.]*

Sur un marché réglementé d'options et plus particulièrement sur le Monep, ensemble des options négociables dont tous les caractères standard sont identiques à savoir, le produit sous-jacent et sa quantité, le sens de l'option, son prix d'exercice et sa date d'échéance. Les options négociables d'une série sont fongibles.

Chaque série d'options négociables fait l'objet d'une cotation sur une ligne séparée. Ce cours est le prix de l'option appelé premium ou prime.

➢ *Comp : Classe d'options négociables.*

➢ *Produit sous-jacent, Sens de l'option.*

Service central des risques (SCR) *[Bq.]*

Service créé en 1946 pour permettre aux établissements de crédit de connaître l'endettement total de leurs différents clients à l'égard de l'ensemble du système bancaire.

Ce service parfois appelé Centrale des risques, est géré par la Banque de France; il centralise, sur déclaration des établissements de crédit, les crédits supérieurs à un certain montant accordés à un même client, puis diffuse ces différents renseignements.

Service d'investissement *[M. fin.]*

Service financier fourni par des prestataires de services d'investissement au sens de la loi du 2 juillet 1996 (maintenant codifiée dans le code monétaire et financier). Les services d'investissement ne peuvent porter que sur des instruments financiers et comprennent : la réception et la transmission d'ordres pour compte de tiers, l'exécution d'ordres pour le compte de tiers, la négociation pour compte propre, la gestion de portefeuille pour compte de tiers, la prise ferme et le placement.

Seules les personnes désignées par la loi et les prestataires de services d'investissement, peuvent fournir, à titre de profession habituelle, des services d'investissement.

➢ *Prestataire de services d'investissement.*

Servir *[M. fin.]*

Dans le jargon boursier, vendre.

Se tendre *[M. fin.]*

Augmenter. Ainsi, on dit que les cours de bourse se tendent lorsque le marché est à la hausse.

➢ *Contra : Se détendre.*

➢ *Cours de bourse.*

SFAC *[Bq.]*

➢ *Société française d'assurance pour favoriser le crédit.*

SFI *[Bq.]*

Société financière internationale.

➢ *Banque internationale pour la reconstruction et le développement.*

SGFGAS *[Bq.]*

Société de gestion du fonds de garantie de l'accession sociale à la propriété. Organisme qui, en vertu du décret du 27 juillet 2000 a été substitué dans les droits et obligations du Crédit foncier de France au titre des conventions passées avec les établissements de crédit autorisés à accorder des prêts conventionnés.

CCH, art. R. 331-65.

➢ *Crédit Foncier de France, Prêt conventionné.*

« Shushi » *[Bq. / M. fin.]*

➢ *Emprunt shushi.*

SIB *[M. fin.]*

➢ *Securities and Investment Board.*

Sicav *[M. fin.]*

Société d'investissement à capital variable. La loi du 23 décembre 1988 (maintenant codifiée dans le code monétaire et financier) en a précisé le régime juridique. C'est une société anonyme dont l'objet est la gestion d'un portefeuille de valeurs mobilières.

Les actions de la Sicav sont émises et rachetées à tout moment à la demande des actionnaires et à leur valeur liquidative.

Par abus de langage on parle souvent de Sicav alors qu'il s'agit d'actions de Sicav : l'épargnant n'achète pas des Sicav, mais des actions de Sicav.

Sicav à court terme *[M. fin.]*

➢ *Sicav de trésorerie.*

Sicav de capitalisation *[M. fin.]*

Sicav qui réinvestit les revenus des titres qu'elle perçoit au lieu de les distribuer à ses actionnaires. Ceux-ci ne reçoivent donc pas de revenus mais bénéficient d'une plus-value de leur capital.

Sicav de trésorerie *[M. fin.]*

Terminologie créée par la pratique pour désigner toute Sicav constituée en vue d'offrir le meilleur rendement à court terme. C'est pourquoi l'on parle également de Sicav court terme. Certaines de ces Sicav sont appelées Sicav monétaires parce que leur portefeuille est essentiellement composé de titres négociés sur le marché monétaire.

➢ *Marché monétaire, Titre de créance négociable.*

Sicav investie en titres de l'entreprise *[M. fin.]*

Sicav constituée dans le cadre de l'épargne salariale qui, en application de l'article L. 214-40-1 du Code monétaire et financier, a pour objet la gestion d'un portefeuilles de valeurs mobilières émises par l'entreprise ou par toute société qui lui est liée dans les conditions prévues à l'article L. 443-3 du code du travail. Le fonctionnement de ce type de Sicav d'entreprise est proche des FCPE dits d'actionnariat.

➢ *Fonds commun de placement d'entreprises (FCPE).*

Sicav monétaire *[M. fin.]*

➢ *Sicav de trésorerie.*

Sicomi *[Bq.]*

➢ *Société immobilière pour le commerce et l'industrie.*

Sicovam SA *[M. fin.]*

Sicovam SA avait essentiellement pour objet, pour le compte des émetteurs et des intermédiaires financiers, l'exercice de tous types d'activité dans le domaine de la conservation, l'administration, la circulation de valeurs mobilières et d'instruments financiers ainsi que la diffusion d'informations y afférentes. Depuis le 10 janvier 2001, sa dénomination est Euroclear France.

➢ *Euroclear France, Euroclear.*

Signataire *[Bq.]*

Celui qui signe.

Signataire apparent *[Bq.]*

Celui dont la signature a été imitée.

Signature admise *[Bq.]*

Signature qui n'est pas écartée par la Banque de France.

➢ *Signature écartée.*

Signature écartée *[Bq.]*

Signature que la Banque de France n'admettrait pas au réescompte ou plus généralement aujourd'hui, sur laquelle elle porte une appréciation défavorable en raison de la situation du signataire. L'écart de signature de la Banque de France est porté à la connaissance des établissements de crédit à toutes fins utiles.

➢ *Contra : Signature admise.*

➢ *Comp : Signature reprise.*

Signature reprise *[Bq.]*

Signature qui après avoir été écartée par la Banque de France, fait l'objet d'une meilleure appréciation en raison de l'évolution de la situation du signataire. La Banque de France peut alors mettre fin à la position d'écart; on dit qu'elle reprend la signature. La reprise de signature par la Banque de France est portée à la connaissance des établissements de crédit à toutes fins utiles.

➢ *Comp : Signature écartée.*

SII *[M. fin.]*

➢ *Société immobilière d'investissement.*

Simex (« **Singapore Mercantile Exchange** ») *[M. fin.]*

Marché des futurs de Singapour.

➢ *Comp : CBOT, CME, Eurex, LIFFE, Matif, NYFE.*

➢ *Marché des futurs.*

SIT *[Bq.]*

➢ *Système interbancaire de télécompensation.*

SNP *[Bq.]*

➢ *Centrale des règlements interbancaires (CRI).*

Société anonyme de crédit immobilier (SACI) *[Bq.]*

Société dont l'objet et l'organisation ont été précisés par la loi du 15 mai 1991 (art. L. 422-4 CCH). Les SACI sont des sociétés financières qui, depuis cette réforme, doivent être affiliées à un organe central, la Chambre syndicale des SACI.

Société civile de placements immobiliers (SCPI) *[M. fin.]*

Société ayant pour objet exclusif l'acquisition et la gestion d'un patrimoine immobilier locatif. Il s'agit d'une société civile faisant publiquement appel à l'épargne et comme telle soumise au contrôle de la COB. Les parts des SCPI ne sont pas négociées en bourse mais elles sont librement cessibles : il existe un véritable marché de ces parts sur lequel la COB exerce sa surveillance dans le souci de protection des épargnants.

Société coopérative de banque *[Bq.]*

Type de société à capital fixe ayant la forme d'union de coopératives. Les sociétés coopératives de banque sont des établissements de crédit agréés en qualité de banque mutualiste ou coopérative par le Comité des établissements de crédit et des entreprises d'investissement.

C. mon. fin., art. L. 512-61 s (L. 17 mai 1982).

➢ *Agrément.*

Société de bourse *[M. fin.]*

Jusqu'à la loi du 14 février 1996 les sociétés de bourse qui s'étaient substituées par la loi du 22 janvier 1988 aux agents de change, avaient le monopole de la négociation des valeurs mobilières inscrites à la cote officielle. Depuis la loi du 2 juillet 1996 (maintenant codifiée dans le code monétaire et financier), les sociétés de bourse ont été remplacées par les prestataires de services d'investissement qui ont le monopole de la fourniture à des tiers, à titre de profession habituelle, de services d'investissement. Les sociétés de bourse agréées avant la date de publication de la loi du 2 juillet 1996 ont pu néanmoins conserver leur appellation.

Société de caution mutuelle (SCM) *[Bq.]*

Société constituée entre professionnels et dont l'objet exclusif est de garantir les engagements de ses membres à l'égard des tiers. Initialement régies par la loi du 13 mars 1917 et aujourd'hui par les articles L. 515-4 du code monétaire et financier, les sociétés de caution mutuelle sont avec les Banques populaires, l'un des rouages du crédit mutuel populaire. Les sociétés de caution mutuelle sont des établissements de crédit agréés en qualité de société financière par le Comité des établissements de crédit et des entreprises d'investissement.

➢ *Crédit mutuel populaire, Banques populaires.*

Société de compensation des marchés conditionnels (SCMC) *[M. fin.]*

Entreprise de marché et chambre de compensation, filiale de ParisBourse, elle assurait jusqu'au 1er janvier 1998 le fonctionnement, la surveillance et la compensation des opérations effectuées sur le Monep. Le 1er janvier 1998, Monep SA a repris la double fonction d'entreprise de marché et de chambre de compensation du Monep. Ces fonctions sont désormais exercées par Euronext Paris en tant qu'entreprise de marché, et par Clearnet SA en tant que chambre de compensation. La SCMC n'existe donc plus.

S

Société de crédit foncier *[Bq.]*

Selon l'article L. 515-13, C. mon. fin., établissement de crédit agréé en qualité de société financière par le Comité des établissements de crédit et des entreprises d'investissement, et qui a pour objet exclusif :

- d'une part, d'octroyer ou d'acquérir des prêts garantis par une hypothèque de premier rang ou un cautionnement bancaire, des prêts à des personnes publiques ou encore des parts de fonds communs de créances,
- et d'autre part, afin de se procurer les ressources nécessaires à cette activité, d'émettre des obligations dites foncières qui, du fait de leur régime, offrent une très grande sécurité aux porteurs.

Ces opérations doivent répondre à des règles prudentielles très strictes et outre la Commission bancaire, un contrôleur spécifique nommé au sein de chaque société de crédit foncier veille à leur respect.

Avant la réforme du 25 juin 1999 qui les a banalisées et modernisées, il n'existait que deux sociétés de crédit foncier : le Crédit foncier de France et le Crédit foncier communal d'Alsace et de Lorraine, qui bénéficiaient donc d'un monopole pour l'émission des obligations foncières. Depuis, les contrats liés à ces émissions ont dû être transférés à des filiales agréées en qualité de société financière, comme désormais toute société de crédit foncier.

C. mon. fin., art. L. 515-13 s. (issus de la loi du 25 juin 1999).

➢ *Obligation foncière.*

Société de fait *[Bq.]*

Expression employée dans la pratique bancaire lorsque plusieurs personnes physiques exercent ensemble une activité professionnelle sans avoir eu recours à la création d'une société. Leur banquier leur fait signer un acte par lequel elles reconnaissent se représenter mutuellement et être tenues solidairement des engagements contractés par les unes et les autres. Bien qu'un compte soit ouvert à cette société de fait, il y a juridiquement un compte collectif. En droit des sociétés, cette situation serait plus précisément qualifiée de société créée de fait, l'expression société de fait désignant la société juridiquement constituée mais présentant un vice la rendant nulle.

Société de gestion d'OPCVM *[M. fin.]*

Société de gestion agréée par la Commission des opérations de bourse et qui a pour objet exclusif la gestion de fonds commun de placement, de Sicav et de sociétés d'investissement à capital fixe régies par l'ordonnance du 2 novembre 1945.

Société de gestion de portefeuille *[M. fin.]*

Entreprise d'investissement qui a pour activité principale la fourniture du service d'investissement de gestion de portefeuille pour compte de tiers. Elle est agréée par la Commission des opérations de bourse et peut gérer des portefeuilles à la fois sur une base individualisée (mandats de gestion individuels) et, depuis la loi du 2 juillet 1996, collective (gestion d'OPCVM).

Société de portefeuille *[M. fin.]*

Société détenant des actions d'autres sociétés dont elle assure le contrôle. On parle souvent de *holding*.

➢ *Société d'investissement.*

Société des bourses françaises (SBF) *[M. fin.]*

Institution financière spécialisée prévue par la loi du 22 janvier 1988, elle-même abrogée par la loi du 2 juillet 1996, qui a succédé à la Compagnie nationale des agents de changes. D'une façon générale, la SBF contrôlait l'activité et la solvabilité des sociétés de bourses et veillait au respect de leurs obligations professionnelles.

Depuis la loi du 2 juillet 1996 (maintenant codifiée dans le code monétaire et financier), la SBF est à la fois une entreprise de marché et une chambre de compensation de marchés réglementés d'instruments financiers. Sa dénomination sociale a été modifiée pour devenir ParisBourse SA, puis depuis le 27 octobre 2000, Euronext Paris.

Société de « venture capital » *[Bq.]*

Société qui prend des participations en capital dans des sociétés en cours de création ou récemment créées ou dont l'activité présente un certain risque. Cette participation est qualifiée de capital risque.

➢ *Venture capital.*

Société d'investissement *[M. fin.]*

Société ayant pour objet l'acquisition et la gestion d'un portefeuille de valeurs mobilières. On distingue celles dont le capital est fixe (société d'investissement à capital fixe) et celles dont le capital est variable (société d'investissement à capital variable ou Sicav).

➢ *Fonds commun de placement, Sicav, Société de portefeuille, Club d'investissement.*

Société du nouveau marché *[M. fin.]*

C'était une entreprise de marché, filiale de la société des bourses françaises qui avait pour activité d'assurer le fonctionnement du nouveau marché. Elle était principalement en charge de l'élaboration des règles du nouveau marché, de l'admission de ses membres, de l'introduction des valeurs qui y sont traitées ainsi que de la gestion du système de cotation. Ces fonctions sont désormais assurées par Euronext Paris. Elle n'existe donc plus.

➢ *Nouveau marché.*

Société française d'assurance pour favoriser le crédit (SFAC) *[Bq.]*

Société constituée en 1927 par des compagnies d'assurance et de réassurance, elle pratique l'assurance-crédit interne.

➢ *Comp : Compagnie française pour le commerce extérieur (Coface).*

Société française pour l'assurance du capital-risque des petites et moyennes entreprises (Sofaris) *[Bq.]*

Société d'économie mixte créée en 1982 entre des établissements de crédit, des organismes d'assurance et l'État, Sofaris garantit une partie du risque pris par les établissements de crédit

S

qui accordent leur soutien financier – notamment sous forme de prêts participatifs, de prises de participations, d'aide à la création ou à la transmission – aux petites et moyennes entreprises.
Sofaris est un établissement de crédit agréé en qualité d'institution financière spécialisée par le Comité des établissements de crédit et des entreprises d'investissement.

S

Société financière *[Bq.]*

Selon la loi française, catégorie d'établissement de crédit qui, par principe, ne peut pas recevoir du public des fonds à vue ou à moins de deux ans de terme, et qui ne peut effectuer que les opérations de banque prévues lors de son agrément ou par des dispositions législatives et réglementaires spécifiques.
À titre d'exemple, sont des sociétés financières : les sociétés de crédit à la consommation, les sociétés de caution mutuelle, les sociétés de crédit-bail, etc.
➢ *Comp : Banque, Banque mutualiste ou coopérative, Caisses de crédit municipal, Institution financière spécialisée.*

Société financière internationale *[Bq.]*

Filiale de la Banque mondiale.
➢ *Banque internationale pour la reconstruction et le développement.*

Société immobilière d'investissement (SII) *[M. fin.]*

Société anonyme ayant pour objet exclusif l'exploitation d'immeubles locatifs situés en France et affectés à concurrence des 3/4 au moins de leur superficie, à l'habitation. Les SII sont soumises au contrôle du ministre de l'Économie et du ministre de l'Équipement et du Logement. Elles peuvent être cotées en bourse.

Société immobilière pour le commerce et l'industrie (SICOMI) *[Bq.]*

Forme de société que peut adopter une entreprise de crédit-bail immobilier et qui en contrepartie de certaines obligations tenant notamment au montant des bénéfices devant être distribués aux actionnaires est soumise à un régime fiscal privilégié. Cependant, la loi de finances pour 1991 a prévu la disparition progressive de ces avantages fiscaux. Les Sicomi sont des établissements de crédit agréés en qualité de société financière par le Comité des établissements de crédit et des entreprises d'investissement.
➢ *Crédit-bail immobilier.*

Société initiatrice *[M. fin.]*

Terme employé dans une opération d'offre publique d'achat, d'échange ou de vente pour désigner la société qui émet l'offre.
➢ *Contra : Société visée.*
➢ *Offre publique d'achat, Offre publique d'échange, Offre publique de vente.*

Sociétés de développement régional (SDR) *[Bq.]*

Établissements dont la création a été prévue par décret du 30 juin 1955 pour favoriser l'investissement régional, les SDR sont constituées sous forme de société anonyme dont le capital est souscrit par des banques, des caisses d'épargne, des chambres de commerce et quelques grandes entreprises industrielles. Les sociétés de développement régional sont des établissements de crédit agréés en qualité d'institution financière spécialisée par le Comité des établissements de crédit et des entreprises d'investissement.

Société locale d'épargne *[Bq.]*

Structure de portage du capital des caisses d'épargne et de prévoyance imaginée par la loi du 25 juin 1999 portant réforme des caisses d'épargne, dans le but d'assurer une mutualisation immédiate (mais indirecte) de ces dernières.

Les sociétés locales d'épargne sont des sociétés coopératives qui détiennent les parts sociales de la caisse d'épargne et de prévoyance dans la circonscription territoriale concernée. Elles ont notamment pour mission de favoriser une large détention du capital de cette caisse et d'en animer le sociétariat. Elles ne peuvent pas faire d'opérations de banque.

Peuvent devenir sociétaires d'une société locale d'épargne les clients de la caisse d'épargne et de prévoyance concernée, son personnel, les collectivités territoriales et toute personne désireuse d'apporter un soutien à son action.

C. mon. fin., art. L. 512-92.

➢ *Caisses d'épargne et de prévoyance.*

Société visée *[M. fin.]*

Terme employé dans une opération d'offre publique d'achat ou de vente pour désigner la société dont les titres sont l'objet de l'offre.

➢ *Contra : Société initiatrice.*

➢ *Offre publique d'achat, Offre publique d'échange, Offre publique de vente.*

« Society for Worldwide Interbank Financial Telecommunication » *[Bq.]*

➢ *SWIFT.*

Solde *[Bq.]*

Somme algébrique de la situation d'origine d'un compte et de ses variations positives ou négatives pendant une certaine période.

Solidarité *[Bq.]*

Qualité d'une créance (solidarité active), ou d'une dette (solidarité passive) qui met obstacle à sa division. La solidarité active ou solidarité entre les créanciers d'un même débiteur, permet à l'un quelconque d'entre eux de réclamer l'intégralité du paiement à ce débiteur. La solidarité passive ou solidarité entre les débiteurs d'un même créancier, permet à ce créancier de réclamer l'intégralité du paiement à l'un quelconque de ces débiteurs.

➢ *Cautionnement solidaire, Compte indivis, Compte joint, Coobligés, Sûreté personnelle.*

Solidarité active *[Bq.]*

➢ *Solidarité.*

Solidarité passive *[Bq.]*

➢ *Solidarité.*

Solvabilité *[Bq.]*

État de celui dont l'actif est supérieur au passif.

➢ *Contra : Insolvabilité.*

➢ *Comp : Cessation des paiements.*

Solvable *[Bq.]*

Celui dont l'actif est supérieur au passif.

➢ *Contra : Insolvable.*

« Solvens » *[Bq.]*

Mot latin désignant celui qui effectue un paiement.

➢ *Contra : Accipiens.*

S

S

Sofaris *[Bq.]*

➢ *Société française pour l'assurance du capital-risque des petites et moyennes entreprises.*

Soumission cautionnée *[Bq.]*

Acte par lequel un banquier garantit le paiement des sommes dues à l'Administration fiscale par son client afin de permettre à celui-ci notamment d'obtenir un délai pour acquitter ses taxes et impôts ou de retirer des marchandises en douane avant même le calcul des droits d'entrée. Lorsque le banquier avalise un titre souscrit par son client au profit de l'Administration, ce titre est appelé une obligation cautionnée.

➢ *Cautionnement bancaire, Crédit par signature.*

Souscripteur *[Bq.]*

Celui qui émet un billet à ordre et qui s'engage donc à le payer au bénéficiaire ou à son ordre.

[M. fin.] Celui qui s'engage à acheter des actions ou des obligations émises par une société, ou des titres d'OPCVM.

Souscription *[M. fin.]*

Engagement d'acheter des actions ou des obligations émises par une société, ou des titres d'OPCVM.

➢ *Souscription irréductible, Souscription réductible.*

Souscription irréductible *[M. fin.]*

Engagement des anciens actionnaires d'une société qui, utilisant leur droit de souscription, consentent ainsi à acheter les actions nouvelles émises lors d'une augmentation de capital.

➢ *Contra : Souscription réductible.*

Souscription réductible *[M. fin.]*

Engagement d'acheter des actions nouvelles émises par une société lors d'une augmentation de capital et émanant de tiers, lorsque les anciens actionnaires n'utilisent pas leur droit de souscription.

➢ *Contra : Souscription irréductible.*

Sous-gouverneur de la Banque de France *[Bq.]*

➢ *Gouverneur de la Banque de France.*

Sous-jacent *[M. fin.]*

➢ *Produit sous-jacent.*

Sous option *[M. fin.]*

➢ *Produit sous-jacent.*

Sous-participation occulte *[Bq.]*

➢ *Crédit en participation.*

Spécialiste *[M. fin.]*

Selon la réglementation du Conseil des marchés financiers et d'Euronext Paris, nom donné aux intermédiaires membres du marché, désignés par Euronext Paris, sur proposition de la société émettrice pour suivre, sur le premier ou le second marché, la cote d'un ou de plusieurs instruments financiers émis par ladite société.

➢ *Contrepartie en régularisation de marché, Market maker.*

Spécialiste en valeur du Trésor (SVT) *[Bq. / M. fin.]*

Établissement de crédit ou entreprise d'investissement agréé par la Direction du Trésor pour suivre le marché des bons du Trésor et des principaux emprunts d'État (obligations assimilables du Trésor ou OAT). Les SVT s'engagent à afficher en permanence les cours auxquels ils achètent et vendent ces valeurs, à participer aux adjudications du Trésor et à tout mettre en œuvre pour assurer le placement de ces valeurs.

En échange, ils bénéficient de certains avantages lors des adjudications du Trésor, et d'une façon générale sont associés aux décisions relatives à la politique d'émission du Trésor.

Spéculation *[M. fin.]*

Attitude de celui qui effectue une opération en prévision d'une hausse ou d'une baisse des cours.

➢ *Baissier, Haussier, Opérations spéculative.*

« Spread » *[M. fin.]*

➢ *Écart.*

« Squeeze out » *[M. fin.]*

➢ *Retrait obligatoire.*

« Standard and Poor's » *[M. fin.]*

Il existe deux acceptions à ce terme :

- nom donné à l'un des indices de la bourse de New York;
- dénomination d'une des plus importantes agences de *rating* (ou de notation) américaine.

« Stand by » *[Bq.]*

➢ *Crédit stand by.*

Stellage *[M. fin.]*

Opération sur le marché à règlement mensuel qui permettait de se porter à l'échéance de la plus proche liquidation mensuelle ou des cinq suivantes, soit acheteur, soit vendeur d'une certaine quantité de titres moyennant fixation d'un prix d'achat supérieur au cours du terme ferme du jour de la conclusion de l'opération ou d'un prix de vente inférieur à ce cours. L'acquéreur ou preneur de stellage espère une variation importante des cours, soit en hausse, soit en baisse; le vendeur ou donneur de stellage espère au contraire, une stabilité des cours.

Les opérations de stellage ont été supprimées par le Conseil des bourses de valeurs le 23 août 1994.

« Stock Exchange » *[M. fin.]*

Bourse de Londres.

➢ *New York Stock Exchange, American Stock Exchange.*

« Stock Option » *[M. fin.]*

Mode d'intéressement des salariés d'une société consistant à offrir, à un nombre plus ou moins restreint de ses salariés, une promesse de vente des propres titres de la société dans un nombre limité et pour un prix déterminé, les bénéficiaires disposant d'un certain délai pour lever l'option.

Stop *[M. fin.]*

➢ *Ordre « stop ».*

« Straddle » *[Bq. / M. fin.]*

Type d'opération d'arbitrage consistant à acheter sur une échéance et à vendre sur une autre. L'arbitragiste joue sur la différence des cours de deux échéances d'un même produit : contrat à terme, option négociable…

« Striking price » *[M. fin.]*

Dans la terminologie anglo-saxonne, prix d'exercice d'une option.

S

Subrogation *[Bq.]*
Substitution dans un rapport de droit, d'une personne à une autre (subrogation personnelle) ou d'une chose à une autre (subrogation réelle), la personne ou la chose subrogée étant soumise au même régime que la personne ou la chose qu'elle remplace. En matière de paiement, la subrogation d'un créancier à un autre, peut être légale ou conventionnelle.
➢ *Bénéfice de subrogation, Créancier subrogé, Quittance subrogative.*

Superprivilège des salaires *[Bq.]*
Privilège général sur les meubles et immeubles du débiteur et qui en cas de redressement ou de liquidation judiciaires de celui-ci, garantit dans la limite d'un plafond (deux fois le plafond retenu pour le calcul des cotisations de la Sécurité sociale), les rémunérations, tous leurs accessoires et toutes les indemnités qui sont dus aux salariés et apprentis pour les soixante derniers jours de travail, et aux VRP pour les quatre-vingt dix derniers jours de travail.
Le superprivilège des salaires prime tous les autres privilèges, aussi bien sur les meubles que sur les immeubles du débiteur. Il doit être payé dans les 10 jours du jugement ouvrant la procédure collective.
➢ *Comp : Privilège des salaires.*
➢ *AGS.*

Supervision bancaire *[Bq.]*
Terminologie employée pour désigner le contrôle qu'exercent les autorités compétentes (la Commission bancaire, par exemple) sur les établissements de crédit pour vérifier le respect de leurs obligations prudentielles. On parle également du contrôle prudentiel. Quant aux agents de ces autorités, on les appellent superviseurs bancaires ou contrôleurs bancaires.
➢ *Comité de Bâle, Prudentiel.*

Support *[M. fin.]*
➢ *Produit sous-jacent.*

Supposition *[Bq.]*
Mention mensongère. Par exemple, la supposition de date est l'apposition d'une date inexacte sur un document.

Surenchère *[M. fin.]*
Dans le cadre d'une offre publique d'achat ou d'échange, majoration du prix d'une offre initiale. Pendant la durée de son offre et jusqu'à la clôture de celle-ci, l'initiateur a la faculté de surenchérir sur les termes de son offre ou de la dernière offre publique concurrente ouverte. Pour être déclarée recevable par le Conseil des marchés financiers, une surenchère doit être libellée à un prix supérieur d'au moins 2 % au prix proposé dans l'OPA ou la surenchère précédente.
➢ *Offre publique d'achat, Offre publique d'échange.*

Surenchère du dixième *[Bq.]*
➢ *Purge.*

Sûreté *[Bq.]*
Garantie attachée à une créance et donnant au créancier une plus grande sécurité du paiement. La sûreté peut être personnelle ou réelle, légale ou conventionnelle. La créance qui n'est assortie d'aucune sûreté est une créance chirographaire.
➢ *Mots suivants.*

Sûreté conventionnelle *[Bq.]*

Sûreté découlant de la volonté des parties et donc prévue par convention.

Sûreté légale *[Bq.]*

Sûreté prévue par la loi.

Sûreté négative *[Bq.]*

Nom donné à toute clause par laquelle un débiteur s'oblige envers son créancier, soit à lui demander son accord pour toute modification de son patrimoine (constitution de sûreté, mise en location, cession...), soit à lui fournir tout renseignement concernant ses biens s'il les lui demande.

Sûreté personnelle *[Bq.]*

Sûreté résultant de l'engagement d'une autre personne au côté du débiteur.

➢ *Comp : Sûreté réelle.*

➢ *Aval, Cautionnement, Délégation, Indivisibilité, Solidarité.*

Sûreté réelle *[Bq.]*

Sûreté résultant de l'affectation de certains biens en garantie de l'exécution d'une obligation. Lorsque cette mise en garantie n'émane pas du débiteur mais d'une autre personne, il y a un cautionnement réel.

➢ *Comp : Sûreté personnelle.*

➢ *Antichrèse, Droit de rétention, Gage, Hypothèque, Nantissement, Privilège.*

Sur place *[Bq.]*

Dans la même localité. Ainsi un chèque est payable sur place lorsque le banquier tiré est établi dans la même localité que le banquier présentateur; ou encore, un virement est sur place lorsque le compte crédité et le compte débité sont tenus par deux banquiers établis dans la même localité.

On dit aussi sur rayon.

➢ *Contra : Hors place ou déplacé.*

➢ *Négociation sur place.*

Sur rayon *[Bq.]*

Synonyme de sur place.

Suspens *[M. fin.]*

Opérations d'achat et de vente de titres non apurées, soit par simple retard, soit par erreur dans l'enregistrement des ordres. On distingue les suspens de règlement/livraison et les suspens de négociations.

SVT *[Bq. / M. fin.]*

➢ *Spécialiste en valeurs du Trésor.*

« Swap » *[Bq. / M. fin.]*

Instrument financier à terme, c'est un contrat d'échange de créances ou de dettes ou d'éléments de créances ou de dettes. On en distingue de nombreux types selon l'élément échangé (taux, devises, marchandises, indice, dividende...) ou toute combinaison entre ces éléments (*swap* de dividende contre taux...) et selon les parties à l'opération (banques centrales, établissements de crédit, entreprises).

➢ *Mots suivants.*

« Swap » cambiste *[Bq.]*

➢ *Swap de trésorerie.*

« Swap » de devises *[Bq. / M. fin.]*

Se dit d'un échange portant sur des créances ou des dettes libellées en monnaies différentes. Dans la terminologie anglo-saxonne : *currency swap*.

« Swap » de taux *[Bq. / M. fin.]*

Se dit d'un échange portant sur le service de deux emprunts ayant des taux d'intérêts différents : par exemple l'un

S

est fixe et l'autre est variable. On réalise également un *swap* de taux en échangeant les revenus de deux créances produisant des intérêts à des taux différents. Dans la terminologie anglo-saxonne : *interest swap*.

« Swap » de trésorerie *[Bq.]*

Ou *swap* cambiste, se dit d'un échange, souvent entre banques centrales, portant sur des créances à court terme en monnaies différentes. Dans la terminologie anglo-saxonne *treasury swap*.

SWIFT *[Bq.]*

SWIFT (*Society for worldwide interbank financial telecommunication*) est une société coopérative de droit belge fondée en 1973 et qui gère un réseau international de communication de messages financiers entre les banques adhérentes. Celles-ci sont reliées à un concentrateur national connecté à l'un des centres de commutation de SWIFT qui sont eux-mêmes reliés entre eux.

« Swing line » *[Bq.]*

Ligne de crédit qui permet à son bénéficiaire de demander à l'établissement qui l'a consentie (le banquier *swing line*) la mise à disposition des fonds dans un délai très bref au moment où il a besoin de trésorerie et généralement pour une période courte. Ce type d'ouverture de crédit est souvent prévu dans une MOFF.

Syndic *[Bq.]*

Avant la loi du 25 janvier 1985, mandataire de justice désigné dans le cadre d'une procédure collective d'apurement du passif, d'une part pour assister ou représenter le débiteur, et d'autre part pour représenter ses créanciers. Désormais la profession est scindée en deux professions incompatibles entres elles : on distingue l'administrateur judiciaire et le mandataire judiciaire à la liquidation des entreprises.

[M. fin.] Avant la loi du 22 janvier 1988, président de la Chambre syndicale des agents de change élu par les agents de change et parmi eux.

➢ *Conseil des bourses de valeurs.*

Syndicataire *[Bq.]*

Membre d'un syndicat financier ou plus largement d'un pool bancaire.

Syndicat à la lyonnaise *[Bq.]*

➢ *Syndicat d'émission.*

Syndicat à la parisienne *[Bq.]*

➢ *Syndicat d'émission.*

Syndicat de garantie *[Bq.]*

➢ *Syndicat d'émission.*

Syndicat d'émission *[Bq.]*

Syndicat financier constitué lors de l'émission de valeurs mobilières. Il en existe plusieurs formes :

- dans le syndicat de placement, les syndicataires mettent seulement leurs moyens de diffusion (notamment leurs guichets) au service de la société émettrice afin de lui permettre de placer ses titres dans le public;

- dans le syndicat de garantie, les syndicataires s'engagent à souscrire les titres qu'ils n'auront pu placer auprès du public. Les titres restant pouvant d'ailleurs être répartis entre les syndicataires de deux façons : si le syndicat est à la lyonnaise, chaque syndicataire souscrit les titres qu'il s'était engagé à placer et qui ne l'ont pas été. Si le syndicat est à la parisienne, les syndicataires se répartissent l'ensemble des titres non placés, sans considération de ce que chacun a pu placer ;

- dans le syndicat de prise ferme, les syndicataires souscrivent ferme l'ensemble des titres émis et se chargent de leur placement auprès du public.

➢ *Placeur.*

Syndicat de placement *[Bq.]*

➢ *Syndicat d'émission.*

Syndicat de prise ferme *[Bq.]*

➢ *Syndicat d'émission.*

Syndicat financier *[Bq.]*

Réunion de plusieurs établissements de crédit qui conviennent d'assumer ensemble une opération portant sur des valeurs mobilières. Des syndicats financiers sont souvent créés à l'occasion d'une émission de titres (constitution d'une société, augmentation de capital, émission d'obligations) mais ils se constituent également dans d'autres cas (introduction en bourse par exemple).

➢ *Pool bancaire, Syndicat d'émission.*

Syndication *[Bq.]*

Processus permettant à l'établissement de crédit chef de file d'un crédit, de réduire son engagement initial en recueillant la participation de différents confrères aux risques et profits de l'opération. Les différents établissements constituent ainsi un pool ou un consortium.

➢ *Crédit consortial, Crédit en participation, Pool bancaire.*

Syndic délégué *[M. fin.]*

Avant la loi du 22 janvier 1988, agent de change sur une bourse de province, désigné par le syndic pour organiser et surveiller les cotations et veiller à l'observation des règlements de la Compagnie des agents de change.

➢ *Chambre syndicale des agents de change, Compagnie des agents de change, Syndic.*

Synonyme *[M. fin.]*

➢ *Gisement.*

Synthétique *[Bq. / M. fin.]*

Se dit d'une opération à laquelle on aboutit par la combinaison de deux (ou plusieurs) autres. Ainsi, par l'achat d'un *call* (option d'achat) et la vente du titre sous-jacent, l'opérateur se couvre de la même façon que s'il avait un *put* : on parle de *put* synthétique. À l'inverse, par l'achat d'un *put* (option de vente) et l'achat du titre sous-jacent, l'opérateur se couvre comme s'il avait un *call* : on parle de *call* synthétique.

De même, l'achat d'un *cap* et la vente d'un *floor* peuvent aboutir pour l'emprunteur à réaliser un *swap* d'intérêts : on parlera de *swap* synthétique.

Système européen de banques centrales (SEBC) *[Bq.]*

Prévu par le Traité de Maastricht et mis en place le 1er janvier 1999 avec l'introduction de l'euro, le SEBC comprend la Banque centrale européenne (BCE) et les banques centrales nationales (BCN) des 15 États membres de la Communauté européenne. C'est un système fédéral et décentralisé dans lequel les décisions sont prises par la BCE et mises en œuvre par les BCN.

L'une de ses missions fondamentales est la responsabilité de la politique monétaire unique, son objectif principal étant de maintenir la stabilité des prix. Cependant, du fait que tous les États n'ont pas encore adopté l'euro,

S

une distinction s'est imposée au sein du SEBC : la BCE et les seules BCN des États ayant adopté la monnaie unique constitue ce qu'on appelle l'Eurosystème, lequel a compétence pour tout ce qui concerne l'euro, le SEBC au sens large ayant compétence pour les autres missions non spécifiques (fonctions consultatives, collecte d'informations statistiques).

Traité CE, art. 8, art. 105 s., Protocole annexé au Traité CE sur les statuts du SEBC et de la BCE.

➢ *Banque centrale européenne, Politique monétaire unique, Union économique et monétaire.*

Système interbancaire de télécompensation (SIT) *[Bq.]*

Réseau de télécommunication mis en place en France depuis 1994, le SIT est un système de compensation des paiements de détail. Il assure l'échange direct et en continu des opérations réciproques dématérialisées entre établissements de crédit : avis de prélèvement, effets de commerce, images-chèques, titres interbancaire de paiement, transactions par cartes, virements automatisés.

En outre, il prépare le règlement interbancaire en versant les soldes dans le système TBF par l'intermédiaire de la Centrale des règlements interbancaires.

Tableau d'amortissement *[M. fin.]*

➢ *Amortissement (de valeurs mobilières).*

« **Take over bid** » *[M. fin.]*

➢ *Offre publique d'achat.*

TAM *[Bq. / M. fin.]*

➢ *Taux annuel monétaire.*

TARGET (« **Trans-European Automated Real-time Gross settlement Express Transfer System** ») *[Bq. / M. fin.]*

Système européen permettant le règlement brut en temps réel et irrévocable des ordres de paiement, reliant la Banque centrale européenne aux banques centrales nationales des États participant à l'Union économique et monétaire, via leur propre système national de règlement brut en temps réel (RTGS *Real Time Gross Settlement*) respectif (TBF pour la Banque de France). TARGET fonctionne tous les jours sauf le samedi et le dimanche ainsi que le 25 décembre et le jour de l'an. À partir du 1er janvier 2002, le système TARGET sera également fermé le vendredi saint, le lundi de Pâques, le 1er mai et le 26 décembre.

Taux actuariel *[Bq. / M. fin.]*

➢ *Taux d'intérêt actuariel.*

Taux actuariel moyen mensuel des bons du Trésor à 13 semaines (TMB) *[Bq.]*

Taux d'intérêt égal à la moyenne des 12 dernières moyennes mensuelles des taux de rendement actuariel des adjudications de bons du Trésor à taux fixe à 13 semaines.

C'est ce TMB qui depuis le 15 juillet 1989 définit le taux légal.

Taux annuel monétaire *[Bq. / M. fin.]*

Taux de rendement d'un placement mensuel renouvelé tous les mois, pendant les 12 derniers mois écoulés, et calculé sur la base du taux du marché monétaire avec capitalisation mensuelle des intérêts.

Taux bancaire moyen (TBM) *[Bq.]*

Taux d'intérêt effectif moyen qui a été pratiqué au cours d'un trimestre par les établissements de crédit pour des opérations de même nature et comportant les mêmes risques. Ce taux sert de référence dans l'appréciation du délit d'usure.

➢ *Taux usuraire.*

Taux bonifié *[Bq.]*

Taux d'intérêt inférieur à celui pratiqué généralement pour le même type d'opération de crédit.

➢ *Bonification d'intérêts.*

Taux butoir *[Bq.]*

Taux plafond.

➢ *Taux usuraire.*

T

Taux de base bancaire (TBB) *[Bq.]*

Taux d'intérêt minimum que peut consentir un établissement de crédit lorsqu'il accorde un crédit. Ce taux est fixé librement par chaque établissement, l'effet d'alignement jouant cependant entre eux. Le taux de base bancaire est un taux de référence qui sera augmenté en fonction de divers éléments (client, secteur d'activité, durée du crédit, risques encourus…).

➢ *Comp : Prime rate.*

Taux de capitalisation boursière *[M. fin.]*

Pourcentage représentant la capitalisation boursière d'une entreprise par rapport à son capital social.

➢ *Capitalisation boursière.*

Taux de l'argent *[Bq.]*

Taux d'intérêt. On parle aussi de loyer de l'argent.

➢ *EONIA, Taux d'intérêt.*

Taux de rendement actuariel *[Bq. / M. fin.]*

➢ *Taux d'intérêt actuariel.*

Taux de report *[M. fin.]*

➢ *Report.*

Taux d'escompte *[Bq.]*

Taux d'intérêt convenu entre un banquier et son client lors d'une opération d'escompte.

Taux des appels d'offres *[Bq.]*

C'était l'un des deux taux directeurs de la Banque de France avant le 1er janvier 1999. Depuis cette date, c'est la Banque centrale européenne qui définit les taux directeurs pour toute l'Union économique et monétaire.

➢ *Politique monétaire unique.*

Taux des pensions de 5 à 10 jours *[Bq.]*

C'était l'un des deux taux directeurs de la Banque de France avant le 1er janvier 1999. Depuis cette date, c'est la Banque centrale européenne qui définit les taux directeurs pour toute l'Union économique et monétaire.

➢ *Politique monétaire unique.*

Taux d'intérêt *[Bq.]*

Montant des intérêts produits par une somme d'argent de 100 unités monétaires et sur une période de référence qui est en général, de 1 an. Il est exprimé en pourcentage. On parle parfois de taux de l'argent ou de loyer de l'argent.

Taux d'intérêt actuariel *[Bq. / M. fin.]*

Taux d'intérêt calculé en tenant compte du coût effectif de l'emprunt pour l'emprunteur et de son rendement effectif pour le prêteur (taux de rendement actuariel) c'est-à-dire en incorporant divers éléments comme la prime d'émission, le mode de remboursement, les modalités de paiement des intérêts, la durée de l'emprunt, le montant du capital réellement disponible, notamment. Lorsque l'incidence fiscale de l'opération n'est pas prise en compte, on parle de taux d'intérêt actuariel brut et dans le cas contraire, de taux d'intérêt actuariel net.

➢ *Contra : Taux d'intérêt nominal.*

➢ *TRAAB.*

Taux d'intérêt nominal *[Bq. / M. fin.]*

Taux d'intérêt expressément stipulé lors d'un emprunt et qui ne tient pas compte de son coût effectif pour l'emprunteur (ou de son rendement effectif pour le prêteur).

➢ *Comp : Taux d'intérêt actuariel.*

Taux directeurs *[Bq.]*

D'une façon générale, on désigne ainsi les taux pratiqués par une banque centrale lorsqu'elle fournit des liquidités aux établissements de crédit qui se refinancent ainsi auprès d'elle, ou lorsqu'elle prend en dépôt leurs excédents de liquidités. Ces taux sont ainsi appelés parce qu'ils jouent un rôle déterminant sur le taux de l'argent au jour le jour. La Banque centrale européenne dispose de trois taux directeurs : celui de la facilité de prêt marginal, celui de la facilité de dépôt et celui des opérations principales de refinancement. C'est ce dernier taux qui est le principal outil de pilotage de la Banque centrale européenne et c'est vers lui que tous les regards se portent lorsqu'une décision de hausse ou de baisse est attendue (ou espérée). L'organe qui fixe ces taux directeurs est le Conseil des gouverneurs de la Banque centrale européenne.

➢ *Facilité de dépôt, Facilité de prêt marginal, Opérations principales de refinancement, Politique monétaire unique.*

Taux du marché monétaire *[Bq.]*

L'expression vise précisément le taux auquel sont pratiquées les opérations entre établissements de crédit sur le marché interbancaire.

➢ *EONIA, TMM.*

Taux effectif global (TEG) *[Bq.]*

Taux d'intérêt pratiqué pour une opération en tenant compte des frais, commissions ou rémunérations de toute nature. C'est ce TEG qui est retenu pour apprécier si le taux est usuraire.

➢ *Taux usuraire.*

Taux équivalent (annuel) *[Bq.]*

Taux d'un crédit tenant compte du paiement anticipé des intérêts sur une période plus courte que l'année (mois, trimestre, semestre), ces intérêts étant capitalisés à un taux équivalent au taux consenti par le prêteur.

Ainsi au taux mensuel de 1 % correspond le taux équivalent annuel de 12,68 %.

➢ *Comp : Taux proportionnel.*

T

Taux légal *[Bq.]*

Taux d'intérêt fixé par le législateur. Il est égal, pour l'année considérée, à la moyenne arithmétique des douze derniers TMB, c'est-à-dire des douze derniers taux actuariels moyens mensuels des bons du Trésor à 13 semaines.

C. mon. fin., art. L. 313-2.

Taux lombard *[Bq. / M. fin.]*

Avant 1999, taux pratiqué par la Bundesbank lorsqu'elle consentait des avances sur titres au secteur bancaire allemand.

Taux MM *[Bq.]*

➢ *TMM.*

Taux moyen des emprunts d'État (TME) *[M. fin.]*

Taux d'intérêt égal à la moyenne des taux moyens mensuels des rendement des emprunts d'État.

➢ *Comp : Taux révisable par référence aux emprunts d'État.*

T

Taux moyen du marché obligataire (TMO) *[M. fin.]*

Taux d'intérêt égal à la moyenne des taux moyens mensuels de rendement à l'émission des emprunts garantis par l'État et assimilés.

➢ *Comp : Taux révisable par référence au marché obligataire.*

Taux proportionnel (annuel) *[Bq.]*

Taux d'un crédit résultant de la somme des intérêts perçus pendant un an, selon le cas, par mois, par trimestre ou par semestre, sans capitalisation de ces intérêts.

Ainsi, au taux mensuel de 1 % correspond le taux proportionnel annuel de 12 %.

➢ *Taux équivalent.*

Taux révisable annuellement (TRA) *[M. fin.]*

Taux d'intérêt réajusté tous les ans par référence au taux moyen du marché obligataire (TMO) pris à une date déterminée.

Taux révisable par référence au marché monétaire (TRM) *[M. fin.]*

Taux d'intérêt réajusté périodiquement par référence au taux du marché monétaire (TMM) pris à une date déterminée.

Taux révisable par référence au marché obligataire (TRO) *[M. fin.]*

Taux d'intérêt réajusté périodiquement par référence au taux moyen du marché obligataire (TMO) pris à une date déterminée.

Taux révisable par référence aux emprunts d'État (TRE) *[M. fin.]*

Taux d'intérêt réajusté périodiquement par référence au taux moyen des emprunts d'État (TME) pris à une date déterminée.

Taux usuraire *[Bq.]*

Taux d'intérêt qui dépasse le plafond fixé par le législateur et constitutif du délit d'usure. Un taux est usuraire lorsque le taux effectif global d'une opération de crédit dépasse de plus du tiers le taux effectif moyen pratiqué au cours du trimestre précédent par les établissements de crédit pour des opérations de même nature présentant des risques analogues (art. L. 313-3, C. consom.).

➢ *Taux bancaire moyen, Taux effectif global.*

Taxe Tobin *[Bq. / M. fin.]*

Nom donné au concept imaginé dès 1971, par James Tobin, Prix Nobel d'économie en 1981, qui voulait tenter de contrôler les mouvements de capitaux à court terme jugés parfois trop déstabilisants pour les économies mondiales. L'idée était de taxer chaque transaction à 0,1 % de son montant afin de dissuader les opérations d'aller-retour purement spéculatives et de favoriser, au contraire, les opérations à long terme. Cette idée d'une taxe sur les mouvements de capitaux a été reprise beaucoup plus tard par certains intellectuels, mais avec un autre objectif : celui de trouver ainsi des ressources qui seraient redistribuées en faveur du développement ou de l'environnement. Pour l'instant, cela reste une idée.

TBB *[Bq.]*

➢ *Taux de base bancaire.*

TBF *[Bq.]*
➢ *Centrale des règlements interbancaires (CRI).*

TBM *[Bq.]*
➢ *Taux bancaire moyen.*

TCN *[Bq.]*
➢ *Titre de créance négociable.*

TDI *[Bq.]*
Titre pour le développement industriel.
➢ *Compte pour le développement industriel.*

TEG *[Bq.]*
➢ *Taux effectif global.*

THS *[M. fin.]*
Transactions hors séance. Sur un marché réglementé, opérations qui, sous certaines conditions, sont passées en dehors des heures de séance.

Tempé (Taux moyen pondéré en euro) *[Bq.]*
➢ *Eonia.*

Teneur de compte *[M. fin.]*
Celui qui tient un compte de titres. Il s'agit de l'émetteur pour les titres nominatifs, d'un intermédiaire financier habilité pour les titres au porteur.
Chaque teneur de compte est affilié à Euroclear France, c'est-à-dire qu'il y possède lui-même un compte, ce qui permet la circulation des différentes valeurs mobilières par de simples virements de comptes à comptes.

Teneur de compte-conservateur *[M. fin.]*
Intermédiaire financier, habilité par le Conseil des marchés financiers, assurant l'activité de tenue de compte-conservation.

Teneur de marché *[M. fin.]*
➢ *Market maker.*

Tenue de compte-conservation *[M. fin.]*
Au sens de l'article 6-2-1 du règlement général du Conseil des marchés financiers, activité consistant, d'une part à inscrire en compte les instruments financiers au nom de leur titulaire, c'est-à-dire à reconnaître au titulaire ses droits sur lesdits instruments et, d'autre part à conserver les avoirs correspondants, selon les modalités propres à chaque instrument financier.
On parle de tenue de compte-conservation « globale » (« global custody ») lorsque des instruments financiers français et étrangers sont inscrits et conservés en compte dans les livres d'un teneur de compte-conservateur global ou de tenue de compte-sous conservation (« subcustody ») lorsque les instruments financiers étrangers sont inscrits et conservés, pour le compte d'un teneur de compte-conservateur global, dans les livres d'un sous-conservateur affilié au dépositaire central du pays de l'émetteur des instruments financiers concernés.
➢ *Dépositaire central, Teneur de compte-conservateur.*

Terme *[Bq.]*
Échéance.
➢ *Crédit à court terme, Crédit à long terme, Crédit à moyen terme.*
[M. fin.] Avant 1983, mot souvent employé dans la pratique pour désigner le marché à terme; ainsi parlant d'une valeur cotée sur le marché à

T

T

terme, on disait que c'était une valeur du terme.

➢ *Marché à règlement mensuel, Valeurs RM.*

Terme contre terme *[Bq.]*

Contrat par lequel l'une des parties (le plus souvent un établissement de crédit) promet à l'autre (le plus souvent une entreprise) qu'elle lui consentira, à une certaine date, tel prêt ou telle ouverture de crédit à un taux convenu. Ex. : A promet aujourd'hui à B de lui prêter dans 3 mois et à 10 % une somme remboursable 6 mois plus tard. À l'échéance, le prêt est consenti dans les conditions convenues.

Dans la terminologie anglo-saxonne, on parle de *forward-forward*.

➢ *Comp : Futur rate agreement.*

Tibeur (Taux interbancaire offert en euro) *[Bq. / M. fin.]*

➢ *Euribor.*

« Tick » *[M. fin.]*

➢ *Échelon de cotation.*

Tiers bénéficiaire *[Bq.]*

➢ *Bénéficiaire.*

Tiers porteur *[Bq.]*

Synonyme de porteur.

Tiers saisi *[Bq.]*

Celui, autre que le débiteur, entre les mains duquel est pratiquée une saisie.

TIOP *[Bq.]*

Taux moyen interbancaire offert à Paris (traduction de PIBOR). Depuis le 4 janvier 1999, il a été remplacé par le Tibeur qui est la traduction en français de l'Euribor).

Tirage *[Bq.]*

Création d'une lettre de change ou d'un chèque.

➢ *Tireur, Tiré.*

Tirage au sort *[M. fin.]*

➢ *Amortissement (de valeurs mobilières), Assignation.*

Tirage croisé *[Bq.]*

➢ *Effets croisés.*

Tirage en l'air *[Bq.]*

➢ *Effet fictif.*

Tirage fictif *[Bq.]*

➢ *Effet fictif.*

Tirage pour compte *[Bq.]*

Émission d'une lettre de change par un tireur en son nom, mais agissant pour le compte d'autrui en vertu d'une convention de tirage pour compte qui demeure généralement extra-cambiaire.

Tirage sur soi-même *[Bq.]*

Émission d'une lettre de change ou d'un chèque par le tireur sur lui-même. Cette modalité permet les tirages entre plusieurs établissements d'une même entreprise.

➢ *Chèque de banque.*

Tiré *[Bq.]*

Celui auquel le tireur donne l'ordre de payer le chèque ou la lettre de change qu'il crée.

➢ *Tirage sur soi-même.*

Tiré accepteur *[Bq.]*

Celui qui a accepté la lettre de change dont il est le tiré. On parle également de l'accepteur.

➢ *Acceptation.*

Tiré non accepteur *[Bq.]*

Celui qui n'a pas accepté la lettre de change dont il est le tiré.

➢ *Acceptation.*

Tireur *[Bq.]*

Celui qui crée un chèque ou une lettre de change.

➢ *Tirage pour compte.*

Titre *[Bq. / M. fin.]*

Traditionnellement, document écrit constatant un droit. Il peut s'agir aussi bien d'un effet de commerce, que d'une valeur mobilière encore matérialisée, ou de tout autre document constatant une créance.

Désormais, un titre peut être scriptural : il résulte alors d'une inscription dans un compte ouvert au nom de son titulaire, soit chez l'émetteur (titre nominatif), soit chez un intermédiaire financier habilité (titre au porteur).

➢ *Mots suivants.*

Titre adiré *[M. fin.]*

Valeur mobilière au porteur non dématérialisée, qui a été déclarée détruite, perdue ou volée.

➢ *Dématérialisation, Opposition sur valeurs mobilières, Titre au porteur vif.*

Titre à ordre *[Bq.]*

Titre conférant au créancier le droit de se substituer une autre personne sans l'accord du débiteur. Un titre à ordre est transmissible par voie d'endossement.

➢ *Comp : Titre au porteur, Titre nominatif.*

➢ *Clause à ordre, Endossement.*

Titre associatif *[M. fin.]*

Créé par la loi du 11 juillet 1985 maintenant codifiée, type d'obligation que peut émettre, sous certaines conditions, une association régie par la loi du 1er juillet 1901 et ayant une activité économique depuis au moins deux ans.

Le titre associatif est un titre nominatif, remboursable à la seule initiative de l'émetteur et après tous les autres créanciers (créance de dernier rang).

C. mon. fin., art. L. 213-8 s.

Titre au porteur *[Bq. / M. fin.]*

Titre dont le titulaire n'est connu que du teneur de compte-conservateur. Il y a lieu de distinguer selon que le titre est matérialisé ou dématérialisé.

- Le titre au porteur matérialisé est le document écrit constatant un droit au profit de celui qui en est le détenteur matériel à l'échéance. Un tel titre est appelé titre vif, titre au porteur vif, titre individualisé ou encore titre matériel. Il se transmet par tradition, c'est-à-dire de la main à la main.

- Le titre au porteur dématérialisé est le droit résultant d'une inscription dans un compte ouvert au nom de son titulaire, non pas chez l'émetteur du titre, mais chez un intermédiaire financier habilité. Le titre est au porteur en ce sens que l'émetteur n'en connaît pas le titulaire. Comme tout titre scriptural, ce titre se transmet par virement de compte à compte.

➢ *Comp : Titre à ordre, Titre nominatif.*

➢ *Action au porteur, Billet au porteur, Certificat représentatif d'un titre au porteur, Chèque au porteur, Dématérialisation, Titre scriptural.*

Titre au porteur identifiable *[M. fin.]*

Titre dématérialisé et au porteur, mais pour lequel les statuts de la société émettrice prévoient que celle-ci peut demander à Euroclear France le nom,

T

l'année de naissance (ou de constitution), la nationalité et l'adresse de son détenteur.
C. com., art. L. 228-2.

Titre au porteur individualisé *[M. fin.]*
➢ *Titre au porteur.*

Titre au porteur matériel *[M. fin.]*
➢ *Titre au porteur.*

Titre au porteur vif *[Bq. / M. fin.]*
Titre au porteur matériellement créé et transmissible par tradition, par opposition au titre scriptural transmissible par virement.
➢ *Dématérialisation, Titre au porteur.*

Titre à vue *[Bq.]*
Titre constatant une créance payable dès sa présentation au débiteur. Le chèque est un titre à vue, la lettre de change peut l'être.

Titre bancable *[Bq.]*
Titre que la Banque de France est susceptible d'admettre en garantie de ses avances. On parle également d'effet ou de papier bancable.

Titre bancaire *[Bq.]*
Document utilisé dans une opération effectuée entre un banquier et son client par opposition au titre postal. On parle par exemple de chèque bancaire ou de virement bancaire.

Titre de créance négociable (TCN) *[M. fin.]*
Instrument financier négociable sur le marché monétaire. Sont des TCN : les billes de trésorerie (BT), les bons à moyen terme négociables (BMTN) et les certificats de dépôt (CD).
C. mon. fin., art. L. 213-1.
➢ *Marché monétaire.*

Titre de rente *[M. fin.]*
➢ *Rente.*

Titre essentiellement nominatif *[M. fin.]*
Titre qui, d'après la loi ou les statuts de l'émetteur, ne peut exister que sous la forme nominative et qui, par conséquent, ne peut pas être transformé en titre au porteur. Un titre essentiellement nominatif se négocie en bourse après avoir été placé en compte administré.
➢ Contra : *Titre non essentiellement nominatif.*
➢ *Titre nominatif.*

Titre livrable *[M. fin.]*
➢ *Gisement.*

Titre mixte *[M. fin.]*
Titre non dématérialisé dont le capital suit le régime d'un titre nominatif et les revenus celui d'un titre au porteur. On parle également de titre mixte pour désigner un titre ayant une nature participant à la fois de l'action et de l'obligation : obligation avec bon de souscription d'action, obligation échangeable, par exemple.

Titre négociable *[Bq. / M. fin.]*
Titre transmissible selon l'une des techniques du droit commercial qui dépend elle-même de la forme du titre : endossement pour un titre à ordre, tradition pour un titre au porteur vif, virement pour un titre scriptural (nominatif ou au porteur).

Titre nominatif *[Bq. / M. fin.]*

Droit résultant d'une inscription dans un compte ouvert au nom de son titulaire, chez l'émetteur du titre. Le titre est nominatif en ce sens que l'émetteur en connaît le titulaire. Comme tout titre scriptural, ce titre se transmet par virement de compte à compte.

Le titulaire peut confier l'administration de son compte à un intermédiaire financier habilité : les titres sont alors des titres nominatifs administrés. Le compte ouvert chez l'intermédiaire est appelé compte administré; il n'est que la reproduction du compte ouvert chez l'émetteur au nom du titulaire.

Si le titulaire ne souhaite pas confier l'administration de son compte à un intermédiaire, les titres sont alors des titres nominatifs purs.

➢ *Comp : Titre à ordre, Titre au porteur.*

➢ *Titre essentiellement nominatif, Titre non essentiellement nominatif, Titre scriptural.*

Titre nominatif administré *[Bq. / M. fin.]*

➢ *Titre nominatif.*

Titre nominatif pur *[Bq. / M. fin.]*

➢ *Titre nominatif.*

Titre non essentiellement nominatif *[M. fin.]*

Titre nominatif dont la loi ou les statuts de l'émetteur n'exigent pas qu'il le reste et qui par conséquent, se négocie en bourse après avoir été converti en titre au porteur.

➢ *Contra : Titre essentiellement nominatif.*

➢ *Titre au porteur, Titre nominatif.*

Titre participatif *[M. fin.]*

Créé par la loi du 3 janvier 1983, titre négociable que peut émettre une société par actions du secteur public, une société anonyme coopérative, une banque mutualiste ou coopérative, ou un établissement public de l'État à caractère industriel et commercial, et dont les principales caractéristiques sont d'être rémunéré, pour partie, par référence à des éléments relatifs à l'activité ou aux résultats de l'émetteur, et de n'être remboursable qu'en cas de liquidation (et dans ce cas après tous les autres créanciers) ou à l'expiration d'un délai de 7 ans après l'émission.

Les porteurs de titres participatifs d'une même émission sont groupés de plein droit dans une masse ayant la personnalité civile.

Titre postal *[Bq.]*

Document utilisé dans une opération effectuée entre la Poste et un usager par opposition au titre bancaire.

On parle par exemple de chèque postal ou de mandat postal.

Titre pour le développement industriel (TDI) *[Bq.]*

➢ *Compte pour le développement industriel.*

Titre-restaurant *[Bq.]*

Titre qu'un employeur remet à son salarié pour lui permettre de payer en tout ou partie, le prix d'un repas dans un restaurant ou un établissement assimilé; par ce système l'employeur acquitte l'indemnité de repas due à ses salariés. Le titre peut être émis soit par l'employeur, soit par des entreprises spécialisées; chaque émetteur donne au titre qu'il émet une dénomination qui le distingue des autres; c'est ainsi qu'il existe par exemple le chèque-restaurant, le chèque-repas, le chèque-bon appétit, le chèque-déjeuner, le ticket-repas, etc. Le restaurateur ou assimilé qui reçoit un titre-restaurant, l'adresse à l'émetteur qui le lui paie par débit d'un compte spécialement ouvert dans un établissement de crédit ou un centre de chèques postaux.

➢ *Compte de titres-restaurant.*

Titre scriptural *[Bq. / M. fin.]*

Titre résultant d'une inscription dans un compte ouvert au nom du titulaire. Un tel titre se transmet par virement de compte à compte.

Depuis novembre 1984, les valeurs mobilières émises en France et soumises à la législation française (à l'exception des obligations et emprunts amortissables par tirage au sort et dont la date d'émission est antérieure à novembre 1984) sont des titres scripturaux.

➢ *Dématérialisation, Titre au porteur, Titre nominatif.*

Titre sous-jacent *[M. fin.]*

➢ *Produit sous-jacent.*

Titre sous option *[M. fin.]*

➢ *Produit sous-jacent.*

Titres de participation *[M. fin.]*

Actions dont la détention d'un montant supérieur à 10 % du capital de la société émettrice, a un caractère durable permettant d'exercer une certaine influence dans ladite société.

➢ *Comp : Titres de placement.*

Titres de placement *[M. fin.]*

Titres acquis en vue d'en tirer un revenu direct ou une plus-value et non pas en vue d'exercer une quelconque influence dans la société émettrice.

➢ *Comp : Titres de participation.*

Titre subordonné *[M. fin.]*

À mi-chemin entre l'action et l'obligation, c'est le titre dont le capital n'est remboursé en cas de liquidation de la société émettrice qu'en avant dernier rang, c'est-à-dire juste avant les actionnaires. Il y a subordination du capital du titre, mais il peut y avoir en plus subordination des intérêts : le titre dont les intérêts sont également subordonnés peut ne donner droit à aucun intérêt si à la clôture d'un exercice déficitaire, la société émettrice en décide ainsi. Certains titres subordonnés peuvent être remboursés à des dates préalablement convenues mais au gré de la société émettrice : ce sont les titres subordonnés à une durée indéterminée (TSDI). D'autres sont remboursables à date fixe : ce sont les titres subordonnés remboursables (TSR).

Titre support *[M. fin.]*

➢ *Produit sous-jacent.*

Titre synonyme *[M. fin.]*

➢ *Gisement.*

Titre universel de paiement (TUP) *[Bq.]*

Document par lequel le débiteur autorise un prélèvement ponctuel sur son compte pour réaliser le paiement déterminé.

➢ *Comp : Autorisation de prélèvement.*

Titre vif *[M. fin.]*

➢ *Titre au porteur vif.*

Titrisation *[Bq. / M. fin.]*

D'une façon générale, fait d'incorporer une créance dans un titre. Il s'agit soit d'une technique de financement, soit d'une technique de gestion de bilan permettant à un établissement cédant de céder des créances à une structure *ad hoc* qui émet des titres pour financer l'achat des créances. On distingue :

- la titrisation soumise à la loi du 23 décembre 1988 désormais codifiée (art. L. 214-43 C. mon. fin.) qui désigne la technique par laquelle un agent économique cède des créances à une entité, un fonds commun de créances, lequel émet des parts en représentation desdites créances;

- la titrisation hors loi de 1988 ou *offshore* qui désigne toutes les opérations de titrisation réalisées hors du cadre organisé par la loi du 23 décembre 1988.

La titrisation est largement utilisée aux États-Unis où l'on parle de *securization*, les *securities* étant les titres.

➢ *Fonds commun de créances.*

Titulaire du compte *[Bq. / M. fin.]*

Celui au nom duquel le compte est ouvert; il doit parfois être distingué de celui qui le fait fonctionner, ce dernier pouvant être en effet un mandataire. Ainsi pour les personnes morales, le titulaire du compte est la personne morale, mais c'est son représentant personne physique, qui le fait fonctionner. Un compte peut être ouvert au nom de plusieurs personnes, les cotitulaires : le compte est alors un compte collectif.

TMB *[Bq.]*

➢ *Taux actuariel moyen mensuel des bons du Trésor à 13 semaines.*

TME *[M. fin.]*

➢ *Taux moyen des emprunts d'État.*

TMM *[Bq.]*

Également appelé T4M, c'est le taux mensuel du marché monétaire (et plus précisément du marché interbancaire) au jour le jour. Auparavant calculé par la Banque de France par référence au TMP, il l'est désormais par référence à l'EONIA.

➢ *EONIA, Marché monétaire.*

TMO *[M. fin.]*

➢ *Taux moyen du marché obligataire.*

TMP *[Bq.]*

Taux moyen pondéré des opérations sur le marché interbancaire, il était calculé quotidiennement par la Banque de France. Depuis l'introduction de l'euro, il a été remplacé par l'EONIA (arrêté du 10 nov. 1998).

➢ *EONIA, Marché interbancaire.*

« **Tombstone** » *[Bq. / M. fin.]*

(Traduction littérale : pierre tombale). Avis publié dans la presse ou par voie d'affichage et annonçant une opération financière quelconque en cours (emprunt, augmentation de capital, OPA, etc.). Les caractéristiques de l'opération figurent sur cet avis en vue d'informer tout intéressé.

TRA *[M. fin.]*

➢ *Taux révisable annuellement.*

TRAAB *[Bq.]*

Taux de rendement actuariel annuel brut d'une opération.

➢ *Taux d'intérêt actuariel.*

« **Tracker** » *[M. fin.]*

➢ *« Exchange Traded Fund ».*

T

« Tracking stock » *[M. fin.]*

➢ *Action reflet.*

« Trader » *[M. fin.]*

Dans un sens élargi, opérateur qui exerce une fonction de négociation sur un marché financier réglementé ou de gré à gré.

« Trading » *[M. fin.]*

Dans un sens élargi, activité exercée par un *trader*. Dans un sens plus restreint, opération spéculative à court terme.

Tradition *[Bq. / M. fin.]*

Mode de transmission d'un titre au porteur vif, et qui consiste en une simple remise du titre de la main à la main.

➢ *Endossement, Virement.*

TRE *[M. fin.]*

➢ *Taux révisable par référence aux emprunts d'État.*

Tracfin *[Bq. / M. fin.]*

Cellule de coordination placée sous l'autorité du ministre de l'économie, chargée de recueillir toutes informations concernant les circuits financiers clandestins et de les transmettre, le cas échéant, à l'autorité judiciaire. Les organismes financiers et divers professionnels (définis et énumérés à l'article 562-1 du Code monétaire et financier) sont tenus de déclarer à Tracfin les sommes inscrites dans leurs livres ainsi que les opérations portant sur ces sommes lorsque celles-ci pourraient provenir d'un trafic de stupéfiants ou d'activités criminelles organisées. L'omission de déclaration due à un défaut de vigilance ou à une carence autorise le prononcé de sanctions disciplinaires de la part des autorités de tutelle qui doivent en avertir le procureur de la République.

C. mon. fin., art. 562-1 s. (issus L. 12 juil. 1990), mod. L. 15 mai 2001.

Traite *[Bq.]*

Terme souvent utilisé en pratique pour désigner une lettre de change.

Traite de cavalerie *[Bq.]*

➢ *Effet de complaisance.*

Traite documentaire *[Bq.]*

Lettre de change assortie des documents représentatifs des marchandises (connaissement, facture, titre de transport) complétés le plus souvent d'un document d'assurance. Le porteur d'une telle lettre de change a un gage sur ces marchandises et le droit à la convention d'assurance.

➢ *Crédit documentaire, Documents, Encaissement documentaire, Escompte documentaire.*

Traite « pro forma » *[Bq.]*

Expression de la pratique désignant improprement une lettre de change stipulée non acceptable.

TRM *[M. fin.]*

➢ *Taux révisable par référence au marché monétaire.*

Transfert *[Bq. / M. fin.]*

Terme employé avant novembre 1984 pour désigner le mode de transmission des titres nominatifs, et consistant à changer le nom du titulaire sur le registre des transferts tenu par l'émetteur.

Depuis novembre 1984, le titre nominatif d'une inscription en compte (et

non plus d'une inscription sur un registre), et par conséquent, il se transmet par virement de compte à compte.
➢ *Titre nominatif.*

Transfert électronique de fonds *[Bq.]*
➢ *Monnaie électronique.*

Transformation *[Bq.]*
Fait pour un établissement de crédit, de financer des crédits à moyen ou long terme par des ressources à court terme.

Transmission *[Bq. / M. fin.]*
➢ *Endossement, Tradition, Virement.*

« Traveller's » chèque *[Bq.]*
➢ *Chèque de voyage.*

Trésor de nuit *[Bq.]*
Système de tiroir permettant de recevoir, en dehors des heures d'ouverture des établissements de crédit, des boîtes ou des sacoches numérotées pour chaque client, contenant des espèces ou des chèques. Cela permet donc les dépôts à toute heure.

Trésorerie *[Bq.]*
Moyens de paiement dont dispose une entreprise pour faire face à ses dettes au fur et à mesure de leur exigibilité.

Trésor Public *[Bq.]*
Service financier de l'État chargé de l'exécution du budget (recettes et dépenses) mais jouant également un rôle de banquier; par exemple, émission d'emprunts (bons du Trésor...), prêts aux entreprises et aux collectivités locales, collectes des dépôts recueillis par les comptables publics et les Centres de chèques postaux)... Le Trésor assure également la gestion des droits de l'État dans les entreprises du secteur public.
➢ *Privilèges fiscaux.*

TRO *[M. fin.]*
➢ *Taux révisable par référence au marché obligataire.*

TSDI *[M. fin.]*
Titre subordonné à durée indéterminée.
➢ *Titre subordonné.*

TSR *[M. fin.]*
Titre subordonné remboursable.
➢ *Titre subordonné.*

Tunnel *[Bq. / M. fin.]*
Appelé également *collar*, le tunnel est une combinaison d'un *floor* et d'un *cap* portant sur des échéances identiques. Cette technique permet d'assurer un taux compris entre un minimum et un maximum.
➢ *Future rate agreement.*

TUP *[Bq.]*
➢ *Titre universel de paiement.*

U

UEM *[Bq.]*

➢ *Union économique et monétaire.*

Union centrale des caisses de crédit municipal *[Bq.]*

Avant 1992, organe central des caisses de crédit municipal, dont la création sous forme d'établissement public avait été prévue par la loi bancaire (art. 96, L. 24 janv. 1984). Elle a été supprimée par la loi du 15 juin 1992.

➢ *Conférence permanente des caisses de crédit municipal.*

Union économique et monétaire (UEM) *[Bq.]*

Prévue par le Traité de Maastricht, elle réunit depuis le 1er janvier 1999 les États de l'Union européenne dont la monnaie est l'euro et dont la politique monétaire relève de la Banque centrale européenne. Au départ composée de onze États, l'UEM en comporte douze depuis le 1er janvier 2001, date d'entrée de la Grèce. Au 1er janvier 2002, pour des raisons tenant à leur seule opinion publique, la Suède, le Danemark et le Royaume-uni n'en font pas encore partie.

Traité CE, art. 116 s.

➢ *Eurosystème, Système européen de banques centrales.*

Unité de compte *[Bq.]*

➢ *Convention d'unité de compte.*

Usufruit *[Bq. / M. fin.]*

Démembrement du droit de propriété, l'usufruitier ayant le droit d'user de la chose (espèces ou titres) et d'en percevoir les fruits, alors que le nu-propriétaire a le droit d'en disposer.

➢ *Compte en usufruit.*

Usure *[Bq.]*

Délit consistant à effectuer des opérations de crédit à un taux usuraire, c'est-à-dire à un taux d'intérêt supérieur à un taux plafond variable, dont le calcul résulte de certains paramètres.

➢ *Taux usuraire.*

Valeur *[Bq.]*

➢ *Date de valeur.*

Valeurs éligibles à l'OSRD *[M. fin.]*

Valeurs admises au mécanisme de négociation à terme qui, à Paris, s'est substitué au marché à règlement mensuel le 25 septembre 2000. Ces valeurs éligibles comprennent la plupart des anciennes valeurs du RM, quelques autres valeurs du Second Marché et du Nouveau Marché, ainsi que quelques valeurs étrangères. Pour être éligible, une valeur doit soit appartenir à l'Indice SBF 120, soit présenter une capitalisation boursière d'au moins 1 milliard d'euro et un volume d'échanges quotidien d'au moins 1 million d'euro.

➢ *OSRD.*

Valeur en compte *[Bq.]*

Cette mention portée au dos d'un effet de commerce ou d'un chèque, indique que l'endossement est translatif. Portée au recto d'une lettre de change ou d'un billet à ordre, elle indique que la valeur fournie par le bénéficiaire est constituée par une inscription au crédit du compte de celui qui crée l'effet. Au recto d'une lettre de change, la mention peut également viser la provision, et indiquer alors que celle-ci est constituée par le tireur, par une inscription au crédit du compte du tiré.

➢ *Comp : Valeur en espèces, Valeur en gage, Valeur en marchandises, Valeur pour encaissement.*

Valeur en espèces *[Bq.]*

Cette mention portée sur un billet à ordre ou une lettre de change, indique que la valeur fournie est constituée par une remise d'espèces par le bénéficiaire, à celui qui émet l'effet. Cependant, sur une lettre de change, cette mention concerne plus souvent la provision et indique que celle-ci est constituée par une remise d'espèces par le tireur au tiré.

➢ *Comp : Valeur en compte, Valeur en marchandises.*

Valeur en gage (ou en garantie) *[Bq.]*

Mention indiquant que l'endossement est pignoratif.

➢ *Comp : Valeur en compte, Valeur pour encaissement.*

➢ *Endossement pignoratif.*

Valeur en garantie *[Bq.]*

➢ *Valeur en gage.*

Valeur en marchandise *[Bq.]*

Cette mention portée sur un billet à ordre ou une lettre de change, indique que la valeur fournie est constituée par une livraison de marchandises effectuée par le bénéficiaire à celui qui émet l'effet. Cependant, sur une lettre de change, cette mention concerne plus souvent la provision et indique que celle-ci est constituée par une livraison de marchandises effectuée par le tireur au tiré.

➢ Comp : *Valeur en compte, valeur en espèces.*

Valeur en recouvrement [Bq.]

➢ *Valeur pour encaissement.*

Valeur faciale [M. fin.]

➢ *Valeur nominale.*

Valeur fournie [Bq.]

Prestation fournie ou à fournir par le bénéficiaire en échange de la lettre de change ou du billet à ordre créé à son profit. Elle peut être constituée en marchandises, en espèces ou en compte. Sa mention facultative est assez fréquente surtout lorsqu'un billet à ordre est émis par le vendeur d'un fonds de commerce : la mention de la valeur fournie permet en effet aux porteurs successifs de se prévaloir du privilège du vendeur.

➢ *Valeur en compte, Valeur en espèces, Valeur en marchandises.*

Valeur intrinsèque [M. fin.]

Valeur d'une action obtenue en divisant l'actif net de la société par le nombre de ses actions. On parle également de valeur mathématique.

Valeur liquidative [M. fin.]

Valeur d'une action obtenue par le quotient de l'actif net après déduction de tous les frais de liquidation de la société, par le nombre des actions de cette société.

Pour les OPCVM, elle correspond au cours d'achat ou de rachat des actions ou parts d'un OPCVM.

Valeur mathématique [M. fin.]

➢ *Valeur intrinsèque.*

Valeur moyenne [Bq.]

➢ *Remise en valeur moyenne.*

Valeur nominale [M. fin.]

Valeur d'un titre obtenue par la division du montant total d'une émission par le nombre de titres émis. Pour les titres au porteur vif, cette somme est indiquée au recto du titre. Pour un bon de caisse ou un bon du Trésor, on parle aussi de valeur faciale.

➢ Comp : *Valeur intrinsèque, Valeur liquidative.*

➢ *Pair.*

Valeur pour encaissement (ou en procuration, ou en recouvrement) [Bq.]

Mention indiquant que l'endossement est de procuration.

➢ Comp : *Valeur en compte, Valeur en gage.*

➢ *Endossement de procuration.*

Valeur résiduelle [Bq.]

Somme qui dans une opération de crédit-bail doit être versée à l'issue de la période de location, par l'utilisateur qui veut acquérir le bien loué. Cette somme modique tient compte des loyers déjà payés.

➢ *Crédit-bail mobilier.*

Valeurs à revenu fixe [M. fin.]

Parmi les valeurs mobilières, celles qui procurent à leur titulaire, un revenu qui est déterminé au moment de l'émission.

➢ Contra : *Valeurs à revenu variable.*

Valeurs à revenu variable [M. fin.]

Parmi les valeurs mobilières, celles qui procurent à leur titulaire, un revenu variant en fonction de certains éléments (bénéfices réalisés par la société par ex.).

➢ *Contra : Valeurs à revenu fixe.*

Valeurs de deuxième catégorie *[M. fin.]*

Valeurs mobilières émises par le secteur privé.

➢ *Contra : Valeurs de première catégorie.*

Valeur scripturale *[M. fin.]*

Expression proposée par la doctrine (Doyen Roblot) pour désigner une valeur mobilière inscrite en compte.

➢ *Action au porteur, Dématérialisation, Titre, Titre au porteur, Titre nominatif, Titre scriptural.*

Valeurs de placement *[M. fin.]*

Sont ainsi appelées, les valeurs mobilières que les opérateurs achètent pour valoriser leur capital et non, pas pour en retirer des revenus.

➢ *Contra : Valeurs de rendement.*

Valeurs de première catégorie *[M. fin.]*

Valeurs mobilières émises par le secteur public.

➢ *Contra : Valeurs de deuxième catégorie.*

Valeurs de rendement *[M. fin.]*

Sont ainsi appelées, les valeurs mobilières que les opérateurs achètent pour en retirer un revenu et non pas simplement pour valoriser leur capital.

➢ *Contra : Valeurs de placement.*

Valeurs mobilières *[M. fin.]*

Selon la définition légale, ce sont les titres émis par des personnes morales publiques ou privées, transmissibles par inscription en compte ou tradition, qui confèrent des droits identiques par catégorie et donnent accès, directement ou indirectement, à une quotité du capital de la personne morale émettrice ou à un droit de créance général sur son patrimoine. Les parts de fonds commun de placement et de fonds commun de créances sont également des valeurs mobilières.

C. mon. fin., art. L. 211-2.

➢ *Instrument financier.*

Valeurs mobilières admises aux opérations d'Euroclear France. *[M. fin.]*

➢ *Instruments financiers admis aux opérations d'Euroclear France.*

Valeurs mobilières non admises aux opérations d'Euroclear France *[M. fin.]*

➢ *Instruments financiers non admis aux opérations d'Euroclear France.*

Valeur sous-jacente *[M. fin.]*

➢ *Produit sous-jacent.*

Valeur sous option *[M. fin.]*

➢ *Produit sous-jacent.*

Valeurs RM *[M. fin.]*

Valeurs mobilières négociables sur le marché à règlement mensuel, par opposition à celles qui étaient négociables sur le marché au comptant. Depuis la suppression du marché à règlement mensuel et l'instauration du mécanisme de l'OSRD, on parle de valeurs éligibles à l'OSRD, c'est-à-dire de valeurs qui sont admises à ce mécanisme.

Valeur support *[M. fin.]*

➢ *Produit sous-jacent.*

Vendeur assigné *[M. fin.]*

Vendeur d'une option négociée sur un marché réglementé qui a été désigné par la chambre de compensation pour exécuter son obligation face à un acheteur qui exerce son option.

➢ *Assignation.*

Vendeur de l'option *[M. fin.]*

Celui qui est soumis au chois que lui impose l'acheteur de l'option d'exécuter ou non l'opération convenue.

➢ *Contra : Acheteur de l'option.*

➢ *Assignation, Marché des options négociables, Option.*

Vente à crédit *[Bq.]*

Vente dans laquelle le paiement du prix est différé.

➢ *Vente à tempérament.*

Vente à découvert *[M. fin.]*

Opération sur le marché à règlement mensuel par laquelle un spéculateur qui était un baissier, vendait à un certain prix pour la date de la liquidation, des titres qu'il ne possédait pas encore. Il espérait pouvoir les acheter à un cours inférieur, avant de les livrer à son propre acheteur. Depuis la suppression du marché à règlement mensuel, la vente à découvert concerne les valeurs éligibles à l'OSRD.

➢ *Marché à règlement mensuel.*

Vente à tempérament *[Bq.]*

Type de vente à crédit dans laquelle le paiement du prix a lieu par versements échelonnés sur une période fixée à l'avance.

➢ *Vente à crédit.*

Vente d'une option *[M. fin.]*

Opération qui consiste moyennant une somme versée dès la conclusion de l'opération par l'autre partie, l'acheteur de l'option (ou par le chambre de compensation compétente si l'option est négociée sur un marché réglementé) à accepter la décision de l'acheteur de l'option d'exécuter ou de ne pas exécuter l'option. Si la transaction sur laquelle porte l'option est un achat de titres (ou de tout autre produit), il y a vente d'une option d'achat. Si cette transaction porte sur une vente, il y a vente d'une option de vente.

➢ *Marché des options négociables, Option, Produit sous-jacent, Sens de l'option.*

« Venture capital » *[Bq.]*

Capital risque. Participation au capital d'une société qui présente un certain risque soit en raison de sa récente création, soit en raison du domaine d'activité dans lequel elle intervient.

➢ *Société de venture capital.*

Versements de fonds *[Bq.]*

Opération par laquelle le client remet à son banquier une certaine somme en espèces, dont le montant sera porté au crédit de son compte.

➢ *Contra : Retrait de fonds.*

➢ *Comp : Remise.*

Vignette *[Bq.]*

Terme parfois employé pour désigner une formule de chèque.

Virement *[Bq.]*

Opération consistant pour un banquier sur l'ordre de son client, à débiter un compte pour en créditer un autre du même montant. Les deux comptes concernés peuvent être tenus par le même banquier (virement interne) ou par deux banquiers différents (virement externe), sur la même place (virement sur place) ou pas (virement déplacé), au nom du même titulaire ou de deux titulaires différents.

➢ *Ordre de virement, Mandat de la Banque de France.*

[M. fin.] Mode de transmission d'un titre négociable inscrit en compte.

➢ *Titre au porteur, Titre nominatif, Titre scriptural.*

Virement permanent *[Bq.]*

Virement dont le renouvellement est automatique en vertu des termes de l'ordre de virement.

Visa *[Bq.]*

Mention portée par le tiré sur un chèque déjà émis par son client et constatant l'existence de la provision à la date à laquelle ce visa est donné. Contrairement à la certification, le visa n'emporte pas blocage de la provision au profit du porteur.

➢ *Certification, Chèque certifié, Chèque visé.*

Voie parée *[Bq.]*

➢ *Clause de voie parée.*

Volatilité *[M. fin.]*

Propension à la variabilité. On dit d'un instrument financier qu'il est volatil lorsqu'il peut enregistrer des variations rapides par rapport à la tendance générale du marché ou de toute autre référence choisie.

« Wall Street » *[M. fin.]*
Appellation courante du *New York Stock Exchange*. On parle aussi de *Big Board*.
➢ *New York Stock Exchange.*

Warrant *[Bq.]*
Également appelé bulletin de gage, le warrant est un billet à ordre dont le paiement est garanti par un gage portant sur des marchandises qui sont déposées dans un magasin général (technique de l'entiercement) ou qui demeurent entre les mains du débiteur (warrant à domicile).
➢ *Récépissé-warrant.*
[M. fin.] ➢ *Obligation à warrant, Warrant financier.*

Warrant à domicile *[Bq.]*
Warrant constitué sans que le débiteur soit dépossédé des marchandises gagées : il s'agit du warrant agricole, du warrant hôtelier, du warrant industriel et du warrant pétrolier.
➢ *Gage sans dépossession.*

Warrantage *[Bq.]*
Constitution d'un warrant.

Warrant agricole *[Bq.]*
Warrant à domicile pouvant être constitué par les agriculteurs sur leur matériel d'exploitation, leurs récoltes et leurs animaux, et dont la publicité est assurée par une inscription au greffe du tribunal d'instance.

Warranté *[Bq.]*
Qui fait l'objet d'un gage constaté par un warrant. On parle de marchandises warrantées.
➢ *Magasins généraux.*

Warrant financier *[M. fin.]*
Instrument financier émis par des prestataires de services d'investissement conférant à son détenteur le droit, soit d'acquérir (*call warrant*) ou de céder (*put warrant*) un actif sous-jacent, soit de payer ou d'encaisser une somme correspondant à la différence entre le cours de l'actif sous-jacent à la date d'exercice du warrant et le cours d'exercice dudit warrant dans son contrat d'émission. Si économiquement un warrant s'apparente à une option, les conditions relatives à son émission et à sa cotation le font considérer comme une valeur mobilière.

Warrant hôtelier *[Bq.]*
Warrant à domicile pouvant être constitué par les hôteliers sur le mobilier commercial, le matériel et l'outillage d'exploitation, et dont la publicité est assurée par une inscription au greffe du tribunal de commerce.

Warrant industriel *[Bq.]*
Warrant à domicile pouvant être constitué par certains industriels agréés sur leurs matières premières et produits

fabriqués, et dont la publicité est assurée par une inscription au greffe du tribunal de commerce.

Warrant pétrolier *[Bq.]*

Warrant à domicile pouvant être constitué par les sociétés pétrolières sur leurs stocks de pétrole brut ou de dérivés du pétrole, et dont la publicité est assurée par une inscription au greffe du tribunal de commerce.

« **Wertpapier** » *[Bq.]*

➢ *Papier-valeur.*

Z

Zéro coupon *[M. fin.]*
➢ *Obligation zéro coupon.*

Zin-Zin *[M. fin.]*
Dans le jargon boursier, appellation familière des investisseurs institutionnels.

Photocomposition : **SCM**, Toulouse

704552/01 CSB-T 60 g SCM

Achevé d'imprimer sur les presses de G. Canale & C. S.p.A. - Italie
Dépôt légal : septembre 2001